ARBEITSHEFTE
AUSBILDUNG
BAND 7

Dipl.-Päd. Werner Wilhelm

Das Ausbilder-Taschenbuch

Hinweis: Um die Lesbarkeit des Textes nicht zu erschweren, wird überwiegend die männliche Form verwendet. Selbstverständlich sind alle Geschlechter gleichermaßen gemeint und angesprochen.

ISBN 978-3-88264-684-9

FELDHAUS VERLAG GmbH & Co. KG
Postfach 73 02 40
22122 Hamburg
Telefon +49 40 679430-0
Fax +49 40 67943030
post@feldhaus-verlag.de
www.feldhaus-verlag.de

Satz und Gestaltung: FELDHAUS VERLAG, Hamburg
Herstellung: WERTDRUCK, Hamburg

Bibliografische Information der Deutschen Nationalbibliothek
Die Deutsche Nationalbibliothek verzeichnet diese Publikation in der Deutschen Nationalbibliografie; detaillierte bibliografische Daten sind im Internet über http://dnb.d-nb.de abrufbar.

Vorwort

Dieses Ausbilder-Taschenbuch versteht sich als praxisorientierte Handreichung für Ausbilderinnen und Ausbilder sowie Ausbildungsbeauftragte zur Planung und Durchführung der betrieblichen Berufsausbildung in ganz konkreten Ausbildungssituationen. Das Buch ist als Zusammenwirkung wissenschaftlicher Arbeit des Verfassers und langjähriger Erfahrung als Ausbildungsleiter zu verstehen und vor letzterem Hintergrund »aus der Praxis für die Praxis« geschrieben.

Den Leserinnen und Lesern wird in leicht verständlicher Form eine Vielzahl von praktischen Anregungen und Tipps für eine ganzheitliche und handlungsorientierte Ausbildung im Betrieb gegeben. Dabei wird aus einer Fülle von pädagogischen Handlungsfeldern in der betrieblichen Berufsausbildung deren Weg von der Planung bis zur Beendigung beschrieben. Die einzelnen Handlungsfelder enthalten realistische Anwendungsbeispiele, Tabellen und Übersichten. Zur praktischen Abrundung enthält das Buch einen Anhang mit formellen Empfehlungen der maßgeblichen Ausschüsse, Formulare u. a. m.

Das Buch trägt besonders zum pädagogischen Handeln in der betrieblichen Ausbildung und zum Aufbau eines Methodenrepertoires aller am Berufsausbildungsprozess Beteiligten bei. Hierzu werden verschiedene Empfehlungen für die selbstständige Planung, Durchführung und Kontrolle der betrieblichen Berufsausbildung gegeben. Soweit das Lernen in Gruppen und Teams oder der Erwerb von Qualifikationen und Kompetenzen angesprochen wird, ist dies naturgemäß vor dem Hintergrund größerer Ausbildungsbetriebe zu verstehen. Der Geist der modernen Methoden ist jedoch stets auch auf »kleinere Verhältnisse« übertragbar.

Das Taschenbuch wendet sich vor allem an Ausbildungsbeauftragte, Ausbilderinnen und Ausbilder in Betrieben, aber auch an Studierende der entsprechenden Fachrichtungen, weil sie darin zahlreiche konkrete Vorschläge für die tägliche Bildungsarbeit finden. Andere mit Ausbildungsfragen befassten Personen, z. B. Personalchefs, Abteilungsleiter, Betriebs- und Personalräte sowie Jugend- und Auszubildendenvertreter, finden hier ebenfalls nützliche und praxisbezogene Handlungsempfehlungen zu betriebspädagogischen Problemen und Themen. Schließlich kann das Buch auch von Dozentinnen und Dozenten zur Planung und Durchführung von berufs- und arbeitspädagogischen Lehrgängen oder von Teilnehmern der Vorbereitungskurse zur Ausbilder-Eignungsprüfung genutzt werden.

Inhaltsverzeichnis

1 Planung der Berufsausbildung

Industrie- und Handwerksbetriebe, öffentlichen Verwaltungen und soziale Einrichtungen bilden Fachkräfte aus, die anschließend in ein Beschäftigungsverhältnis übernommen werden können. Dadurch kann eine umfangreiche betriebliche Einarbeitung Betriebsfremder entfallen, weil die ehemaligen Auszubildenden betriebsspezifische Abläufe bereits kennen. Die Heranbildung eigenen Mitarbeiternachwuchses hat somit eine große Bedeutung.

Bei der **Ermittlung des quantitativen Nachwuchsbedarfs** sind beispielsweise folgende Faktoren zu berücksichtigen:

- Die Altersstruktur,
- die Anzahl der Fachkräfte,
- die Arbeitszeitveränderungen,
- die beabsichtigte Erweiterung oder Verkleinerung des Unternehmens,
- die Fehlzeiten,
- die Fluktuation.

Dabei ist zu bedenken, dass die Auszubildenden erst nach der Ausbildungsdauer in einigen Jahren dem Unternehmen als Fachkräfte zur Verfügung stehen. Quantitativ dürfen bei den Überlegungen z. B. die Ausbildungsabbrecher und Prüfungsversager nicht vergessen werden.

Bei der **Bedarfsermittlung** sind auch Überlegungen und Entscheidungen über die erforderlichen Qualifikationen der benötigten Fachkräfte in der sich wandelnden Arbeitswelt zu treffen. Hierzu ist eine **qualitative Bedarfsermittlung** durchzuführen, wobei beispielsweise folgende Aspekte zu berücksichtigen sind:

- die benötigten Berufe im Unternehmen,
- die Möglichkeit, die Berufe im Unternehmen ausbilden zu können.

Somit orientieren sich die Anzahl der einzustellenden Auszubildenden und die Auswahl der Ausbildungsberufe an der mittel- und langfristigen Unternehmensplanung.

Nach der Ermittlung des Nachwuchsbedarfs kann mit der **Planung der Berufsausbildung** im Unternehmen begonnen werden. Dabei ist zu beachten, dass nur in staatlich anerkannten Berufen ausgebildet werden darf. Derzeit stehen 325 Ausbildungsberufe zur Auswahl.

Die Berufsausbildung ist so zu planen, dass den Auszubildenden während der Ausbildungsdauer die notwendigen beruflichen Fertigkeiten, Kenntnisse und Fähigkeiten (berufliche Handlungsfähigkeit) vermittelt werden, die zum Erreichen des Ausbildungszieles erforderlich sind. Deshalb ist die Ausbildung in einer durch ihren Zweck gebotenen Form planmäßig, zeitlich und sachlich gegliedert so durchzuführen, dass das Ausbildungsziel in der vorgegebenen Ausbildungsdauer erreicht werden kann.

1.1 Erstellen des Ausbildungsplans

Unter Berücksichtigung der betrieblichen Gegebenheiten ist auf der Grundlage des Ausbildungsrahmenplanes ein Ausbildungsplan zu erstellen (vgl. § 5 AO – Ausbildungsordnung). Der Ausbildungsrahmenplan enthält **konkrete Beschreibungen** und **detaillierte Hinweise** der zu vermittelnden beruflichen Fertigkeiten, Kenntnisse und Fähigkeiten, denen entsprechende **Zeitrichtwerte** bzw. **Zeitrahmen** (Bruttozeiten) zugeordnet sind, an die sich der Ausbilder bei der Erstellung des (betrieblichen) Ausbildungsplanes orientieren kann. Er ist eine Grundlage zur Erstellung des Ausbildungsplanes, der unter Berücksichtigung der betrieblichen Gegebenheiten zu erstellen ist. Dabei sind Urlaubstage, Wochenenden und gesetzliche Feiertage sowie sonstige Ausfallzeiten (z. B. Berufsschulunterricht, überbetriebliche Ausbildung) bei der Erstellung des Ausbildungsplanes in der Weise zu berücksichtigen, dass diese anteilig auf die einzelnen Ausbildungsabschnitte zu verteilen sind. Ebenso sind dabei die Prüfungsanforderungen zu berücksichtigen, um die Bedeutung einzelner Ausbildungsinhalte besser einzuschätzen. Falls vorgesehen sind Auslandsaufenthalte und/oder Teilzeitberufsausbildung sowie im Ausbildungsrahmenplan aufgeführte oder vereinbarte Zusatzqualifikationen ebenfalls im Ausbildungsplan zu berücksichtigen. Der Ausbildungsplan ist Bestandteil des **Ausbildungsvertrages** und ist diesem als Anlage beizufügen (vgl. § 11 Abs. 1 Ziff. 1 BBiG); deshalb muss er zu Beginn der Ausbildung vorliegen.

Bei der Erstellung des Ausbildungsplans sollten folgende Punkte beachtet werden:

- Die zu vermittelnden beruflichen Fertigkeiten, Kenntnisse und Fähigkeiten sind nach pädagogischen Gesichtspunkten unter Beachtung der Probezeit sowie der Zwischen- und Abschlussprüfung bzw. Teil 1 und

Teil 2 der gestreckten Abschlussprüfung in eine zweckmäßige Reihenfolge zu bringen und mit der Berufsschule zu koordinieren (Lernortkooperation; vgl. § 2 Abs. 2 BBiG).

- Die einzelnen Ausbildungsinhalte sind den entsprechenden Betriebsbereichen und Abteilungen (innerbetrieblichen Lernorte) zuzuordnen, in denen sie vermittelt werden können.
- In den ausgewählten innerbetrieblichen Lernorten sind persönlich und fachlich geeignete Mitarbeiter (z. B. Ausbilder, Ausbildungsbeauftragte) für die Ausbildung (z. B. Unterweisung, Unterricht) zu benennen.
- Die einzelnen Lernziele, die Ausbildungsinhalte, die innerbetrieblichen Lernorte sowie der Zeitpunkt und die Zeitdauer der einzelnen Ausbildungsinhalte sind miteinander abzustimmen. Ebenso sind die Ergebnisse mit den beteiligten Mitarbeitern in den ausgewählten Betriebsbereichen und Abteilungen zu besprechen.

Ausbildungsinhalte, die an keinem innerbetrieblichen Lernort vermittelt werden können, sind außerhalb der Ausbildungsstätte, z. B. in Kooperation mit anderen Betrieben **(Verbundausbildung),** zu vermitteln. Ausbildungsmaßnahmen außerhalb der Ausbildungsstätte sind bereits im Ausbildungsvertrag zu benennen (vgl. § 11 Abs. 1 Nr. 3 BBiG).

Nach einer Empfehlung des früheren Bundesausschusses für Berufsbildung sind bei der Erstellung des betrieblichen Ausbildungsplanes u. a. folgende Kriterien zu berücksichtigen:

Kriterien zur Erstellung eines (betrieblichen) Ausbildungsplanes	
Sachliche Gliederung	**Zeitliche Gliederung**
Die im Ausbildungsrahmenplan aufgeführten Fertigkeiten und Kenntnisse bzw. Kern- und berufsspezifischen Fachqualifikationen sowie die ggf. zu vermittelnden Zusatzqualifikationen sind in den (betrieblichen) Ausbildungsplan zu übernehmen. Die Probezeit ist inhaltlich so zu gestalten, dass Aussagen über die Eignung und Neigung des Auszubildenden möglich sind. Die zu vermittelnden Ausbildungsinhalte sollen so zusammengefasst und gegliedert werden, dass Ausbildungseinheiten entstehen, die bestimmten Funktionen oder bestimmten Abteilungen (Lernorte) des Ausbildungsbetriebes zugeordnet werden können. Aus größeren zusammenhängenden Ausbildungsabschnitten sollen sachlich gerechtfertigte Unterabschnitte gebildet werden. Die sachliche Gliederung muss mit den Anforderungen der Zwischen- und Abschlussprüfung bzw. Teil 1 und Teil 2 der gestreckten Abschlussprüfung übereinstimmen. Der betriebliche Unterricht und außerbetriebliche Ausbildungsmaßnahmen sind sinnvoll zu verzahnen. Die einzelnen Ausbildungseinheiten sind so aufeinander aufzubauen, dass zuerst eine breite Grundlage vermittelt wird und anschließend die spezielle Anwendung sowie die Festigung der Ausbildungsinhalte erfolgt.	Wenn die Ausbildungsordnung eine zeitliche Folge der Ausbildungsinhalte vorschreibt, ist diese einzuhalten. Die Ausbildungsinhalte sind nach der Reihenfolge der Prüfungen zu gliedern. Die zeitliche Gliederung ist nach sachlogischen und pädagogischen Gesichtspunkten vorzunehmen. Die Ausbildungsabschnitte sollen überschaubar sein. Die Urlaubs- und Berufsschulzeiten sind zu berücksichtigen. Individuell verkürzte Ausbildungsdauer sind im Ausbildungsplan entsprechend zu berücksichtigen. Zeitliche Verschiebungen und Umstellungen innerhalb der Ausbildungsabschnitte sind möglich, ohne dabei Ausbildungsinhalte zu vernachlässigen.
Soweit Teilziele und das Gesamtziel der Ausbildung nicht gefährdet werden, kann in begründeten Ausnahmefällen in begrenztem Umfang von der sachlichen und zeitlichen Gliederung abgewichen werden. Die Ausbildungsstätte hat die Abweichung mit Begründung festzuhalten und der zuständigen Stelle anzuzeigen.	

Die vollständige Empfehlung des früheren Bundesausschusses für Berufsbildung über die »Sachliche und zeitliche Gliederung der Berufsausbildung« ist im Anhang 15.1 aufgeführt.

Folgende Hinweise sind bei der Erstellung eines Ausbildungsplans zusätzlich zu beachten:

- Ein Ausbildungsabschnitt sollte nicht kürzer als vier und nicht länger als zwölf Wochen betragen.
- Nach jedem Ausbildungsabschnitt sollte eine Lernerfolgskontrolle durchgeführt werden.
- Die vorgesehenen Vertiefungsphasen sollten betriebliche Schwerpunkte und eine individuelle Anpassung der Ausbildungsinhalte ermöglichen.
- Zusatzqualifikationen, auch solche, die über das jeweilige Ausbildungsberufsbild hinaus vereinbart werden, sind ebenfalls aufzuführen.

Ebenso sollten bei der Erstellung des Ausbildungsplanes die methodischen Prinzipien beachtet werden:

- vom Bekannten zum Unbekannten,
- vom Leichten zum Schweren,
- vom Konkreten zum Abstrakten,
- vom Einfachen zum Zusammengesetzten,
- vom Nahen zum Entfernten,
- vom Allgemeinen zum Speziellen.

Die methodischen Prinzipien können dem Ausbilder als Entscheidungshilfen dienen, wenn er über die Auswahl von Ausbildungsinhalten und über die Reihenfolge der einzelnen Lernorte im Versetzungsplan entscheidet.

Eine vom Ausbildungsrahmenplan abweichende Organisation der Ausbildung ist insbesondere zulässig, soweit betriebspraktische Besonderheiten die Abweichung erfordern.

Zu diesen Besonderheiten gehören zum Beispiel:

- Anrechnung beruflicher Vorbildung auf die Ausbildungsdauer (z. B. erfolgreicher Abschluss einer Berufsfachschule),
- nicht in der Ausbildungsordnung geregelte Ausbildungsphasen in betrieblichen oder überbetrieblichen Ausbildungseinrichtungen (z. B. Ausbildungswerkstätten, Labors),

- die im Berufsausbildungsvertrag vereinbarte Zusatzsatzqualifikationen,
- Ausbildungsphasen in betrieblichen oder überbetrieblichen Ausbildungseinrichtungen (z. B. Ausbildungswerkstätten, Labors), die nicht in der Ausbildungsordnung geregelt sind,
- die individuelle Abkürzung oder Verlängerung der Ausbildungsdauer (z. B. beim Nachweis der allgemeinen Hochschulreife oder einer längeren Krankheit),
- notwendige Umstellungen, die sich aus der Verzahnung der betrieblichen Ausbildung mit dem Stoffplan oder der Unterrichtsorganisation der Berufsschule ergeben,
- Abweichungen wegen auftretender Schwierigkeiten, besonders in der produktionsgebundenen betrieblichen Ausbildungspraxis.

Die vollständige Empfehlung des Hauptausschusses des BBIB über die »Abkürzung und Verlängerung der Ausbildungszeit zur Teilzeitberufsausbildung (§ 8 BBiG/§ 27 HwO) sowie zur vorzeitigen Zulassung zur Abschlussprüfung (§ 45 Abs. 1 BBiG/§ 37 Abs. 1 HwO)« sind in Anhang 15.2 enthalten.

Für die Ausbildungspraxis bedeuten Abweichungen oder Besonderheiten häufig, dass im Ausbildungsplan

- Ausbildungsinhalte eines Ausbildungszeitraums in einen anderen Zeitraum übertragen und
- Zeitrichtwerte unter- oder überschritten werden können.

Dies ist grundsätzlich zwar zulässig: Abweichungen von der zeitlichen Gliederung des Ausbildungsrahmenplans finden jedoch immer dort ihre Grenzen, wo eine zweckentsprechende, sinnvoll geordnete und planmäßig durchgeführte Berufsausbildung nicht mehr gewährleistet ist sowie eine Beeinträchtigung des Ausbildungsziels befürchtet werden muss.

Der Ausbildungsplan sollte auch anhand des Lehrplanes der Berufsschule entwickelt und mit dem Klassenlehrer abgestimmt werden (Lernortkooperation). Eine sinnvolle Abstimmung über die Ausbildungsinhalte und den zeitlichen Verlauf der Ausbildung kann nur durch einen intensiven Informationsaustauch zwischen dem Ausbildungsbetrieb und der Berufsschule erfolgen, wobei eine optimale Ausbildung durch die gleichzeitige Vermittlung der Ausbildungsinhalte (didaktische Parallelität) erreicht wird. Dadurch werden zeitliche Verschiebungen und unnötige Überschneidungen von Ausbildungsinhalten und Leerläufe vermieden. Das ist selbstverständlich der Idealfall, weil in der Praxis aus den unterschiedlichsten Gründen einzelne Ausbildungsinhalte früher oder später im Betrieb bzw. in der Berufsschule behandelt werden. Einzelne Betriebe bereiten die Ausbildungsinhalte theoretisch vor, um sie anschließend in die Praxis umzusetzen. Hierbei besteht jedoch die Gefahr, dass Ausbildungsinhalte doppelt vermittelt werden und die Auszubildenden sich dabei langweilen. Um die Bedeutung einzelner Ausbildungsinhalte besser einschätzen zu können, sollten auch die Prüfungsanforderungen bei der Entwicklung des Ausbildungsplanes berücksichtigt werden.

Ferner sollten sich Ausbilder vom Berater der zuständigen Stelle (z. B. Industrie- und Handelskammer) beraten und unterstützen lassen; denn dieser kennt die Anforderungen an die Berufsausbildung. Er ist auch bei Planungs- und Organisationsschwierigkeiten behilflich. Ebenso kann er wertvolle Tipps für die Durchführung der Ausbildung geben.

Neben den allgemeinen Daten, wie z. B. der Name des Ausbildungsbetriebes, des Ausbilders und des Auszubildenden sowie des zu erlernenden Ausbildungsberufes sollte der Ausbildungsplan folgende Punkte enthalten:

- Die zu vermittelnden beruflichen Fertigkeiten, Kenntnisse und Fähigkeiten (berufliche Handlungsfähigkeit),
- das zuständige Ausbildungspersonal (z. B. Ausbilder, Ausbildungsbeauftragte),
- die innerbetriebliche Lernorte (z. B. Ausbildungswerkstatt, Juniorenfirma, Arbeitsplatz),
- der Zeitpunkt der zu vermittelnden berufliche Handlungsfähigkeit (Ausbildungsordnung und -rahmenplan sowie sachlogische bzw. pädagogische Gesichtspunkte beachten) unter Beachtung der Probezeit sowie der Zwischen- und Abschlussprüfung bzw. Teil 1 und Teil 2 der gestreckten Abschlussprüfung,
- die Zeitdauer der einzelnen Ausbildungsabschnitte unter Beachtung der zeitlichen Gliederung des Ausbildungsrahmenplans,
- ggf. Verbundausbildung, Teilzeitberufsausbildung, überbetriebliche Ausbildung oder Ausbildung im Ausland,
- ggf. vereinbarte Zusatzqualifikationen.

Ein Muster eines betrieblichen Ausbildungsplans ist im Anhang 15.3 abgedruckt.

Ausbildungsordnungen, mit den zugehörigen Ausbildungsrahmenplänen, Ausbildungsnachweise und Musterpläne zur Erstellung von betrieblichen Ausbildungsplänen sind erhältlich beim FELDHAUS VERLAG, auch recherchierbar unter www.feldhaus-verlag.de.

1.2 Zusätzliche Organisationspläne für die Berufsausbildung

Neben dem Ausbildungsplan gibt es noch weitere Planungsinstrumente für die Berufsausbildung.

- Teilausbildungsplan: Individueller und zeitlich begrenzter Ausbildungsplan für einen Auszubildenden.
- Lernortbelegplan: In diesem Plan ist die Ausbildungskapazität in den innerbetrieblichen Lernorte (Abteilungen usw.) festgelegt.
- Versetzungsplan: Dem Plan ist zu entnehmen, in welchem Zeitraum die Auszubildenden an welchem Lernort ausgebildet werden.
- Gesamtversetzungsplan: Der Plan regelt, in welcher Reihenfolge die Auszubildenden die jeweiligen Lernorte (Arbeitsplätze, Abteilungen usw.) durchlaufen sollen.
- Unterrichtsplan: In diesem Plan sind die Themen des innerbetrieblichen Unterrichts (Werkunterricht) festgelegt.
- Unterweisungsplan: In diesem Plan sind die Inhalte der betrieblichen Unterweisungen aufgeführt.
- Ausbildereinsatzplan: Dieser Plan koordiniert den zeitlichen und örtlichen Einsatz der Ausbilder.
- Medieneinsatzplan: Dieser Plan regelt den Einsatz der didaktischen Medien.
- Auslandsaufenthaltsplan: Teilausbildungsplan für den zeitlich begrenzen Auslandsaufenthalt.

Die zusätzlichen Organisationspläne können als Ergänzungen oder Anlagen dem **Ausbildungsplan** beigefügt werden.

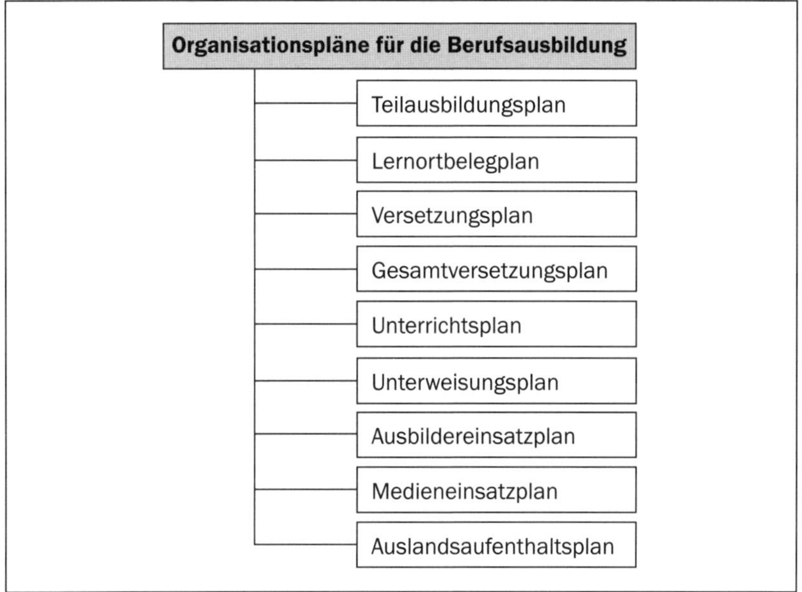

Organisationspläne für die Berufsausbildung

Bei der Durchführung von Maßnahmen der betrieblichen Berufsbildung hat der Betriebsrat mitzubestimmen (vgl. 98 Abs. 1 BetrVG). Somit unterliegt die Festlegung von Ausbildungs- und Versetzungsplänen der **Mitbestimmung**, da es sich hier um typische Gestaltungsfragen der betrieblichen Ausbildung handelt. Ein Ausbildungsplan, dem der Betriebsrat nicht zugestimmt hat, ist somit nicht gültig, außer das Mitbestimmungsrecht wurde fahrlässig vernachlässigt. Das trifft sinngemäß auch bei der Durchführung der Berufsausbildung bei Arbeitnehmern einschließlich der zu ihrer Berufsausbildung Beschäftigten (Auszubildenden) im Öffentlichen Dienst zu, d.h. jedoch nicht bei der Ausbildung von Beamten.

Anwendungsbeispiel:

Ihr Unternehmen hat sich entschlossen, erstmalig Auszubildende einzustellen. Sie werden von der Geschäftsleitung auf Grund Ihrer Fachkenntnisse sowie Ihres Organisations- und Führungstalentes damit beauftragt, die betriebliche Berufsausbildung durchzuführen. Hierfür sollen Sie im Unternehmen die entsprechenden Voraussetzungen prüfen und die Ausbildung im Betrieb planen.

2 Betriebspraktikum für Schüler

Die Durchführung von Betriebspraktika für Schüler ist inzwischen in allen Bundesländern zur festen Einrichtung der Jahrgangsstufen acht bis zehn geworden. Die Ausbildungsbetriebe sollten sich nicht nur daran beteiligen, um den Jugendlichen die Berufswahl zu erleichtern, sondern die Praktika sollten auch zur Selbstdarstellung der Unternehmen beitragen – und vor allem der **Nachwuchsgewinnung** der beteiligten Firmen dienen.

Betriebspraktika für Schüler werden in Industrie- und Handwerksbetrieben, öffentlichen Verwaltungen und sozialen Einrichtungen als Gruppen- oder Einzelpraktika – häufig zwei- oder dreiwöchig – meistens im Rahmen des Arbeitslehreunterrichtes in Ganztagsform durchgeführt. Ziel der Praktika ist es, den Jugendlichen umfassende Einblicke in die reale Berufs- und Arbeitswelt zu geben sowie sie mit der sozialen Wirklichkeit vertraut zu machen. Dadurch haben sie die Möglichkeit, Entscheidungen für die eigene Lebensplanung zu treffen. Zusätzlich sollen die Schüler erste Erfahrungen über die Anforderungen und Bedingungen am Arbeitsplatz sammeln, um ihnen den Übergang von der Schule zum Beruf zu erleichtern. Während des Betriebspraktikums erfahren die meisten Schüler zum ersten Mal die Berufs- und Arbeitsrealität der Erwachsenen. Dabei ist allerdings davon auszugehen, dass die Praktikanten in der Regel nur ein Praktikum in ihrer Schulzeit absolvieren können, sodass es seine Bedeutung eher in sozialen und betrieblich-funktionalen Aspekten hat. Aber ein Praktikum leistet in jedem Fall einen wichtigen Beitrag zur **Berufswahlorientierung** der Jugendlichen.

Eine besondere Bedeutung kommt dem Praktikumslehrer und/oder den Schülern mit der Auswahl der Praktikumsstätte zu. Dabei sollte der Berufswunsch der Praktikanten im Vordergrund stehen, um während des Praktikums »ihre« berufsspezifischen Anforderungen kennen zu lernen. Ebenso sollen sie die Eignung und Neigung für den angestrebten Beruf überprüfen können, mit der gleichzeitigen Möglichkeit zur rechtzeitigen Korrektur des Berufswunsches. Deshalb hat die Auswahl des Praktikumsbetriebes einen hohen Einfluss auf das Ziel des Praktikums, weil die Schüler, wie gesagt, fast immer nur einmal während ihrer Schulzeit an einem Betriebspraktikum teilnehmen können. Dadurch wird die Möglichkeit, unterschiedliche Betriebe und Berufe praxisnah kennen zu lernen zwar eingeschränkt, nicht aber das Praktikum an sich in Frage gestellt.

Mit einem Betriebspraktikum haben die Ausbildungsbetriebe die Chance, die Jugendlichen auf die Möglichkeit einer Berufsausbildung gerade bei ihnen hinzuweisen. Gleichzeitig können die Verantwortlichen für die Berufsausbildung in den Betrieben (z. B. Unternehmensleitung, Ausbildungsleiter) die Schüler auf ihre berufliche Eignung – aufgrund des gezeigten Verhaltens und den erbrachten Leistungen während des Betriebspraktikums – für die zu besetzenden Ausbildungsplätze beobachten. Bei Interesse an einem Praktikanten können die Ausbildungsbetriebe diesen zur Abgabe einer Bewerbung um einen Ausbildungsplatz ermutigen und auch Kontakt mit den Erziehungsberechtigten aufnehmen. Ebenso können sie ihr Interesse an einem Jugendlichen dem Praktikumslehrer mitteilen.

Im rechtlichen Sinne sind Betriebspraktika **schulische Veranstaltungen,** die der Aufsichtspflicht der Schule unterliegen. Für Betriebspraktika finden die Bestimmungen des Schulgesetzes und die des Siebten Buches des Sozialgesetzbuches (SGB VII, Gesetzliche Unfallversicherung) Anwendung. Unfälle während des Praktikums, auch auf dem Hin- und Rückweg, sind der Schule bzw. dem betreuenden Lehrer (z. B. Praktikumsleiter) mitzuteilen sowie dem Versicherungsträger des Betriebes anzuzeigen. Vor der Durchführung eines Betriebspraktikums ist eine Haftpflichtversicherung für die beteiligten Schüler abzuschließen; darüber ist die Praktikumsstätte zu informieren. Kostenträger für die Haftpflichtversicherung ist der kommunale Schulträger. Für die Gewährung des Haftpflichtversicherungsschutzes muss jedoch eine Deckungszusage des Versicherers vor Beginn des Betriebspraktikums vorliegen.

Schüler, die der Vollzeitschulpflicht unterliegen, gelten als Kinder im Sinne des § 2 Abs. 3 des Jugendarbeitsschutzgesetzes (JArbSchG), die eigentlich nicht beschäftigt werden dürfen (vgl. § 5 Abs. 1 JArbSchG). Tätigkeiten im Rahmen des Betriebspraktikums sind jedoch vom Verbot der Kinderarbeit ausgenommen (vgl. § 5 Abs. 2 Nr. 2 JArbSchG). Dabei dürfen die Schüler nur mit leichten und für sie geeignete Tätigkeiten bis zu sieben Stunden täglich und 35 Stunden wöchentlich beschäftigt werden (vgl. § 5 Satz 2 in Verbindung mit § 7 Satz 1 Nr. 2 JArbSchG). Praktikanten ab 15 Jahren, die der Vollzeitschulpflicht nicht mehr unterliegen, dürfen nicht mehr als acht Stunden täglich und nicht mehr als 40 Stunden wöchentlich beschäftigt werden (vgl. §§ 2 Abs. 2 und 8 Abs. 1 JArbSchG). Wird an einzelnen Tagen die Arbeitszeit auf weniger als 8 Stunden verkürzt, z. B. für einen früheren Arbeitsschluss am Freitag, dann darf an den übrigen Tagen derselben Woche achteinhalb Stunden gearbeitet werden (vgl. § 8 Abs. 2a JArbSchG).

Den Praktikanten müssen im Voraus feststehende **Ruhepausen**, das sind Arbeitsunterbrechungen von mindestens 15 Minuten, gewährt werden.

Diese müssen mindestens betragen

- 30 Minuten bei einer Arbeitszeit von mehr als viereinhalb bis zu sechs Stunden,
- 60 Minuten bei einer Arbeitszeit von mehr als sechs Stunden (vgl. § 11 Abs. 1 JArbSchG).

Die Ruhepausen müssen in angemessener zeitlicher Lage gewährt werden, d. h. höchstens eine Stunde nach Beginn und spätestens eine Stunde vor Ende der Arbeitszeit. Die Praktikanten dürfen nicht länger als viereinhalb Stunden hintereinander ohne Ruhepausen beschäftigt werden (vgl. § 11 Abs. 2 JArbSchG).

Eine Beschäftigung der Praktikanten mit gefährlichen oder tempoabhängigen Arbeiten ist grundsätzlich verboten (vgl. §§ 22 und 23 JArbSchG). Außerdem sind die §§ 9 bis 46 des JArbSchG entsprechend auf das Praktikum anzuwenden, wobei die Vorschriften über die Berufsschule (§ 9 JArbSchG), Prüfungen und außerbetriebliche Ausbildungsmaßnahmen (§ 10 JArbSchG), Urlaub (§ 19 JArbSchG) sowie die Ausnahmen in besonderen Fällen und abweichende Regelungen (§§ 21 und 21a JArbSchG) nicht in Betracht kommen.

Der Einsatz der Praktikanten im Betrieb wird vom verantwortlichen betrieblichen Betreuer (z. B. Ausbildungsleiter) bestimmt. Weil der Ausbildungsleiter das Praktikum in der Regel nicht selbst durchführt, sollte er ausführliche Gespräche mit dem betrieblichen Betreuer und dem Praktikumslehrer über den Ablauf des Praktikums führen. In diesen Gesprächen sollte auch festgelegt werden, welche betrieblichen Arbeitsbereiche und beruflichen Tätigkeiten die Praktikanten kennenlernen sollen, damit auch die Erwartungen der Schüler und der Schule berücksichtigt werden können. Dabei sollte zugleich darauf geachtet werden, dass die Praktikanten viele Teilaspekte der beruflichen Wirklichkeit und der betrieblichen Berufsausbildung kennen lernen. Ebenso sollten der zeitliche und inhaltliche Ablauf des Praktikums in einem **Praktikumsplan** erfasst und auch den Schülern vor Beginn des Praktikums ausgehändigt werden. Selbstverständlich sollten die Schüler während des Praktikums auch konkrete Arbeitsaufgaben, z. B. die Anfertigung eines Werkstückes, erhalten, die sie – zunächst unter Anleitung, dann selbstständig – bearbeiten können. Ebenso sollten sie kleine Projekte, z. B. eine Bohrerkassette, gemeinsam mit anderen Auszubildenden herstellen oder einfache Geschäftsvorgänge bearbeiten, um sich besser mit dem Beruf identifizieren zu können.

Zu Beginn des Praktikums sollten die Praktikanten in einem Einführungsgespräch vom Unternehmen (z. B. Ausbildungsleiter) alle notwendigen Informationen und Anweisungen über das Betriebspraktikum erhalten. Dabei sind sie eingehend über das Verhalten im Betrieb und über die **Gefahren** (Maschinen, Brandgefahr, Chemikalien usw.), denen sie während des Praktikums ausgesetzt sein können, zu belehren. Ebenso sind ihnen die jeweils geltenden **Unfallverhütungsvorschriften** ausführlich zu erläutern. Danach haben die Praktikanten die Inhalte der Belehrung schriftlich zu bestätigen.

Zu den notwendigen Maßnahmen und Informationen gehören weiter:

- die Vorstellung der betrieblichen Betreuer, z. B. Ausbildungsleiter, Ausbilder und Paten;
- die Arbeits- und Pausenzeiten der Praktikanten, z. B. in Form einer Dienstanweisung;
- ggf. über die Kleiderordnung, z. B. bei Publikumsverkehr in Banken;
- ggf. über das Tragen der Persönlichen Schutzausrüstung (PSA), z. B. bei Arbeiten in mechanischen Werkstätten.

Nach dieser Informationsphase sollte den Praktikanten das gesamte Unternehmen gezeigt werden, wobei ihnen dabei auch die Mitarbeiter vorgestellt werden sollten. Danach wissen sie, wo die einzelnen Abteilungen, Werkstätten usw. sind und wo die Kantine ist. Außerdem kennen die Mitarbeiter die Praktikanten und somit fühlen sie sich »integriert«.

Während des Praktikums ist es sinnvoll, die Schüler eine **Praktikantenmappe** führen zu lassen, die folgende Unterlagen enthalten könnte:

- Praktikumsplan,
- Arbeitsplatzerkundungen,
- Berufsbild,
- Berufserkundungsbogen,
- Beschreibungen von Arbeitsabläufen,
- Fragenkatalog,
- Informationsmaterial, z. B. Unternehmensbroschüre,
- Tätigkeitsberichte,
- Bewertungsbogen des Praktikums.

Als Ergänzung zur **Praktikantenmappe** kann beispielsweise auch das vom Bundesverband der Deutschen Volksbanken und Raiffeisenbanken e. V. (BVR) in Berlin herausgegebene Arbeitsheft für das Praktikum »Mein Schülerpraktikum« dienen. Es bietet neben den Grundregeln fürs Praktikum sowie Tages- und Wochenberichte auch eine persönliche Auswertung des Praktikums. Ebenso wird darin auf rechtliche Fragen eingegangen. Somit liefert das Arbeitsheft genügend Material für die Vor- und Nachbereitung des Praktikums.

Die Praktikantenunterlagen können für die anschließende **Nachbereitung** des Praktikums im schulischen Unterricht von hohem Nutzen sein. Die Aufzeichnungen sollten aber nicht nur vom betreuenden Lehrer, sondern auch vom betrieblichen Betreuer nachgeschaut werden, damit eventuelle Unklarheiten beseitigt werden können.

In regelmäßigen Abständen sollten während der Durchführung von Praktika Gespräche zwischen den Praktikanten und dem betrieblichen Betreuer stattfinden, um offene Fragen zu klären und erworbene Kenntnisse zu ergänzen oder zu vertiefen. Ebenso sollte der Praktikumslehrer die Schüler einmal besuchen, um ihnen zur Klärung von Fragen zur Verfügung zu stehen.

Die Verabschiedung der Praktikanten kann mit einem **Rückblick** und/oder einer **Abschlussdiskussion** verbunden werden. Dabei sollten die Praktikanten nochmals ausreichend Gelegenheit erhalten, noch nicht geklärte Fragen zu stellen. Ebenso sollten sie dabei umfassend Stellung zum Praktikum nehmen können.

Weil die Praktikanten keine Vergütung erhalten, kommen auf die Praktikumsbetriebe nur die Kosten für evtl. Ausbildungsmaterialien und des betreuenden Personals zu (eine kleine Belohnung bei entsprechender Einstellung und Leistung ist jedoch zulässig, gehört zum »Ernst des Lebens« vielleicht dazu und kann wohl auch als üblich gelten).

Den Praktikanten könnte auch ein von ihnen angefertigtes Projekt, z. B. ein Werkstück als Anerkennung der erbrachten Leistung und dem gezeigten Verhalten sowie zur Erinnerung an das Praktikum überlassen werden.

Dies ist eine effiziente und zugleich preisgünstige Werbung für den Ausbildungsbetrieb, um auch zukünftig interessierten und qualifizierten Nachwuchs zu erhalten.

In diesem Zusammenhang darf auf die heutige Situation natürlich nicht außer Acht gelassen werden: Man könnte sagen, dass Auszubildende zur »Mangelware« geworden sind; und über die eventuelle Bindung der Praktikanten an den Betrieb können diesem selbstverständlich Vorteile erwachsen.

Als Nachweis über die Teilnahme am Betriebspraktikum sollte den Schülern eine Bescheinigung vom Betrieb überreicht werden:

Schön Elektronik GmbH
Ausbildungswerkstatt
Maxburgring 1
76887 Bad Bergzabern

Praktikantenbescheinigung

Der Schüler

Alexander Klein,

geboren am 6. März 2005 in Annweiler/Rheinland-Pfalz, hat vom 7. bis 18. September 2020 an einem Betriebspraktikum in unserem Unternehmen teilgenommen.

Das Praktikum erfolgte in der Bearbeitung von verschiedenen Werkstoffen und Arbeiten an Werkzeugmaschinen sowie dem Zusammenbau der bearbeitenden Werkstücke zu einer Bohrerkassette.

Groß
Ausbildungsleiter

18. September 2020

Das Betriebspraktikum ist eine gemeinsam getragene Veranstaltung von Schule und Betrieb. Deshalb sollte spätestens nach dessen Auswertung im Unterricht mit dem Betrieb ein Erfahrungsaustauch erfolgen, um die dabei gewonnenen Erkenntnisse in zukünftige Praktika einfließen zu lassen.

Anwendungsbeispiel:

Im Rahmen eines Betriebspraktikums möchten Sie zukünftigen Schulabgängerinnen und Schulabgänger von mehreren Schulen und verschiedenen Schularten Ihre Ausbildungsstätte darstellen und dadurch auch qualifizierten Nachwuchs für Ihr Unternehmen gewinnen.

3 Auswahl von Ausbildungsplatzbewerbern

Die meisten Ausbildungsbetriebe und öffentlichen Verwaltungen führen umfangreiche Auswahlverfahren durch, um die besten und geeignetsten Bewerber für einen Ausbildungsplatz auszuwählen.

Dabei wird aufgrund von erfolgsbedeutsamen **Personenmerkmalen** (Prädiktoren), z. B. Schulnoten und Testergebnisse, d. h. von einem Ist-Zustand (Diagnose) auf ein späteres Verhalten, z. B. Berufsausbildungserfolg als Kriterium, geschlossen. Anhand der Diagnose erfolgt eine Prognose. Die Problematik der Prognose liegt darin, dass man nicht wirklich vorhersagen kann, wie sich ein Auszubildender im Laufe der Ausbildungsdauer entwickelt. Dabei wird im Allgemeinen eine Vorhersage einer Leistung erwartet, die erst zu einem späteren Zeitpunkt erbracht wird, z. B. bei der Abschlussprüfung.

Für anstehende Entscheidungen zur Bewerberauswahl sind die Prädiktoren aber nur dann brauchbar, wenn zwischen ihnen und dem zugehörigen Kriterium ein **Zusammenhang** besteht. Eine positive Korrelation weist darauf hin, dass mit steigendem Wert des Prädiktors auch der Wert des Kriteriums im Mittel steigt. Der dabei betrachtete Korrelationskoeffizient r wird auch als »Validität« des Prädiktors oder Validitätskoeffizient bezeichnet. Dieser Wert gibt an, wie gut ein Prädiktor geeignet ist, ein bestimmtes Kriterium, z. B. Berufsausbildungserfolg, zu prognostizieren.

Die **Genauigkeit (Güte)** der Vorhersage eines Kriteriums aufgrund eines Prädiktorwertes ergibt sich aus der prognostischen Validität oder aufgeklärten Varianz. Sie wird daran gemessen, wie hoch der prozentuale Anteil der Varianz des Kriteriums ist, der durch die Varianz des Prädiktors aufgeklärt werden kann. Dieser »Determinationskoeffizient r^2« wird durch das Quadrat des Korrelationskoeffizienten zwischen dem Prädiktor (z. B. Schulabschluss) und dem Kriterium (z. B. Berufsausbildungserfolg) bestimmt. Korreliert beispielsweise die Art des Schulabschlusses und dem Berufsausbildungserfolg mit r = .4, dann ergibt dies eine aufgeklärte Varianz von 16 % ($r^2 = 0.4 \times 0.4 = 0.16$). Das bedeutet, dass der Berufsausbildungserfolg zu 16 % durch die Art des Schulschlusses und zu 84 % von anderen Faktoren beeinflusst wird. Deshalb hat der Determinationskoeffizient r^2 für die Anwendung der verschiedenen eignungsdiagnostischen Auswahlverfahren wegen seiner prognostischen Validität eine besondere Bedeutung.

In diesem Kapitel werden verschiedene eignungsdiagnostische Auswahlverfahren und Selektionsmodelle zur Auswahl von Ausbildungsplatzbewerbern beschrieben.

3.1 Eignungsdiagnostische Auswahlverfahren

Eignungsdiagnostische Auswahlverfahren sind verschiedene Instrumente (z. B. Bewerbungsunterlagen, psychologische Tests, Assessment-Center und Einstellungsgespräche), mit denen der Berufsausbildungs- und Berufserfolg eines Bewerbers (Ausbildungsplatzbewerbers) prognostiziert werden soll.

Nach **DIN 33430** (Anforderungen an Verfahren und deren Einsatz bei berufsbezogenen Eignungsbeurteilungen) sollen diese Auswahlverfahren praxiserprobt und wissenschaftlich abgesichert sein und sofern sie standardisiert sind, unter vergleichbaren Bedingungen sowie nach festgelegten Regeln durchgeführt und ausgewertet werden. Das bedeutet, dass vor Beginn der Durchführung der Untersuchung alle Gesichtspunkte der Auswertung, Interpretation und Urteilsbildung festzulegen, zu dokumentieren und auch einzuhalten sind.

Zur Selektion von Ausbildungsplatzbewerbern werden in der Regel die Bewerbungsunterlagen und die beigefügten Schulzeugnisse (Schulnoten), die Ergebnisse von psychologischen Testverfahren und Arbeitsproben (z. B. Drahtbiegeübungen), Assessment-Center (AC) sowie die Auswertung eines Einstellungsgesprächs herangezogen.

3.1.1 Bewerbungsunterlagen und Schulzeugnisse

Bei einer hohen Anzahl von Bewerbungen um einen Ausbildungsplatz wird oft aus ökonomischen Gründen bereits aufgrund der eingegangenen Bewerbungsunterlagen (z. B. Aufmachung), des Schulabschlusses (z. B. Mittlere Reife, Abitur), den vorliegenden Zeugnisnoten (z. B. Mathematik, Deutsch, Englisch, Physik, Chemie) sowie die allgemeine Beurteilung und Hinweise auf Fehlzeiten, eine Vorauswahl (Vorselektion) getroffen. Die Bewerbungsunterlagen sollten jedoch nicht die einzigen Auswahlinstrumente sein; denn sie lassen kaum Aussagen über den Ausbildungs- und Berufserfolg eines Bewerbers zu, weil der Validitätskoeffizient nur .18 für das Kriterium »Berufsausbildungserfolg« beträgt. Somit ergibt die Auswertung der Bewerbungsunterlagen eine prognostische Validität von rund 3,2 %.

Die Art des Schulschlusses der Bewerber mit Hauptschulabschluss und Fachoberschulreife korreliert im gewerblich-technischen Bereich in Höhe von .35 mit dem Ergebnis der Berufsabschlussprüfung; dies ergibt eine prognostische Validität von etwa 12 %.

Die valideste Komponente der Bewerbungsunterlagen sind die Schulabschlusszeugnisse, die eine relativ hohe prognostische Validität für die Prognose der Ausbildungsleistungen ergeben. Die mittlere Validität der Hauptschul- und Realschulabschlussnoten für den Ausbildungserfolg beträgt .41, d. h. eine prognostische Validität von rund 17 %, wobei sich die Mathematiknote als validester Wert erwies. Für gewerblich-technische Ausbildungsberufe wurde ein signifikanter (bedeutsamer) Zusammenhang zur theoretischen Ausbildung festgestellt und deshalb ist für handwerkliche und gewerblich-technische Berufe nur die Mathematik-Note zur Vorselektion zu empfehlen.

Die Bewerbungsunterlagen sind jedoch zur Vorbereitung und zum Einstieg für ein späteres Einstellungsgespräch nützlich.

Am Anfang des Auswahlverfahrens steht bei einigen Ausbildungsunternehmen eine **Online-Bewerbung** mit einem **Online-Vortest**, bei dem praxisnahe Aufgaben gestellt werden. Dadurch können anhand von wissenschaftlich fundierten Verfahren diejenigen Bewerber ausgefiltert werden, die am besten die Anforderungen an den gewünschten Ausbildungsberuf erfüllen. Somit ermöglichen die Daten aus der Online-Bewerbung und dem Online-Vortest eine präzise Vorauswahl für das weitere Auswahlverfahren.

Um aus den vorliegenden Bewerbungsunterlagen sowie einem gegebenenfalls durchgeführten Online-Vortest eine systematische Vorauswahl treffen zu können, sollte eine **Bewerberliste** erstellt werden, die unter allen am Auswahlverfahren beteiligten Personen (z. B. Personalchef, Ausbildungsleiter, Betriebs- bzw. Personalrat) abgestimmt ist.

Mit einer solchen Liste erhalten alle an der Auswahl beteiligten Personen einen ersten Eindruck über die Bewerber und darüber, ob sie generell für den Ausbildungsberuf geeignet erscheinen. Die Liste enthält z. B. Angaben über Alter, Schulbildung und Hobbys der Bewerber. Zusätzlich kann sie allen an Einstellungsgesprächen teilnehmenden Personen zur Vorbereitung und zum Einstieg dienen.

Bewerberliste									
Ausbildungsberuf: Mechatroniker/Mechatronikerin							Einstellungsjahr: 2021		
Nr.	Name	Vorname	Wohnort	Alter	Schul-abschluss	Mathe-Note	Physik-Note	Deutsch-Note	Bemerkungen
1	*Meier*	*Lukas*	*Landau*	*16*	*HS*	*2*	*2*	*3*	
2	*Klein*	*Anna*	*Annweiler*	*19*	*RS*	*2*	*2*	*1*	*Mitarbeiterkind*
3	*Groß*	*Leon*	*Eschbach*	*17*	*HS*	*2*	*3*	*3*	
4	*Rippel*	*Lea*	*Karlsruhe*	*18*	*RS*	*3*	*2*	*2*	
5	*Geiger*	*Finn*	*Landau*	*20*	*Abitur*	*3*	*3*	*2*	*Funkamateur*

3.1.2 Psychologische Testverfahren

Psychologische Testverfahren werden zur weiteren Selektion der Ausbildungsplatzbewerber eingesetzt. Dabei sollten standardisierte, wissenschaftliche Tests eingesetzt werden, die Aussagen über die Einschätzung des Ausbildungs- und/oder Berufserfolges der Bewerber zulassen. Diese sind im Vergleich zu anderen Auswahlverfahren objektiver und genauer, denn sie ermöglichen einen bildungsübergreifenden Vergleich und lassen z. B. Aussagen über die Intelligenzstruktur oder über die Mathematikkenntnisse der Bewerber zu.

In der psychologischen Diagnostik werden verschiedene Arten von Tests angewendet, mit denen die Testergebnisse bzw. Merkmalsausprägungen in Zahlen ausgedrückt oder in Skalen dargestellt werden.

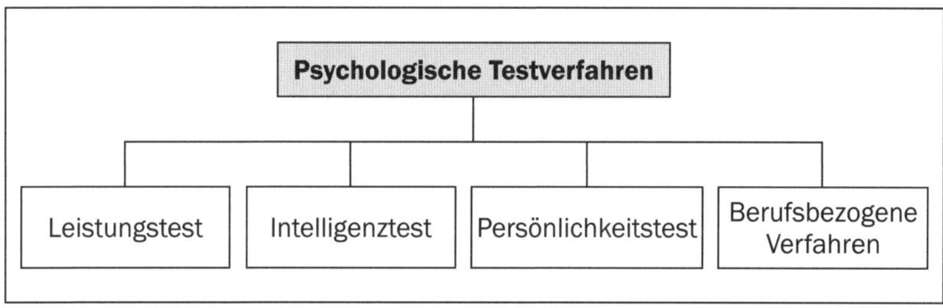

Psychologische Testverfahren

Bei einem **Leistungstest** sind Aufgaben zu bearbeiten, die objektiv als »richtig« oder »falsch« beantwortet werden können; hier liegt ein Bewertungsmaßstab vor. Ein **Niveautest (Power-Test)** enthält Aufgaben mit kontinuierlich ansteigendem Schwierigkeitsgrad, die so weit ansteigen, dass die letzten Aufgaben trotzt fehlender oder großzügiger Zeitvorgabe vom Bewerber kaum richtig beantwortet werden können. Dabei kommt es auf die Denkfähigkeit und nicht auf die Schnelligkeit an. Ein **Schnelligkeitstest (Speed-Test)** enthält eine hohe Anzahl von leichten oder mittelschweren Aufgaben in einer hohen Anzahl, die der Bewerber wegen der knappen Zeitvorgabe nicht alle beantworten kann. Dabei kommt es im Wesentlichen auf die Schnelligkeit zur Lösung der Aufgaben an.

Mit einem **Intelligenztest** werden verschiedene kognitive Fähigkeiten (z. B. Merk- und Rechenfähigkeit, räumliches Vorstellungsvermögen) eines Ausbildungsplatzbewerbers gemessen, die in ihrer Gesamtheit mit Intelligenz bezeichnet werden. Dabei sind aus unterschiedlichen Aufgabentypen mehrere Aufgaben unter Zeitdruck zu lösen. In der betrieblichen Praxis sind vermutlich Intelligenztests am erfolgreichsten.

Ein **Persönlichkeitstest** misst nichtkognitive Merkmale, wie z. B. Interessen, Einstellungen und Temperament. In der Praxis sind diese Tests wegen den Problematik mit den Gütekriterien sehr umstritten; und deshalb sind sie für die Auswahl von Ausbildungsplatzbewerbern ungeeignet.

Berufsbezogene Verfahren sind wissenschaftlich-standardisierte Testverfahren mit spezifischem Berufsbezug, die sensorische und motorische Funktionen sowie spezielle Leistungen wie technisches Verständnis erfassen.

Testverfahren	Beispiele
Leistungstest	Aufmerksamkeits-Belastungs-Test d2 Berufsbezogener Rechentest BRT Lern- und Gedächtnistest LGT-3 Konzentrations-Verlaufs-Test KVT
Intelligenztest	Intelligenz-Struktur-Test I-S-T 2000 R Leistungsprüfsystem LPS-2 Wilde-Intelligenz-Test 2 WIT-2
Berufsbezogene Verfahren	Arbeitsprobe zur berufsbezogenen Intelligenz AZUBI-BK (Büro- und kaufmännische Tätigkeiten) Arbeitsprobe zur berufsbezogenen Intelligenz AZUBI-TH (Technische und handwerkliche Tätigkeiten) Berufseignungstest BET FELDHAUS-Grundwissen-Tests (Rechtschreibung, Rechnen) Drahtbiegeprobe D-B-P Mathematiktest (Grundkenntnisse für Ausbildung und Beruf) Mechanisch-Technischer Verständnistest MTVT Rechtschreibtest RT Revidierter Allgemeiner Büroarbeitstest ABAT-R Test zur Untersuchung des Praktisch-Technischen Verständnisses PTV

Geeignete Testverfahren für Ausbildungsplatzbewerber (Beispiele)

Vor dem **Einsatz** eines Tests sollte man allerdings den theoretischen Hintergrund kennen. Bevor man jedoch einen psychologischen Test einsetzt, sollte man die beigefügte Handanweisung sehr genau lesen; denn sie enthält entsprechende Hinweise für die Durchführung und Auswertung des Tests sowie zur Interpretation der Ergebnisse.

Ebenso enthält die **Handanweisung** meistens ausführliche Informationen über die Entwicklung des Tests und dessen Gütekriterien. Bei der Auswahl eines Tests darf der Anwender (z. B. Ausbilder) niemals die Gütekriterien für psychologische Tests aus den Augen verlieren.

Zur **Qualitätsprüfung** von Tests wurden verschiedene Gütekriterien entwickelt, die ein guter Test nach Gustav A. LIENERT und Ulrich RAATZ (1998, S. 7ff.) erfüllen soll. Die **Hauptgütekriterien** sind:

- Objektivität (Unabhängigkeit),
- Reliabilität (Zuverlässigkeit),
- Validität (Gültigkeit).

Objektivität

Objektivität (Unabhängigkeit) ist gegeben, wenn die Ergebnisse eines Tests unabhängig vom Ausbildungsplatzbewerber sind und mehrere Auswerter (z. B. Ausbilder) unabhängig voneinander zu gleichen Testergebnissen kommen. Mit anderen Worten: die Bewertung des Tests ist objektiv, wenn zwei oder mehrere Testanwender bei der Auswertung des Tests beim selben Bewerber zum gleichen Ergebnis kommen. Das Testergebnis ist somit unabhängig vom Anwender, egal, wer den Test durchführt, auswertet und die Ergebnisse interpretiert. Wir sprechen hier auch von Durchführungs-, Auswertungs- und Interpretationsobjektivität.

Die **Durchführungsobjektivität** verlangt, dass alle Bewerber die gleichen Rahmenbedingungen (z. B. Zeitdauer, Tageszeit, Hilfsmittel, Täuschungsmöglichkeit, Raumklima) haben. Dabei ist während der Durchführung des Tests sicherzustellen, dass alle Bewerber den gleichen Anforderungen und Bedingungen ausgesetzt sind. Man kann z. B. die Durchführungsobjektivität dadurch maximieren, indem allen Bewerbern die Anweisungen schriftlich vorgegeben oder wörtlich vorgelesen werden.

Die **Auswertungsobjektivität** besagt, dass das Auswertungsergebnis bei einem Test unabhängig davon ist, welcher Ausbilder den Test auswertet, d. h. wenn verschiedene Ausbilder zu verschiedenen Zeitpunkten den Test mit gleicher Punktzahl bewerten. Die Auswertung eines Tests ist also nicht objektiv, wenn die Ausbilder zu unterschiedlichen Ergebnissen kommen. Bei Testaufgaben mit Mehrfachantworten zum Ankreuzen (**Multiple-Choice-Aufgaben**) ist die Auswertungsobjektivität maximiert, weil die Antwort vom Bewerber entweder richtig oder falsch angekreuzt wird und dadurch der Ausbilder eine eindeutige Antwort erhält. Eine hohe Auswertungsobjektivität wird rein technisch dadurch erreicht, dass man z. B. für die Auswertung eine Schablone oder eine eindeutige Beispielsammlung vorsieht. Ein Ausbilder kann dennoch bei der Auswertung zu einem falschen Ergebnis gelangen, wenn der Antwortbogen z. B. nicht eindeutig markiert ist oder wenn er sich bei der Addition der Einzelergebnisse verzählt. Durch solche Fehler wird die Auswertungsobjektivität wieder geringer.

Interpretationsobjektivität liegt dann vor, wenn zwei Ausbilder unabhängig voneinander aus dem gleichen Auswertungsergebnis des Tests den gleichen Schluss ziehen, d. h. wenn mehrere Ausbilder das gleiche Testergebnis gleich interpretieren. Dabei dürfen individuelle Deutungen in die Interpretation des Testwertes (Testergebnis) nicht einfließen.

Reliabilität

Unter **Reliabilität** (Zuverlässigkeit) einer Messung versteht man den Grad der Genauigkeit (Präzision), mit dem ein bestimmtes Merkmal gemessen wird. Die Reliabilität bezieht sich auf das Ergebnis, z. B. die Anzahl der erreichten Punkte bei einem Test. Als reliabel gilt eine Messung und das zugrunde liegende Messinstrument (z. B. Test), wenn aus einer Wiederholung stets das gleiche Ergebnis resultiert.

Der Grad der Zuverlässigkeit einer Messung wird durch den **Reliabilitätskoeffizienten r** bestimmt, der angibt, in welchem Maße die gewonnenen Messergebnisse über denselben Ausbildungsplatzbewerber unter gleichen Bedingungen übereinstimmen. Der Reliabilitätskoeffizient gibt die Höhe des Zusammenhangs zwischen zwei Leistungen an. Bei einem Reliabilitätskoeffizienten von r = 1.00 besteht zwischen den beiden Merkmalen ein perfekter Zusammenhang und bei r = –1.00 besteht kein Zusammenhang. Ein für die Praxis geeigneter Test sollte mindestens eine Reliabilität von .80 haben. Sollte die Reliabilität in der Handanweisung niedriger angegeben sein oder ganz fehlen, dann muss man gegenüber dem Test sehr misstrauisch sein und gegebenenfalls auf dessen Einsatz verzichten.

Um die Reliabilität einer Messung zu bestimmen, bedient man sich beispielsweise der folgenden Methoden, die im Rahmen der klassischen Testtheorie entwickelt wurden:

Bei der »**Retest- oder Wiederholungsmethode**« wird der gleiche Test von derselben Versuchsperson (Vp) zu unterschiedlichen Zeitpunkten bearbeitet. Anschließend wird aus den beiden Ergebnissen die Korrelation ermittelt. Sie ist eine gebräuchliche Methode zur Bestimmung der zeitlichen Stabilität einer Messung. Bei der Leistungsmessung wird diese Methode jedoch selten angewandt, weil bei der Wiederholung des Tests z. B. Übungseffekte nicht auszuschließen sind.

Dem Problem der Übungseffekte kann man jedoch aus dem Wege gehen, indem man die »**Split-Half- oder Testhalbierungsmethode**« anwendet.

Dabei wird der Test nur ein einziges Mal von der Versuchsperson bearbeitet. Danach wird der Test in zwei Hälften aufgeteilt, z. B. alle Aufgaben mit geraden und alle Aufgaben mit ungeraden Nummern, und anschließend werden beide Testhälften miteinander korreliert. Diese Methode gibt uns Hinweise auf die Halbierungszuverlässigkeit oder die Konsistenz des Verfahrens.

Bei der »**Paralleltestmethode**« werden derselben Versuchsperson zwei einander inhaltlich ähnelnde Tests (z. B. Form A und Form B) hintereinander vorgelegt und deren Ergebnisse miteinander korreliert. Die Reliabilität ist um so größer, je genauer das Ergebnis der ersten Testdurchführung mit der zweiten Testdurchführung übereinstimmt. Ist die Reliabilität hoch, dann messen beide Tests hinreichend genau. Ist sie jedoch niedrig, dann misst ein Test ungenau. Die Tests ähneln sich weniger (d. h. sie sind nicht genügend parallel).

Diese Methoden liefern unterschiedliche Reliabilitätsschätzungen, da die jeweiligen Messfehler auf unterschiedliche Ursachen zurückgehen können. Ein Reliabilitätskoeffizient, der mit der Halbierungsmethode bestimmt wurde, sagt eher etwas über die instrumentelle Güte des Tests und über die Homogenität der Aufgaben aus. Bei heterogenen Testaufgaben liefert diese Methode meist eine Unterschätzung der Reliabilität. Die Retestreliabilität ist nur dann hoch, wenn das zu messende Merkmal zeitlich stabil ist, was bei Schulleistungen nicht der Fall ist. Dabei ist die Homogenität der Aufgaben von geringerem Einfluss. Somit liefert ein Vergleich der verschiedenen Reliabilitätskoeffizienten Rückschlüsse auf die Güte und den Homogenitätsgrad des Tests sowie auf die Stabilität des Merkmals, das gemessen wurde. Dabei sollten die Stichproben, bei denen die Reliabilitätskoeffizienten ermittelt wurden, genügend groß (mindestens 100 Probanden) und möglichst repräsentativ sein.

Die angegebenen Reliabilitätskoeffizienten in den Handanweisungen sind vor der Anwendung eines Tests »unter die Lupe« zu nehmen. Dabei sind folgende Punkte zu beachten:

- die jeweilige Methode zur Bestimmung des Reliabilitätskoeffizienten,
- die Untersuchungsstichprobe,
- die Höhe des Reliabilitätskoeffizienten.

Test		Reliabilität
Arbeitsprobe zur berufsbezogenen Intelligenz AZUBI-BK (Büro- und kaufmännische Tätigkeiten)		Retest .91
Arbeitsprobe zur berufsbezogenen Intelligenz AZUB-TH (Technische und handwerklichen Tätigkeiten)		Retest .92
Aufmerksamkeits-Belastungstest d2		Split-Half .95–.98
Berufsbezogener Rechentest BRT		Split-Half .97
Berufseignungstest BET		Retest .89–.93
Drahtbiegeprobe D-B-P		Retest .80
FELDHAUS-Grundwissen-Test	Rechtschreibung Rechnen	Split-Half .83–.87 Retest .87–.90
Intelligenz-Struktur-Test I-S-T 2000R		Split-Half .88–.96
Konzentrations-Verlaufs-Test KVT		Split-Half .95
Leistungsprüfsystem LPS-2		Split-Half .81–.93
Lern- und Gedächtnistest LGT-3		Retest .71
Mechanisch-technischer Verständnistest MTVT		Retest .76
Mathematiktest (Grundkenntnisse für Ausbildung und Beruf)		Parallel .90
Rechtschreibungstest RT		Retest .88
Revidierter Allgemeiner Büroarbeitstest ABAT-R		Retest .83
Test zur Untersuchung des Praktisch-Technischen Verständnisses PTV		Split-Half .83–.86
Wilde-Intelligenz-Test 2 WIT-2		Retest .59–.93

Reliabilität von verschiedenen Tests

Die Reliabilität einer Messung sagt jedoch nur aus, wie genau gemessen wird, aber nicht **was** gemessen wird. Sie ist allerdings Voraussetzung für das wichtigste Gütekriterium, die Validität.

Validität

Die Validität (Gültigkeit) ist das wichtigste Kriterium. Sie gibt den Grad der Genauigkeit an, mit dem ein Test tatsächlich das misst, das er messen soll oder zu messen vorgibt, z. B. Ausbildungs- und Berufserfolg. Sie bezieht sich auf die Ergebnisse der Messungen und deren Interpretation, d. h. ein

Mathematiktest soll die Leistung eines Bewerbers in Mathematik und nicht seine Lesefähigkeit erfassen. Hat der Ausbildungsplatzbewerber beispielsweise nur geringe deutsche Sprachkenntnisse (z. B. Ausländer), dann ist bei der Aufgabenerstellung besonders darauf zu achten, dass der Bewerber den Text eindeutig versteht. Wenn er allerdings aufgrund mangelnder Sprachkenntnisse den Text der Aufgaben nicht vollständig versteht, wird er wahrscheinlich eine weniger gute Mathematikleistung erzielen, als wenn der Text in seiner Muttersprache abgefasst wäre. Maßstäbe für die Validität sind Korrelationen mit entsprechenden Außenkriterien, z. B. den Schulnoten.

In der Testtheorie werden u. a. folgende Arten von Validitäten (Gültigkeiten) unterschieden:

Die »**Konstruktvalidität**« verweist darauf, dass eine theoretische Konstruktion vorhanden ist, anhand derer die Ergebnisse auf ihre Gültigkeit hin überprüft werden können. Psychologische Konstrukte können nicht unmittelbar beobachtet werden, wie z. B. Intelligenz, Prüfungsangst und technisches Verständnis.

Bei der »**Inhaltsvalidität**« wird die Gültigkeit eines Tests durch die inhaltliche Analyse der einzelnen Testaufgaben durch Experten gewährleistet, d. h. es wird überprüft, inwieweit ein Test Merkmale beinhaltet, die für den zu erfassenden Merkmalsbereich repräsentativ sind. Inhaltsvalide Berufseignungstests beziehen sich z. B. auf bestimmte Berufe oder Berufsgruppen.

Bei der »**Übereinstimmungsvalidität**« wird ermittelt, wie weit die mit einem Test gewonnenen Daten und die auf andere Weise und/oder mit anderen Methoden ermittelnden Resultate übereinstimmen. Bei einem Mathematiktest kann beispielsweise die vorliegende Mathematiknote als Außenkriterium herangezogen werden. Dabei korreliert bei einer hohen Übereinstimmungsvalidität ein Mathematiktest hoch mit der Mathematiknote.

Standardisierte Berufseignungstests sollten vor allem eine hohe »**Vorhersagevalidität**« haben; denn sie bildet die Grundlage für alle auf Berufseignung beruhenden Prognosen über den Ausbildungs- bzw. Berufserfolg eines Bewerbers. Dabei wird der Zusammenhang zwischen einer früheren und einer späteren Messung festgestellt. Soll z. B. der Berufsausbildungserfolg mit einem Eignungstest prognostiziert werden, dann werden die Testergebnisse des Ausbildungsplatzbewerbers mit den Ergebnissen von ehemaligen Auszubildenden, die bereits erfolgreich ihre Abschlussprüfung bestanden haben bzw. erfolgreich im Beruf stehen, verglichen.

Die Beziehungen zwischen den Gütekriterien lassen sich wie folgt darstellen:

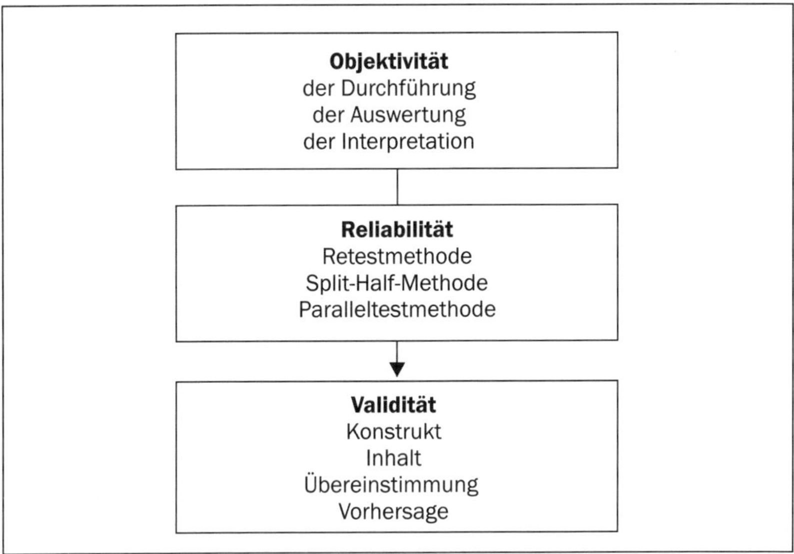

Beziehungen zwischen den Gütekriterien

Dem Schema ist zu entnehmen, dass die Objektivität Voraussetzung für die Reliabilität und diese wiederum Voraussetzung für die Validität eines Tests ist.

Bei der Beurteilung und Anwendung von Tests sollten die geschilderten Hauptgütekriterien niemals außer Acht gelassen werden! Zur Erinnerung daher nochmals im Überblick:

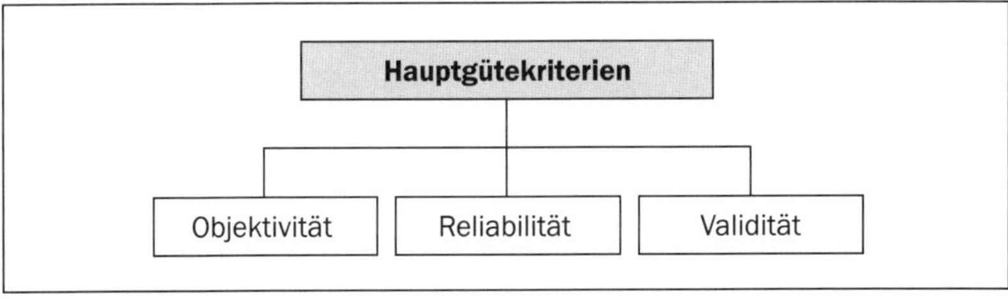

Hauptgütekriterien

Außer den Hauptgütekriterien sollte man bei der Auswahl eines Tests auch die folgenden **Nebengütekriterien** beachten, die wie folgt beschrieben werden:

- Unter »**Normierung**« versteht man die Angaben über einen Test als Bezugssystem für die Entscheidung eines individuellen Testergebnisses. Dabei wird dem individuellen Testergebnis einen bestimmten Platz zugewiesen und daraus ist seine Stellung zur Bezugsgruppe erkennbar.
- Die »**Vergleichbarkeit**« eines Testes liegt vor, wenn Parallelformen oder validitätsähnliche Tests vorhanden sind. Dadurch kann das individuelle Testergebnis mit anderen Testergebnissen verglichen werden.
- Die »**Ökonomie**« eines Testes ist gegeben, wenn er wenig Material verbraucht, einfach zu handhaben und als Gruppentest durchführbar ist sowie wenig Zeit für die Durchführung beansprucht und in kurzer Zeit einfach ausgewertet werden kann. Erfüllt ein Test alle diese Kriterien, dann ist er auch preisgünstig in der Anwendung.
- Die »**Nützlichkeit**« eines Testes liegt vor, wenn er eins oder mehrere Personenmerkmale misst, für die ein praktisches Bedürfnis besteht. Die Nützlichkeit eines Tests kann z. B. bei der Auswahl von Auszubildenden zur Messung bestimmter Personenmerkmale für die Berufseignung gegeben sein. Ebenso ist ein Test auch dann nützlich, wenn er bei der Anwendung geringe Kosten verursacht.
- Die »**Fairness**« eines Tests ist erfüllt, wenn dem Testteilnehmer keine Benachteiligungen aus Gründen seiner Rasse oder wegen seiner ethnischen Herkunft, seines Geschlechts, seiner Religion oder Weltanschauung, seiner Behinderung oder seiner sexuellen Identität entstehen.

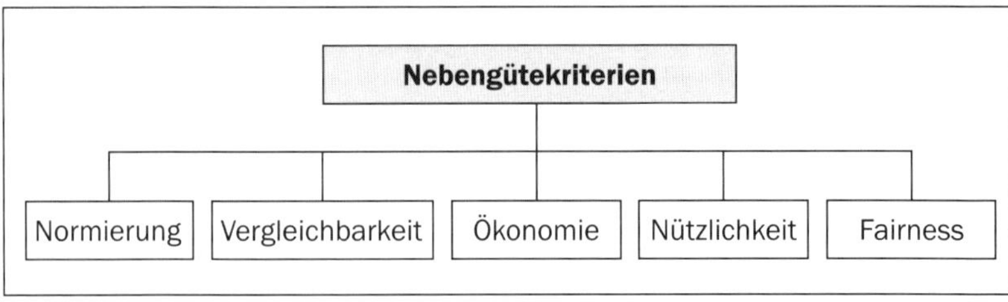

Nebengütekriterien

In der Praxis erlebt man immer wieder, dass Ausbilder standardisierte Tests willkürlich abändern, indem sie z. B. einzelne Aufgaben herausstreichen oder hinzufügen, die vorgegebene Zeit für die Durchführung des Test abändern oder den Bewerbern zusätzliche Hilfestellungen geben. Dadurch werden die Testergebnisse verfälscht und sind somit nicht mehr interpretierbar. Vorsicht also vor derartigen Manipulationen!

Es sollten für die Auswahl von Ausbildungsplatzbewerbern auch keine selbsterstellten Tests eingesetzt werden, die nicht nach den wissenschaftlichen Gütekriterien entwickelt und erprobt wurden. Der größte Teil dieser »selbstgestrickten« Tests sind von Laien willkürlich zusammen gestellt worden und daher eher mit einem Quiz vergleichbar. Weil diese Tests (Pseudo-Tests) nicht die wissenschaftlichen Gütekriterien erfüllen, sind sie zur Auswahl von Ausbildungsplatzbewerbern nicht geeignet und sollten daher weder eingesetzt noch an andere weitergegeben werden.

Standardisierte Tests erfassen immer nur einen Teilaspekt, aber niemals die gesamte Persönlichkeit eines Testteilnehmers. Sie messen z. B. nur Strukturen der Intelligenz oder die Rechenfertigkeit eines Bewerbers, die mit der Eignung für einen bestimmten Beruf oder einer Berufsgruppe zusammenhängen.

Deswegen sollte die Auswahl der Bewerber nach einem **Anforderungsprofil** (z. B. Normprofil für einen bestimmten Beruf) erfolgen. Alle Bewerber, deren individuelles Profil dem Normprofil des gewünschten Ausbildungsberufes entspricht, werden daraufhin zu einem Einstellungsgespräch eingeladen.

Bei normierten Tests gibt der **Normwert** an, wo der getestete Bewerber leistungsmäßig in seiner Bezugsgruppe steht. Dabei ermöglichen die Normwerte die Interpretation eines Testergebnisses.

Im Allgemeinen sind folgende Arten von Normen in den Testanweisungen angegeben:

- **Flächennormwerte** geben an, wie viele Jugendliche aus der Bezugsgruppe anteilsmäßig eine bessere, dieselbe oder eine schlechtere Testleistung haben. Diese Normwerte heißen Flächennormen, weil die Anteile in der Rohwertverteilung durch entsprechende Flächen repräsentiert werden. Der Rohwert ist im Allgemeinen identisch mit der Anzahl der richtigen Antworten. Die wichtigste Flächennorm ist der »Prozentrang PR«, der angibt, wie viel Prozent der Jugendlichen der Bezugsgruppe eine schlechtere oder eine genauso gute Testleistung aufweisen.

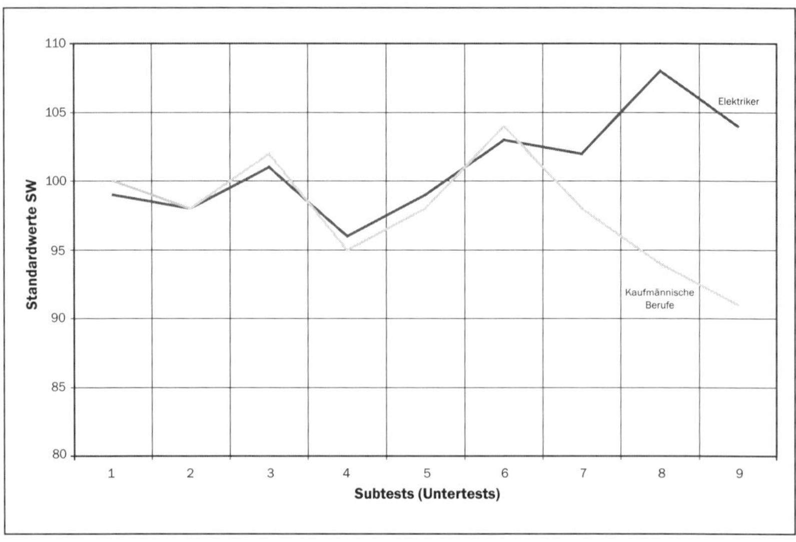

Normprofile nach dem Intelligenz-Struktur-Test

- **Standardwerte** geben an, wieweit ein individueller Rohwert vom durchschnittlichen Rohwert entfernt ist. Dabei wird die Standardabweichung der Rohwerte als Einheit gewählt. Die wichtigsten Standardwerte (SW) von Tests sind die folgenden (IQ = Intelligenzquotient):

T-Werte	Mittelwert 50, Standardwert 10
Z-Werte	Mittelwert 100, Standardwert 10
IQ-Werte	Mittelwert 100, Standardwert 15

  T-Werte werden in der Regel bei Schulleistungstests, Z-Werte bei Leistungstests und IQ-Werte ausschließlich bei Intelligenztests verwendet.

Bei der **Interpretation** von Testergebnissen sollten Ausbilder stets Prozentränge verwenden, weil diese leichter als Standardwerte SW zu interpretieren sind. Beim **Rechnen** mit Testergebnissen sind jedoch die **Standardwerte** zu verwenden. Am Ende der Handanweisung eines normierten Tests sind meist entsprechende Umrechnungstabellen aufgeführt, wo zu jedem Rohwert der entsprechende Prozentrang PR und Standardwert SW nachgesehen werden kann.

Bevor Ausbilder einen Test einsetzen, sollten sie überprüfen,

- wann er erschienen ist,

- ob das Testmaterial vollständig ist,
- ob die Testhefte oder Antwortbogen unzulässige Eintragungen enthalten.

Ein Test veraltet relativ schnell, da sich die Testleistung auf die Durchschnittsleistung einer Gruppe bezieht. Ändert sich dieser Wert, dann sollte der Test neu normiert werden. Zum Beispiel sind in den letzten Jahrzehnten die Durchschnittsleistungen von Hauptschülern gesunken, da immer mehr Schüler zur Realschule oder zum Gymnasium gehen. Deshalb sollten Tests immer wieder bezüglich des Inhalts und der Normen überprüft und gegebenenfalls revidiert werden.

Ist ein Test unvollständig, dann kommt es beim Einsatz zu Schwierigkeiten. Deshalb ist vor jedem Einsatz zu prüfen, ob alle benötigten Schablonen für die Auswertung vorliegen und ob genügend Testhefte und Antwortbogen vorhanden sind. Sollte dies nicht der Fall sein, können die fehlenden Unterlagen rasch nachbestellt werden – das Fotokopieren der Unterlagen ist aus urheberrechtlichen Gründen bekanntlich verboten. Ebenso werden immer einige Reserveexemplare benötigt, wenn sich beispielsweise die Anzahl der Testteilnehmer kurzfristig vergrößert.

Bei wieder verwendbaren Testheften dürfen die Ausbildungsplatzbewerber hierin keine Eintragungen vornehmen. Trotz entsprechender Hinweise kommt es aber immer wieder vor, dass z. B. in Testheften irrtümlich Lösungen angekreuzt oder bei Rechentests Zwischenrechnungen gemacht werden. Durch solche Eintragungen wird die Leistung späterer Testteilnehmer (Bewerber) verfälscht. Deshalb sind die Testhefte in dieser Hinsicht immer vor ihrem Einsatz zu überprüfen.

Beim Einsatz und bei der Interpretation von Tests sollten Ausbilder immer folgende Punkte beachten:

- Optimale äußere Rahmenbedingungen (z. B. helle und ruhige Räumlichkeit) schaffen,
- standardisierte Tests einsetzen,
- einen Test niemals verändern,
- sich genau an die Handanweisung und an die Instruktion halten,
- bei der Interpretation von Testergebnissen immer den Standardmessfehler zugunsten des Bewerbers mit einbeziehen,
- in Zweifelsfällen immer zum Vorteil des Bewerbers entscheiden.

Psychologische Tests dürfen grundsätzlich nur mit **Einwilligung** des Testteilnehmers, d. h. dem Ausbildungsplatzbewerber, durchgeführt werden. Im Regelfall wird die vorherige Zustimmung durch die tatsächliche Teilnahme ohne Widerspruch am psychologischen Test erteilt. Im Falle von Minderjährigen ist allerdings, streng gesehen, die Einwilligung der gesetzlichen Vertreter erforderlich; es kann zu Schwierigkeiten kommen, wenn diese nicht vorliegt.

Mit einem standardisierten Test für Ausbildungsplatzbewerber, wie z. B. den Grundwissen-Tests vom FELDHAUS VERLAG, können Schwächen in Teilgebieten der Rechtschreibung und im Rechnen diagnostiziert werden. Dabei bietet er die Möglichkeit, den Leistungsstand der Bewerber hinsichtlich ihrer Kenntnisse in Rechtschreibung und im Rechnen im Verhältnis zu einer Vergleichsgruppe festzustellen. Ebenso kann mit einzelnen Tests das räumliche Vorstellungsvermögen der Bewerber überprüft werden, denn es stehen verschiedene Testreihen für kaufmännisch/verwaltende und gewerblich-technische Ausbildungsberufe mit unterschiedlichen Schwierigkeitsgraden zur Verfügung.

Beim Umgang mit den Grundwissen-Tests wird wegen des einfachen Aufbaus und der leichten Auswertung mit Schablonen sowie der Beschränkung auf eine reine Kenntnisermittlung die besondere Vorbildung als Psychologe oder Pädagoge nicht vorausgesetzt. Somit können ihn Ausbilder unbedenklich bei sorgfältiger Beachtung der beigefügten Anleitung zur Durchführung und Auswertung ohne Gefahr einer Verfälschung der Ergebnisse verwenden.

Zur Auswahl eines geeigneten Grundwissen-Testheftes ist für jede Testreihe eine Auswahlmappe erhältlich. Sie enthält vollständige Muster aller Tests einer Reihe sowie ein ausführliches »Begleitheft« mit allen für die Planung, Durchführung und Auswertung erforderlichen Erläuterungen sowie einer ausführlichen wissenschaftlichen Testbeschreibung.

Nähere Informationen über den »Grundwissen-Test für Auszubildende« (32 Testhefte in vier Testreihen zu den Bereichen Rechtschreibung, Rechnen und Allgemeinbildung) sind erhältlich beim FELDHAUS VERLAG.

3.1.3 Arbeitsproben

Arbeitsproben sind standardisiere Aufgaben zur Überprüfung praktischer Fertigkeiten und Fähigkeiten, die inhaltlich erkennbar den Anforderungen aus dem Beruf nachgestellt sind. Sie stellen erfolgsrelevantes berufliches

Verhalten dar. Beispielsweise müssen Bewerber für handwerklich-technische Berufe nach einer Vorlage einen **Draht biegen** und dabei zeigen, wie geschickt und sorgfältig sie dabei vorgehen. Der Nachwuchs für kaufmännische oder verwaltende Berufs soll beispielsweise vor eine Gruppe einen **Kurzvortrag** halten oder in einer **Gruppendiskussion** gemeinsam mit mehreren, anderen Bewerbern Lösungen für ein Problem aus der betrieblichen Praxis suchen. Der Validitätskoeffizient bei Arbeitsproben beträgt .30 bezüglich des Berufserfolgs; das entspricht einer prognostischen Validität von 9 %.

3.1.4 Assessment-Center (AC)

Assessment-Center (AC) bestehen aus mehreren eignungsdiagnostischen Auswahlverfahren oder leistungsbezogenen Aufgaben, um zukünftige Entwicklungen von Menschen einzuschätzen.

Als Aufgaben dienen hierbei beispielsweise »führerlose« Gruppendiskussionen, Rollenspiele, Selbstvorstellung, Leistungstests, Vorträge, Präsentationen und Interviews. Dabei werden beispielsweise Vorkenntnisse, Einstellungen, Verhaltensweisen und Entwicklungspotentiale der Bewerber systematisch gleichzeitig von mehreren unabhängigen Beobachtern erfasst. Dieses Verfahren wird unter anderem zur Auswahl von Bewerbern für kaufmännisch-verwaltende Berufe bei Banken, Versicherungen und Verwaltungen eingesetzt. Der Validitätskoeffizient des AC bezüglich des Berufserfolges beträgt .37; diese entspricht einer prognostischen Validität von etwa 14 %.

3.1.5 Einstellungsgespräch

Eine große Anzahl von Ausbildungsbetrieben rekrutiert seinen Nachwuchs aufgrund von Einstellungsgesprächen, obwohl die Validität solcher Gespräche bei r = .1 bezüglich des Berufsausbildungserfolges liegt. Dieser Validitätskoeffizient gilt für ein konventionell (unstrukturiertes) geführtes Einstellungsgespräch, wobei jedoch ein Wert von r = .40 bei einem strukturierten Gespräch erreicht wird. Trotz der geringen prognostischen Validität (1 % bzw. 16 %) rekrutieren einzelne Unternehmen ihren Nachwuchs ausschließlich aufgrund eines Einstellungsgespräches.

Das Einstellungsgespräch sollte wegen der geringen Validität hauptsächlich zum gegenseitigen Kennenlernen aller an der Berufsausbildung Beteiligten, z. B. Ausbildungsleiter und Ausbildungsplatzbewerber, dienen.

Die Teilnehmer können sich beim Einstellungsgespräch, jeweils nach Qualität und Intensität, einen abschließenden persönlichen Eindruck machen. Dabei hat der Ausbildungsbetrieb die Möglichkeit sich selbst vorzustellen, (z. B. Betriebsgröße, Sozialleistungen, Arbeitszeitregelung, Fortbildung- und Aufstiegsmöglichkeiten). Ebenso können sich die Interessenten näher darstellen, indem sie erläutern, warum sie **grade diesen** Beruf erlernen und in diesem Unternehmen eine Ausbildung absolvieren möchten oder welche Hobbys sie nachgehen. Das Gespräch sollte aber auch dazu dienen, dem Ausbildungsplatzbewerber noch offene Fragen aufrichtig zu beantworten.

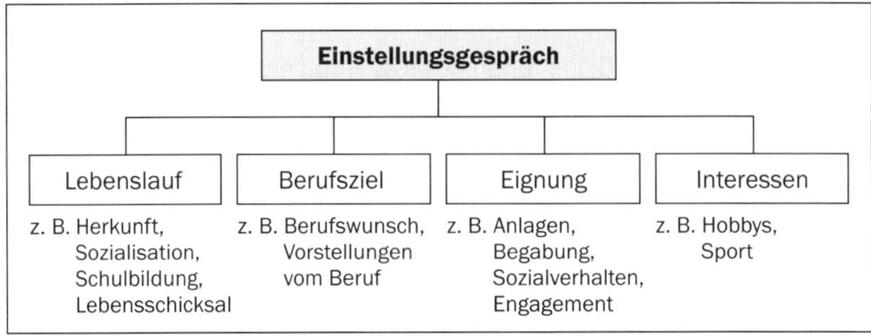

Elemente eines Einstellungsgesprächs

Mit einem Einstellungsgespräch werden folgend Ziele verfolgt:

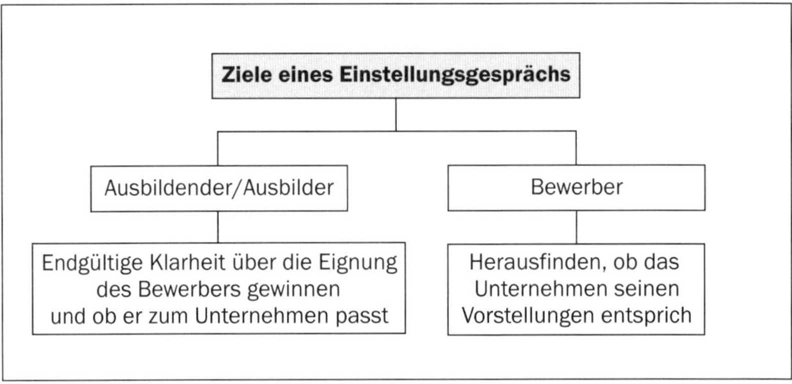

Ziele eines Einstellungsgesprächs

Folgende Punkte sind zur Vorbereitung für das Einstellungsgespräch zu beachten:

- Termin mit Teilnehmer, außer Bewerber, vereinbaren,
- Bewerber einladen,
- Raum reservieren und vorbreiten,
- Tisch mit Namensschilder versehen,
- Bewerbungsunterlagen und Testergebnisse der Bewerber bereithalten,
- »Bewertungsbogen zum Einstellungsgespräch« bereithalten,
- Schreibmateriel bereithalten,
- **alkoholfreie** Getränke zur Verfügung stellen!

Bei einer Vielzahl von praktischen Auswahlprozessen kommt dem Einstellungsgespräch eine besondere **Schlüsselfunktion** zu, weil in der Praxis häufig anhand des Gesprächs eine Entscheidung über die Annahme oder Ablehnung des Ausbildungsplatzbewerbers gefällt wird.

Zunächst ein ausführlicher Bewertungsbogen zum Einstellungsgespräch (s. S. 44).

Im Bewertungsbogen zum Einstellungsgespräch können Anmerkungen beispielsweise bezüglich der Pünktlichkeit und Bekleidung des Bewerbers eingetragen werden.

Ein Einstellungsgespräch verläuft meist nach einem festgelegten Schema. Je nach Anzahl der Bewerber finden Einzel- oder Gruppengespräche statt, deren Gesprächsdauer zwischen 20 und 30 Minuten liegt.

In einem Einstellungsgespräch sollten dem Ausbildungsplatzbewerber **offene Fragen** gestellt werden, weil ihm dabei keine Antworten »vorgegeben« werden. Er muss sich an etwas erinnern. Somit kann und muss sich der Befragte zur gestellten Frage frei äußern. Dadurch werden an ihn hohe Ansprüche, z. B. an sein Sprachvermögen und seine Auffassungsgabe, gestellt. Und damit kann man von ihm mehr erfahren, als beispielsweise mit geschlossenen Fragen, die nur mit »ja« oder »nein« zu beantworten sind.

Beispiel: Wie haben Sie sich über den gewählten Ausbildungsberuf informiert?

Um den Bewerber nicht zu überfordern, sollte ihm stets nur eine Frage und nicht mehrere Fragen **(Kettenfragen)** gleichzeitig gestellt werden.

Beispiel: Warum haben Sie sich bei uns beworben und mit welchem Verkehrsmittel können Sie den Ausbildungsplatz erreichen?

<table>
<tr><th colspan="2">Bewertungsbogen zum Einstellungsgespräch</th></tr>
<tr><td colspan="2">Name: Ausbildung zum/zur:</td></tr>
<tr><td>1. Einleitungsphase
Bitten Sie den Bewerber, seinen Lebenslauf zu schildern. Dabei sollte er insbesondere folgende Punkte ansprechen: Herkunft, Schulbildung, Hobbys usw.</td><td>ohne Bewertung</td></tr>
<tr><td>2. Berufsvorstellungen
• Wer hat Ihnen zu Ihrer Berufswahl geraten?
• Wie haben Sie sich über den Beruf informiert?
• Warum haben Sie sich für den Beruf entschieden?
• Warum haben Sie sich für unsere Firma entschieden?
• Welche beruflichen Tätigkeiten erwarten Sie?
• Welche Vorkenntnisse haben Sie?
• Für welche Berufe interessieren Sie sich noch?
• Welche Berufe streben Ihre Freunde an?</td><td>5 4 3 2 1</td></tr>
<tr><td>3. Kontaktfähigkeit/Tagesgeschehen
• Womit beschäftigen Sie sich in Ihrer Freizeit?
• Welchen Vereinen gehören Sie an?
• Wer sind Ihre Freunde?
• Wie können Sie im Freundeskreis eigene Ideen verwirklichen?
• Welche Kontakte pflegen Sie zu anderen Menschen?
• Welche Tageszeitung lesen Sie regelmäßig?
• Welche Zeitungsartikel interessieren Sie besonders?
• Welche aktuellen Fernsehsendungen sehen Sie regelmäßig?</td><td>5 4 3 2 1</td></tr>
<tr><td>4. Selbstwertgefühl/Selbsteinschätzung
• Auf welchem Gebiet trauen Sie sich viel/wenig zu?
• Sind Sie mehr theoretisch oder mehr praktisch veranlagt?
• Wie schätzen Sie Ihre Konzentrationsfähigkeit ein?
• Zu welcher Leistungsgruppe zählen Sie in Ihrer Klasse?
• Wie ist Ihr Verhältnis zu Ihren Lehrern?
• Wie verhalten Sie sich, wenn Sie sich von einem Lehrer ungerecht benotet fühlen?
• Wann fällt Ihnen eine Unterordnung leicht/schwer?</td><td>5 4 3 2 1</td></tr>
<tr><td>5. Aktuelles Allgemeinwissen
Stellen Sie dem Bewerber gezielte Fragen zum aktuellen Tagesgeschehen!</td><td>5 4 3 2 1</td></tr>
</table>

Bewertungsbogen zum Einstellungsgespräch	
6. Selbstständigkeit An dieser Stelle sind die Antworten auf Fragen, die bereits in den anderen Gesprächsabschnitten gestellt wurden, zu bewerten, und zwar aus dem Blickwinkel der Selbstständigkeit: • Wer hat Ihnen zu Ihrer Berufswahl geraten? • Wie haben Sie sich über den Beruf informiert? • Welche Berufe streben Ihre Freunde an? • Können Sie im Freundeskreis eigene Ideen verwirklichen? • Haben Sie häufig Kontakt zu anderen Menschen? • Lesen Sie regelmäßig eine Tageszeitung? • Sehen Sie regelmäßig aktuelle Fernsehsendungen? • Wie verhalten Sie sich, wenn Sie sich von einem Lehrer ungerecht benotet fühlen? • Wann fällt Ihnen eine Unterordnung leicht bzw. schwer?	5 4 3 2 1
7. Informationsphase In dieser Gesprächsphase sollte dem Bewerber die Möglichkeit gegeben werden, Fragen zu stellen!	ohne Bewertung
Bemerkungen:	
Ergebnis:	
Ort, Datum	Funktion, Unterschrift

Ebenso sind folgende Fragen zu vermeiden:

Geschlossenen Fragen, weil sie vom Bewerber einfach zu beantworten sind und ihm keinen Spielraum zur Beantwortung lassen. Diese Fragen können beispielsweise nur mit »ja« oder »nein« oder mit »richtig« oder »falsch« beantwortet werden.

Beispiel: Haben Sie sich noch bei einem anderen Unternehmen beworben?

Suggestivfragen, weil sie dem Bewerber bestimmte Haltungen oder Meinungen unterstellten; damit wird der Bewerber manipuliert.

Beispiel: Finden Sie nicht, dass heute schönes Wetter ist?

Rhetorische Fragen, weil der Fragende die Frage selbst beantwortet und dadurch der Bewerber verunsichert wird.

Beispiel: Ist es richtig, dass Sie sich nicht bei der Agentur für Arbeit über den Ausbildungsberuf informiert haben?

In einem Einstellungsgespräch sind alle Fragen erlaubt, die sich auf den gewählten Ausbildungsberuf, z. B. Kenntnisse und Fähigkeiten, des Ausbildungsplatzbewerbers beziehen, um ein möglichst aussagefähiges Bild über ihn zu erhalten. Es sind auch Fragen zulässig, die dem Bewerber unangenehm sein können, wie zum Beispiel, warum er eine Klasse in der Schule wiederholen musste oder warum er eine begonnene Berufsausbildung abgebrochen hat?

Unzulässig sind beispielsweise Fragen

- zu einer bestehenden Schwangerschaft;
- zum Kinderwunsch;
- zu Vorstrafen, außer sie sind ausbildungsrelevant;

Auf unzulässige gestellte Fragen muss ein Ausbildungsplatzbewerber nicht wahrheitsgemäß antworten – sofern sie gestellt werden.

Die Analyse des Einstellungsgesprächs sollte daher mit größter Sorgfalt erfolgen. Es empfiehlt sich auf jeden Fall einen strukturierten Bewertungsbogen (siehe Muster zuvor) mit vorbereiteten Fragen zu verwenden, der während des eigentlichen Gesprächs als Leitfaden dient und unmittelbar nach dem Gespräch ausgefüllt werden muss!

Zum Schluss nochmals ein Überblick von Eignungsdiagnostischen Auswahlverfahren zur Feststellung der Bewerbereignung:

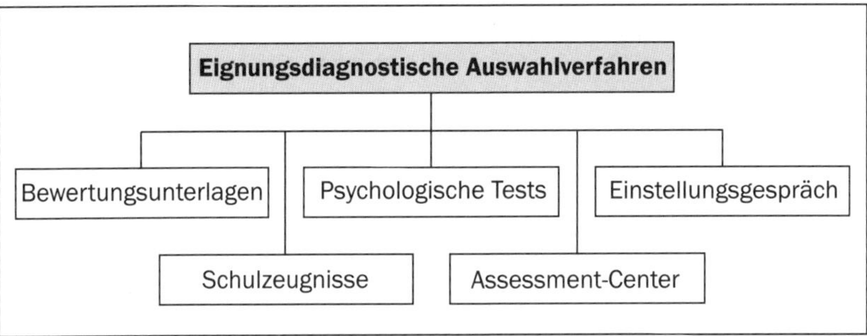

Eignungsdiagnostische Auswahlverfahren

3.2 Selektionsmodelle

Es gibt verschiedene Modelle, nach denen Bewerber zur Besetzung von freien Ausbildungsplätzen ausgewählt werden können. In den folgenden Unterabschnitten werden verschiedene Selektionsmodelle beispielhaft dargestellt und erläutert.

3.2.1 Lineares Selektionsmodell

Das lineare Selektionsmodell stellt die Beziehung zwischen einem Pädiktor, z. B. Test, Arbeitsprobe, Einstellungsgespräch, und einem Kriterium, z. B. Berufsausbildungserfolg, her. Dabei werden die Ausbildungsplatzbewerber mit hohen Prädiktorwerten »angenommen« und diejenigen Bewerber mit niedrigen Prädiktorwerten werden »abgelehnt«.

Nehmen beispielsweise an einem Test zehn Ausbildungsplatzbewerber teil, dann ergibt sich nach der Auswertung aufgrund der erzielten Testergebnisse eine Reihenfolge (1.–10. Platz). Können jedoch nur drei Ausbildungsplätze besetzt werden, dann erhalten nur die drei besten Kandidaten (1.–3. Platz) ein konkretes Ausbildungsplatzangebot. Die Testteilnehmer ab Rangplatz vier »dienen als Reserve«, falls von den drei Besten eine Absage erfolgen sollte.

3.2.2 Kompensationsmodell

Das Kompensationsmodell stellt die Erweiterung des bereits oben beschriebenen »Linearen Selektionsmodells« dar, das mehrere Prädiktoren enthält.

Diesem Modell wird unterstellt, dass niedrigere Prädiktorwerte durch höhere Werte eines anderen Prädiktors kompensiert werden können, d. h. dass niedrigere Punktewerte in einem Test durch höhere Punktewerte in einem anderen Test ausgeglichen (kompensiert) werden. Bei diesem Modell werden die Prädiktorwerte addiert, sodass der Bewerber mit dem höchsten Punktewert nach Addition der einzelnen Prädiktorwerte an erster Stelle steht.

3.2.3 Multiples Cutoff-Modell

Dieses Modell steht dem Kompensationsmodell entgegen, da es von jedem validen Prädiktor einen Minimalwert (»Cutoff-Wert«) verlangt. Das bedeutet, ein Ausbildungsplatzbewerber wird nur dann akzeptiert, wenn er bei jedem einzelnen Prädiktor den festgelegten »Cutoff-Wert« erreicht. Dagegen erfolgt eine Ablehnung des Bewerbers, wenn auch nur ein einziger Prädiktorwert unter dem festgelegten »Cutoff-Wert« liegt.

Erreicht beispielsweise ein Ausbildungsplatzbewerber in einem Rechentest nicht die erforderliche Punktzahl für einen gewerblich-technischen Beruf, dann wird er bei diesem Modell abgelehnt, weil er den festgelegten »Cutoff-Wert« nicht erreicht hat.

Für einige Berufe ist eine uneingeschränkte Farbtüchtigkeit erforderlich. Sollte beispielsweise ein Ausbildungsplatzbewerber für einen elektrotechnischen Beruf (z. B. Elektroniker für luftfahrttechnische Systeme, Elektroanlagenmechaniker) aufgrund der erforderlichen Farbtüchtigkeit diesen Prädiktorwert nicht erfüllen, ist er für diesen Beruf nicht geeignet. Deshalb ist der Bewerber für diesen Beruf abzulehnen.

3.2.4 Profilvergleichssystem

Dieses Modell geht beispielsweise von der Frage aus, welche Eigenschaften und Fähigkeiten eine Person vorweist, die bereits erfolgreich im Berufsleben steht. Aufgrund eines »Idealprofils« werden dann die Ausbildungsplatzbewerber ausgewählt, deren »Eignungsprofil« dem »Idealprofil« am nächsten steht.

Die Annahme bei diesem Modell besteht darin, dass die erfolgreich Beschäftigten derselben Berufe bzw. Berufsgruppen bestimmte Eigenschaften und Fähigkeiten haben, in denen sie sich von den Beschäftigten anderer Berufe oder Berufsgruppen unterscheiden.

3.2.5 Cutoff-Profil-Modell

Die Ausbildungsplatzbewerber werden bei diesem Modell aufgrund von mindestens zwei Prädiktoren, wobei ein Profilvergleichssystem herangezogen wird, ausgewählt. Beim Profilvergleichssystem soll das »Eignungsprofil« des Ausbildungsplatzbewerbers annähernd dem »Idealprofil« von bereits im gewünschten Beruf stehenden erfolgreich Beschäftigten entsprechen. Zusätzlich müssen die Bewerber bei den anderen Prädiktoren ein Minimalwert (Cutoff-Wert) erreichen, um den gewünschten Ausbildungsplatz erhalten zu können.

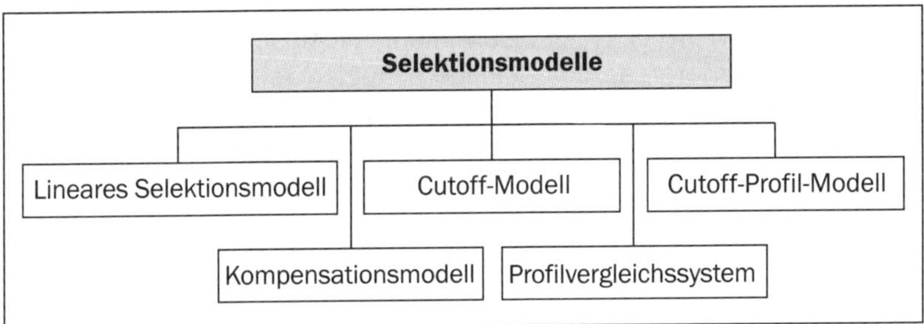

Selektionsmodelle

Zurzeit lässt sich das Problem der möglichst fehlerfreien Besetzung von Ausbildungsplätzen mit wissenschaftlichen Auswahlverfahren nicht lösen.

3.3 Rechtsgrundlagen bei der Auswahl von Auszubildenden

Bei der Auswahl von Auszubildenden sind das Allgemeine Gleichbehandlungsgesetz (AGG), das Betriebsverfassungsgesetz (BetrVG) und das Sozialgesetzbuch (SGB IX – Rehabilitation und Teilhabe behinderter Menschen) zu beachten.

3.3.1 Allgemeines Gleichbehandlungsgesetz (AGG)

Bei der Auswahl von Auszubildenden ist zuerst das Allgemeine Gleichbehandlungsgesetz (AGG) zu beachten, um Benachteiligungen der Ausbildungsplatzbewerber (vgl. § 6 Abs. 1 Nr. 2 AGG) aufgrund folgender Aspekte zu verhindern (vgl. § 1 AGG):

- Aus Gründen der **Rasse** oder wegen der **ethnischen Herkunft,** z. B. der Hautfarbe, Abstammung, Sprache, Heimat;
- **wegen des Geschlechts,** z. B. Ungleichbehandlung von Mann und Frau, wegen Schwangerschaft;
- **wegen der Religion oder der Weltanschauung,** z. B. tragen einer Kippa eines jüdischen Mannes oder wegen des Tragens eines Kopftuches einer muslimischen Frau während der Arbeitszeit;
- **wegen einer Behinderung,** »Menschen mit Behinderungen sind Menschen, die körperliche, seelische, geistige oder Sinnesbeeinträchtigungen haben, die sie in Wechselwirkung mit einstellungs- und umweltbedingten Barrieren an der gleichberechtigten Teilhabe an der Gesellschaft mit hoher Wahrscheinlichkeit länger als sechs Monate hindern können« (§ 2 SGB IX – Sozialgesetzbuch Neuntes Buch – Rehabilitation und Teilhabe von Menschen mit Behinderungen).
- **wegen des Alters,** z. B. Ungleichbehandlung älterer und jüngerer Menschen;
- **wegen der sexuellen Identität,** z. B. Lesben, Schwule, Hetero- und Bisexuelle.

Benachteiligungen durch den Arbeitsgeber (Ausbildenden) sind nach dem Allgemeinen Gleichbehandlungsgesetz u. a. unzulässig in Bezug auf die Auswahlkriterien und Einstellungsbedingungen (vgl. § 2 Abs. 1 Nr. 1 AGG), wie beispielsweise die Bewerbungsunterlagen und das Auswahlverfahren sowie den Zugang zur Berufsausbildung (vgl. § 2 Abs. 1 Nr. 3 AGG). Ebenso ist der Ausbildende gehalten, Ausbildungsplätze weder inner- noch außerbetrieblich nur für Männer oder nur für Frauen, sondern geschlechtsneutral, auszuschreiben, wobei auch keine Benachteiligung aus den oben genannten Aspekten erfolgen darf (vgl. § 11 i. V. m. § 7 AGG).

3.3.2 Betriebsverfassungsgesetz (BetrVG)

Bei der Auswahl von Auszubildenden stehen dem **Betriebsrat** nach dem Betriebsverfassungsgesetz (BetrVG) folgende Mitwirkungs- bzw. Mitbestimmungsrechte zu:

- **Personalplanung,** d. h. er ist über die Personalplanung und über die sich daraus ergebenden personellen Maßnahmen und Maßnahmen der

Berufsausbildung anhand von Unterlagen rechtzeitig und umfassend zu unterrichten (vgl. § 92 Abs. 1 BetrVG). Darunter ist die Gesamtheit der Maßnahmen zur Ermittlung des zukünftigen Personalbedarfs, beispielsweise die beabsichtigten Ausbildungsberufe und die Anzahl der einzustellenden Auszubildenden, die ausgebildet werden sollen, zu verstehen. Dabei hat der Arbeitgeber dem Betriebsrat alle Tatsachen bekannt zu geben, auf die er die Personalplanung stützt.

- **Ausschreibung,** d. h. er kann verlangen, dass zu besetzende Ausbildungsplätze vorher innerhalb des Betriebes ausgeschrieben werden (vgl. § 93 BetrVG). Ausschreibungen sind Aufforderungen an alle oder eine bestimmte Gruppe von Beschäftigten sich auf bestimmte Ausbildungsplätze zu bewerben. Es ist jedoch dem Arbeitgeber nicht verwehrt, gleichzeitig auch externe Stellenausschreibungen (z. B. Auftrag an die Agentur für Arbeit und Inserate in Zeitungen) vorzunehmen.

- **Personalfragebogen,** d. h. seine Zustimmung ist für die Erstellung von Personalfragebogen erforderlich (vgl. § 94 Abs.1 BetrVG). Personalfragebogen sind formularmäßige Zusammenstellungen von auszufüllenden oder zu beantworteten Fragen, die Erkenntnisse über den Bewerber ergeben. Hierzu zählen alle formalisierten Informationserhebungen, wie z. B. schriftliche Bewerbungsbogen, Tests und standardisierte Fragebogen für das Einstellungsgespräch.

- **Auswahlrichtlinien,** d. h. Richtlinien über die personelle Auswahl bedürfen seiner Zustimmung. Kommt eine Einigung über die Richtlinien oder ihren Inhalt nicht zustande, entscheidet auf Antrag des Arbeitgebers die Einigungsstelle, dessen Spruch die Einigung zwischen Arbeitgeber und Betriebsrat ersetzt (vgl. § 95 Abs. 1 BetrVG). Das Zustimmungsrecht bezieht sich nicht nur auf die Ausgestaltung der Auswahlrichtlinien, sondern auch auf die Frage, ob diese überhaupt verwendet werden sollen. Hierzu gehören nicht nur die Feststellung der persönlichen Voraussetzungen und soziale Aspekte, sondern auch Regelungen über das Auswahlverfahren selbst. Dabei hat der Betriebsrat darauf zu achten, dass keine unzulässigen Auswahlverfahren, z. B. Persönlichkeitstests, angewendet werden. Es können aber auch formale Festlegungen getroffen werden, wie z. B. welche Unterlagen der Bewerber (Zeugnisse und Bescheinigungen über Praktika usw.) vorzulegen hat und welche Schulbildung (Realschulabschluss usw.) er nachweisen muss, aber auch wer zu einem Einstellungstest und/oder Assessment-Center (AC) und anschließend zum Einstellungsgespräch einzuladen ist. Damit soll die

Entscheidung des Arbeitgebers bei der Bewerberauswahl an objektive Kriterien gebunden werden. In Betrieben mit mehr als 500 Arbeitnehmern kann der Betriebsrat von sich aus die Aufstellung von Auswahlrichtlinien verlangen (vgl. § 95 Abs. 2 BetrVG).

In öffentlich-rechtlichen Betrieben nimmt der **Personalrat** die wesensverwandte Rechte der Beschäftigten nach dem Bundespersonalvertretungsgesetz (BPersVG) bzw. nach den entsprechenden personalvertretungsrechtlichen Gesetzen der einzelnen Bundesländer wahr.

3.3.3 Sozialgesetzbuch (SGB) Neuntes Buch (IX) – Rehabilitation und Teilhabe behinderter Menschen

Bei der Auswahl von Ausbildungsplatzbewerbern ist auch das Sozialgesetzbuch (SGB) Neuntes Buch (IX) - Rehabilitation und Teilhabe behinderter Menschen – zu beachten. Der Arbeitgeber, also der Ausbildende, ist verpflichtet zu prüfen, ob freie Arbeitsplätze mit schwerbehinderten Menschen besetzt werden können (vgl. § 81 Abs. 1 SGB IX). Dies trifft auch für Ausbildungsplatzbewerber zu. Menschen sind schwerbehindert, wenn bei ihnen ein Grad der Behinderung von wenigstens 50 vorliegt (vgl. § 2 Abs. 2 SGB IX). Diesen Menschen »gleichgestellt sind auch behinderte Jugendliche und junge Erwachsene während der Zeit einer Berufsausbildung in Betrieben und Dienststellen, auch wenn der Grad der Behinderung weniger als 30 beträgt oder ein Grad der Behinderung nicht festgestellt ist. Der Nachweis der Behinderung wird durch eine Stellungnahme der Agentur für Arbeit oder durch einen Bescheid über Leistungen zur Teilhabe am Arbeitsleben erbracht« (§ 68 Abs. 4 SGB IX).

Stehen bei der Besetzung von Ausbildungsplätzen geeignete Schwerbehinderte oder Gleichgestellte zur Verfügung, ist dieser Personenkreis bevorzugt vor gesunden Ausbildungsplatzbewerbern bei sonst gleichen Voraussetzungen einzustellen.

Bei einem schwerbehinderten Bewerber darf auf ein Einstellungsgespräch nur verzichtet werden, wenn er offensichtlich fachlich nicht geeignet ist.

Anwendungsbeispiel:

Mit Hilfe verschiedener eignungsdiagnostischer Verfahren (z. B. psychologische Tests, Einstellungsgespräch) möchten Sie Ihre zukünftigen Auszubildenden auswählen, wobei Sie auch die unterschiedlichen Selektionsmodelle bei der Festlegung des Auswahlverfahrens berücksichtigen und auch die entsprechenden Rechtsvorschriften (AGG, BtrVG, SGB IX) beachten.

4 Einführung von Auszubildenden in die Ausbildungsstätte

Der Übergang von Schule und Elternhaus fällt vielen Berufsanfängern schwer. Sie betreten die Berufs- und Arbeitswelt der Erwachsenen, die sie kaum oder gar nicht kennen, obwohl sie sich während ihrer Schulzeit bei der Agentur für Arbeit über verschiedene Ausbildungsberufe informiert haben und ein oder mehrere Unternehmen besichtigt sowie ein Betriebspraktikum absolviert haben. Auch wenn sie konkrete Vorstellungen über den gewählten Ausbildungsberuf haben, kennen sie kaum die hohen Anforderungen und Erwartungen, die an sie während der Berufsausbildung gestellt werden. Von ihnen wird eine Anpassung an ganz neue Bedingungen im Denken, Lernen, Arbeiten und Verhalten erwartet, als sie es von der Schule her gewohnt waren.

Den neuen Auszubildenden kann der Wechsel vom vertrauten Umfeld Familie und Schule in die sachbezogene Berufs- und Arbeitswelt von Betrieb, Ausbildungswerkstatt und Berufsschule mit einem **Einführungsseminar** erleichtert werden. Eine sorgfältig geplante und durchgeführte Einführung der Auszubildenden kann zugleich zum gegenseitigen Kennenlernen der neuen Mitarbeiter in der Ausbildungsstätte sowie zum Aufbau eines Vertrauensverhältnisses zwischen allen an der Berufsausbildung Beteiligten – Ausbilder und anderen Fachkräfte – beitragen.

Für die neuen Auszubildenden beginnt jedoch die Berufsausbildung bereits vor dem ersten Ausbildungstag, weil sie sich hierüber Gedanken machen. Sie sprechen mit ihren Eltern und Freunden darüber. Um ihre Ängste und Befürchtungen möglichst gering zu halten, sollten sie entsprechende Informationen über das Unternehmen und die Ausbildungsbedingungen bereits vor dem ersten Ausbildungstag erhalten. Die Ausbildungsleitung könnte vor Beginn der Ausbildung den »neuen Mitarbeitern« und ggf. ihren Erziehungsberechtigten mit einem **Begrüßungsschreiben** beispielsweise eine Firmenbroschüre und eine **Begrüßungsmappe** zusenden.

Die Begrüßungsmappe könnte folgende Informationen enthalten:

- Gemeinsames Grußwort des Geschäftsführers und des Ausbildungsleiters,
- Organigramm der Ausbildungswerkstatt,
- Vorstellung des Ausbildungspersonals einschl. Fotos,
- Ausbildungsleitsätze,

- Wichtige Informationen für die Auszubildenden
  - Anschrift, Telefonnummer und E-Mail-Adresse der Ausbildungswerkstatt,
  - Ausbildungs- und Pausenzeiten,
  - Verhalten bei Ausbildungsverhinderung,
  - Anschrift, Telefonnummer und E-Mail-Adresse der Berufsschule,
  - Berufsschulzeiten,
  - Anschrift, Telefonnummer und E-Mail-Adresse der zuständigen Berufsgenossenschaft,
  - Verpflegung und Getränke im Unternehmen.
- Liste der kostenlos zur Verfügung gestellten Ausbildungsmittel sowie der persönlichen Schutzausrüstung (PSA),
- ggf. Dresscode (Kleiderordnung), z. B. beim Publikumsverkehr in Banken.

In einer solchen Mappe können die Auszubildenden alle Informationen zu einem späteren Zeitpunkt nochmals in aller Ruhe nachlesen.

Zusätzlich sollte vor dem ersten Ausbildungstag den neuen Auszubildenden und deren Erziehungsberechtigten die Ausbildungsstätte und den Ablauf der Ausbildung an einem **Informationsabend** vorgestellt werden, wobei auch offene Fragen unbürokratisch geklärt werden können. Bei dieser Gelegenheit sollten die Erziehungsberechtigten und die neuen Auszubildenden ein **Einladungsschreiben** zum ersten Ausbildungstag erhalten.

4.1 Erster Ausbildungstag

Um die Wichtigkeit der Berufsausbildung für das Unternehmen hervorzuheben, sollte die Begrüßung der neuen Auszubildenden und ihre Erziehungsberechtigten vom Betriebsinhaber oder vom Geschäftsführer vorgenommen werden. Anschließend sollte der verantwortliche Ausbilder, z. B. Ausbildungsleiter, die einführenden Worte an die »neuen« Mitarbeiter und deren Eltern richten, wobei er auch die zuständigen Ausbilder und andere Mitarbeiter (Ausbildungsbeauftragte, Magazinwart usw.) der Ausbildungsstätte vorstellt. Ebenso sollten bei der Begrüßung die Vorsitzenden des Betriebsrates sowie der Jugend- und Auszubildendenvertretung anwesend sein. In den Begrüßungsansprachen sollten jedoch keine all zu hohen Erwartungen an die neuen Auszubildenden formuliert werden, um sie nicht zu erschrecken und einzuschüchtern. In den ersten Minuten der

Ausbildung geht es vordergründig um die Schaffung eines guten Klimas des Vertrauens und der Zusammenarbeit. Dabei darf nicht vergessen werden, dass der erste »Ausbildungstag« den Berufsanfängern lange in Erinnerung – mit positiven Eindrücken – bleibt.

Zu Beginn der betrieblichen Ausbildung sind die von den Ausbildern zu vermittelnden Informationen auf das Wesentliche zu reduzieren, um die Jugendlichen dabei nicht zu überfordern. Am ersten Ausbildungstag sollten die Auszubildenden über folgende Punkte informiert werden:

- die Arbeitszeit- und Pausenregelung,
- das Verhalten bei Krankheit,
- das Verhalten bei Ausbildungsverhinderung,
- das Verhalten bei einem Arbeitsunfall,
- die Ordnung in der Ausbildungsstätte,
- die Rechte- und Pflichten,
- das Führen des schriftlichen Ausbildungsnachweises,
- die Handy- und Internetnutzung,
- ggf. den Dresscode,
- ggf. die zu tragende Arbeitskleidung,
- die Unterrichtszeiten der Berufsschule.

Folgende Belehrungen sind u. a. durchzuführen:

- Arbeitsschutz,
- Datenschutz,
- Brandschutz,
- Sicherheitsvorschriften,
- Umweltschutz,
- Verschwiegenheit.

Die Belehrungen und deren Inhalt haben die Auszubildenden schriftlich zu bestätigen.

Den Auszubildenden sollten selbstverständlich auch ihr zukünftiger Arbeitsplatz, die Aufenthaltsräume, die Kantine, die Toiletten sowie die Wasch-

und Umkleideräume gezeigt werden. Dabei sollte ihnen zur Aufbewahrung für persönliche Dinge ein anschließbarer Schrank zugewiesen werden.

4.2 Einführungsseminar

Den neuen Auszubildenden können mit einem Einführungsseminar der Wechsel von Familie und Schule in die Berufswelt vom Unternehmen, Ausbildungswerkstatt und Berufsschule erleichtert werden.

Das Einführungsseminar sollte außerhalb der zukünftigen Ausbildungsstätte, beispielsweise in einem Landschulheim, durchgeführt werden. Dadurch können sich die Jugendlichen und die Ausbilder besser kennenlernen, intensiver miteinander reden beziehungsweise diskutieren und arbeiten als im Ausbildungsbetrieb. Zum besseren Kennenlernen gehört auch das gemeinsame wohnen unter einem Dach. Die Ausbilder sind dabei gut beraten, wenn sie während eines Einführungsseminars die zu vermittelnden Informationen auf das Wesentliche reduzieren und den Jugendlichen dafür ausreichend Zeit für die Aufnahme und Verarbeitung der einzelnen Themen lassen. Nur so kann die zu Beginn der Berufsausbildung vorhandene Motivation kanalisiert werden und sie schlägt nicht durch eine übertriebene Informationsmenge in Überforderung beziehungsweise Resignation der Auszubildenden um. Dadurch wird auch gewährleistet, dass das Wesentliche ankommt und von den neuen Auszubildenden verarbeitet werden kann.

Bei der Vorstellung kommt es besonders darauf an, dass man sich persönlich kennenlernt. Dies gilt nicht nur für die Auszubildenden, sondern auch für das gesamte Ausbildungspersonal. Statt der Nennung der üblichen Daten, wie z. B. Name und Hobbys, sollte die Vorstellung ohne feste Vorgaben durch die Ausbilder in lockerer Form erfolgen.

Jeder Seminarteilnehmer der Vorstellungsrunde wird eingeladen, in eine Zeile eines vorbereiteten Gruppenspiegels auf einer Pinnwand oder einem Flip-Chart-Bogen seine persönlichen Daten und weitere Informationen, z. B. Wohnort, Hobbys, einzutragen. Anschließend stellt sich jeder Teilnehmer der Reihe nach unter Zuhilfenahme der Eintragungen im **Gruppenspiegel** noch persönlich vor. Nach jeder Vorstellung dürfen die Zuhörer offene Fragen stellen, die der Vortragende selbstverständlich beantwortet.

Eine weitere Möglichkeit der Vorstellung und zum gegenseitigen Kennenlernen besteht darin, dass sich die Auszubildenden und Ausbilder in **Kleingruppen** (drei bis vier Personen) zusammen stellen und sich dabei zwanglos unterhalten. Durch wechselseitiges Befragen erhalten die Mitglieder der Kleingruppe die gewünschten Informationen über ihre Gesprächspartner. Wenn ein Gruppenmitglied der Meinung ist, dass es genügend Informationen von den Teilnehmern der Kleingruppe erhalten hat, begibt es sich in die nächste Kleingruppe usw. Für diese Vorstellungsart sollte allerdings ausreichend Zeit vorgesehen werden.

Eine weitere Chance zum gegenseitigen Kennenlernen besteht darin, dass sich die Teilnehmer in **Kleingruppen** zusammenstellen und sich zwanglos unterhalten. Dabei sind die Gesprächsteilnehmer jedoch nicht an eine Gruppe gebunden, sondern sie können sich beliebigen Gruppen zuwenden. Nach etwa 20 Minuten treffen sich die Kleingruppen im »Plenum«. Anschließend stellt sich reihum ein Gruppenmitglied vor das Plenum und die anderen Gesprächsteilnehmer stellen es vor, indem sie Informationen aus den Gesprächen in den Kleingruppen geben. Das vorgestellte Gruppenmitglied hat jedoch die Möglichkeit, nach seiner Vorstellung durch das Plenum eventuelle Ergänzungen und Korrekturen zu seiner Person zu geben.

Das **Partnerinterview** ist eine andere Möglichkeit zum gegenseitigen Kennenlernen. Bei dieser Vorstellungsart setzen sich zwei Gesprächspartner, die auch ausgelost werden können, beispielsweise an einen Tisch oder auf eine Bank und befragen sich gegenseitig. Dabei darf sich jeder der Gesprächspartner Notizen zur Gedächtnisstütze machen. Nach etwa 30 Minuten treffen sich alle Gesprächsgruppen im Plenum und jeder Teilnehmer stellt der Reihe nach seinen Gesprächspartner vor. Dabei sollte den Teilnehmern auch Gelegenheit für Fragen gegeben werden, um Unklarheiten oder noch offene Punkte beantworten zu können. Der vorgestellte Gesprächspartner darf selbstverständlich Ergänzungen und weitere Erläuterungen über seine Person geben. Bei dieser Technik besteht zusätzlich die Möglichkeit, dass die Auszubildenden an ihrem neuen Lernort innerhalb kurzer Zeit eine Bezugsperson zur Seite zu stellen.

Eine lockere Art der Vorstellung kann anhand eines **Schüsselbundes** erfolgen, der dem Vorstellenden, z. B. Auszubildender und Ausbilder, als »roter« Faden dient. Alle Seminarteilnehmer werden anhand von vier bis fünf Schlüsseln ihres Schlüsselbundes gebeten, etwas über sich zu erzählen, wie beispielsweise »Das ist mein Haustürschlüssel von unserem Haus in Hamburg«. Selbstverständlich kann auch etwas zum Schlüsselanhänger gesagt werden, das dem Vorstellenden wichtig erscheint. Sollte ein Teilnehmer der Vorstellungsrunde keinen oder zu wenige Schlüssel dabei haben, kann er auch etwas über die Schlüssel erzählen, die überhaupt in seinem Besitz sind.

Eine weitere Form der Vorstellung ist die **Steckbrief-Methode.** Hier zeichnet jeder Teilnehmer der Vorstellungsrunde mit bunten Stiften sein Porträt auf einen Flipchart-Bogen und notiert neben seinem Namen auch seine Hobbys, Lieblingsfächer in der Schule usw. Nach einer vom Seminarleiter vorab festgelegten Zeit treffen sich alle Teilnehmer wieder im Plenum. Anschließend stellt sich jeder der Reihe nach neben sein Bildnis, erläutert es und beantwortet den anderen Teilnehmern noch offene Fragen. Die angefertigten Steckbriefe können am Ende der Vorstellungsrunde an der Wand befestigt werden und sollten mindestens bis zum Ende des Einführungsseminars dort hängen bleiben, damit jeder Teilnehmer sich die gegebenen Informationen besser einprägen kann.

Die Auszubildenden haben beim Eintritt in die Berufsausbildung meist bestimmte **Erwartungen** an die Ausbilder und die Ausbildungsstätte. Diese Erwartungen können sie beispielsweise auf einen Flipchart-Bogen aufzeichnen und anschließend den anderen Seminarteilnehmern erläutern. Dadurch können die Auszubildenden ihre Erwartungen mit denen ihrer Kollegen vergleichen. Ebenso können die Ausbilder unter anderem feststellen, welche Erfahrungen die Auszubildenden während ihres bisherigen Lebens gemacht haben, um möglichen Befürchtungen der neuen Auszubildenden rechtzeitig entgegenwirken zu können. Nach einer Diskussionsrunde können auch diese Bilder an die Wand gehängt werden, damit sie während des Seminars immer präsent sind.

Mit einer **Kartenabfrage** können die Erwartungen der Auszubildenden an die Ausbilder und an die Ausbildungsstätte ebenfalls dargestellt werden. Die Seminarteilnehmer schreiben ihre Erwartungen auf Moderationskarten, wobei nur eine Karte mit einen Schlagwort oder einem kurzen prägnanten Satz pro Erwartung ausgefüllt werden darf. Dabei ist darauf hinzuweisen, dass die Karten lesbar zu beschriften sind. Jeder Seminarteilnehmer darf so viele Karten ausfüllen wie er möchte oder er darf (aus Zeitgründen) nur drei bis vier Erwartungen formulieren. Danach geht jeder Teilnehmer an eine Pinnwand und »pinnt« seine Karten der Reihe nach an und liest deren Text anschließend vor. Die anderen Teilnehmer dürfen bei unklar formulierten Karten nachfragen, welche Erwartung gemeint ist.

Besondere Anforderungen werden an die neuen Auszubildenden bezüglich den **betrieblichen Verhaltensregeln** gestellt, die den bisherigen individuellen Freiheitsspielraum der Jugendlichen erheblich stärker als bisher im Elternhaus und in der Schule einschränken. Neben der Einhaltung von verschiedenen Regeln (z. B. die Ordnung in der Ausbildungsstätte, das Verhalten bei Ausbildungsverhinderung, die Unfallverhütungs- und Brandschutzvorschriften oder sonstige für die Auszubildenden wichtige Bestimmungen) lernen sie auch neue Konfliktsituationen kennen, die sie mit ihren Ausbildern rechtzeitig besprechen können (dabei sollte den Auszubildenden jederzeit der Weg zum Ausbildungsleiter offen stehen, ein Angebot, das ruhig betont werden kann).

Während des Einführungsseminars sind die Auszubildenden auch über ihre **Rechte und Pflichten** während der Ausbildung zu informieren. Neben dem Berufsbildungsgesetz ist also auch auf das Jugendarbeitsschutzgesetz und das Jugendschutzgesetz einzugehen. Ebenso ist auf die betrieblichen **Verhaltensregeln** einzugehen. Nach dieser Informationsphase in Form eines Vortrages, eines Lehrgesprächs oder einer Präsentation können diese Themen beispielsweise mit Gruppenarbeiten und Rollenspielen vertieft werden. Bei dieser Gelegenheit sollte auch entsprechendes Informationsmaterial, beispielsweise die vom Bundesministerium für Bildung und Forschung kostenlos herausgegebene bzw. im Internet veröffentliche Broschüre »Ausbildung und Beruf – Rechte und Pflichten während der Berufsausbildung« den Auszubildenden überreicht werden.

Den neuen Auszubildenden kann der Ausbildungsbeginn auch dadurch erleichtert werden, indem sie einen **»Paten«** erhalten, der sie besonders in der ersten Zeit ihrer Ausbildung zusätzlich betreut und ihnen bei allen Fragen und Problemen behilflich ist. Paten können ältere Auszubildende oder auch andere Beschäftigte des Unternehmens sein. Auch können die Paten eine Begrüßungsmappe erstellen und den neuen Auszubildenden überreichen. Solche Mappen können die von den Paten als wichtig erachteten Informationen, beispielsweise über das Ausbildungspersonal, die Berufsschule, das Verhalten bei Krankheit oder am Arbeitsplatz, enthalten. Ebenso können die Paten ihren anvertrauten Auszubildenden die Ausbildungsstätte sowie wichtige Einrichtungen des Unternehmens zeigen und erklären. Eine weitere Möglichkeit hierfür ist die Veranstaltung einer **Betriebsrallye** durch die Paten, wobei das Kennenlernen des Unternehmens und dessen Beschäftigten in bestimmten Abteilungen im Mittelpunkt stehen, die sie zu besuchen haben. Hierfür erhalten die Auszubildenden schriftliche Aufgaben, wie z. B. das Feststellen der Raumnummer sowie die Sprechzeiten der Jugend-

und Auszubildendenvertretung, über die Produktpalette des Unternehmens oder die Preise für bestimmte Artikel in der Kantine. Ebenso erhalten sie einen Gebäudeplan des Unternehmens. Nach der vereinbarten Zeit treffen sich die Auszubildenden mit ihren Ausbildern wieder, um ihre Ergebnisse zu präsentieren. Anhand der Eintragungen im Aufgabenblatt ermitteln die Ausbilder das Ergebnis für die anschließende Siegerehrung.

Während des Seminarverlaufs können die Flipchart-Blätter und die Informationen auf den Pinnwänden sowie die Ergebnisse der Gruppenarbeiten digital fotografiert werden, um ein **Fotoprotokoll** zu erstellen. Ebenso können Bilder von Teilnehmern und Gruppenfotos gemacht werden; dabei ist zu beachten, dass hierfür deren Einverständnis vorliegen muss. Alle Bilder können dann in eine **Seminarmappe,** die jeder Teilnehmer am Ende des Seminars erhält, eingefügt werden.

Die Auszubildenden gehen nach der Durchführung von Einführungsseminaren häufig unbefangener, möglicherweise aber auch kritischer an ihren zukünftigen Ausbildungsplatz; letzteres muss kein Nachteil sein.

Im Folgenden Vorschläge für ein Wochenprogramm. Einiges daraus mag selbstverständlich und banal anmuten. Sicherlich ist Derartiges andererseits nur von größeren Unternehmen, Verbänden oder Gewerkschaften auf die Beine zu stellen – aber auch kleinere Betriebe können den Programmvorschlägen Anregungen entnehmen.

Programm für ein Einführungsseminar			
Montag			
Zeit	**Vorhaben**	**Ort**	**Durchführende**
10:00 Uhr	Begrüßung durch den Ausbildungsleiter	Unterrichtsraum	
10:15 Uhr	Vorstellung des Ausbildungspersonals und der Auszubildenden	Unterrichtsraum	Ausbildungsleiter Ausbilder
11:30 Uhr	Gemeinsames Mittagessen	Speisesaal	Ausbildungsleiter Ausbilder Mayer
12:00 Uhr	Vorstellung des Ausbildungspersonals und der Auszubildenden	Unterrichtsraum	Ausbildungsleiter Ausbilder Mayer
14:00 Uhr	Pause		
14:15 Uhr	Vorstellung des Ausbildungspersonals und der Auszubildenden	Unterrichtsraum	Ausbildungsleiter Ausbilder Mayer
15:15 Uhr	Ausgabe der Werksausweise	Unterrichtsraum	Frau Schulz
15:30 Uhr	Übergabe der Kleiderspinde	Umkleideräume	Ausbilder Mayer

Dienstag			
Zeit	**Vorhaben**	**Ort**	**Durchführende**
7:00 Uhr	Die Rechte und Pflichten der Auszubildenden	Unterrichtsraum	Ausbildungsleiter
8:30 Uhr	Frühstückspause		
9:00 Uhr	Die Rechte und Pflichten der Auszubildenden	Unterrichtsraum	Ausbildungsleiter
10:15 Uhr	Führung durch die Ausbildungswerkstatt		Ausbilder Groß
11:30 Uhr	Mittagspause		
12:00 Uhr	Erwartungen an die Ausbilder und an die Ausbildungswerkstatt	Unterrichtsraum	Ausbildungsleiter Ausbilder Groß
14:00 Uhr	Pause		
14:15 Uhr	Erwartungen an die Ausbilder und an die Ausbildungswerkstatt	Unterrichtsraum	Ausbildungsleiter Ausbilder Groß
Mittwoch			
Zeit	**Vorhaben**	**Ort**	**Durchführende**
7:00 Uhr	Brandschutzordnung	Unterrichtsraum	Ausbilder Mayer
8:00 Uhr	Einweisung in das Beurteilungssystem	Unterrichtsraum	Ausbilder Groß
8:30 Uhr	Frühstückspause		
9:00 Uhr	Unterweisung über die Gefahren gemäß § 29 JArbSchG	Unterrichtsraum	Ausbildungsleiter
10:30 Uhr	Bibliotheksordnung	Unterrichtsraum/ Bibliothek	Ausbilder Mayer
11:00 Uhr	Ausgabe von Fachliteratur	Lager	Herr Bauer
11:30 Uhr	Mittagspause		
12:00 Uhr	Lern- und Arbeitstechniken	Unterrichtsraum	Ausbilder Groß
14:00 Uhr	Pause		
14:15 Uhr	Einweisung: Ordnung und Sauberkeit in der Ausbildungswerkstatt	Unterrichtsraum	Ausbilder Mayer
15:00 Uhr	Unfallverhütung für Elektrofachkräfte	Unterrichtsraum	Ausbilder Mayer

Donnerstag			
Zeit	**Vorhaben**	**Ort**	**Durchführende**
7:00 Uhr	Sicherheit und Gesundheitsschutz bei der Arbeit	Unterrichtsraum	Ausbilder Groß
8:00 Uhr	Einweisung: Lager und Materialbewirtschaftung	Unterrichtsraum Lager	Ausbilder Mayer
8:30 Uhr	Frühstückspause		
9:00 Uhr	Arbeitsmedizin	Unterrichtsraum	Frau Dr. Klein
10:00 Uhr	Aufgaben der Betriebs- und Auszubildendenvertretung	Unterrichtsraum	Herr Dicker Jugendvertreter
11:30 Uhr	Grillen mit allen Ausbildungsjahren	Grillplatz	Ausbilder Mayer
Freitag			
Zeit	**Vorhaben**	**Ort**	**Durchführende**
7:00 Uhr	Empfang der Ausbildungsmittel Belegung des Arbeitsplatzes	Lager 1. Ausbildungsjahr	Herr Bauer Ausbilder Mayer
8:00 Uhr	Einweisung: Fahrkostenerstattung	Unterrichtsraum	Frau Fink
8:30 Uhr	Frühstückspause		
9:00 Uhr	Empfang der Schutzbekleidung	Lager	Herr Bauer
9:30 Uhr	Einweisung: Führen des Ausbildungsnachweises	Unterrichtsraum	Ausbilder Mayer
10:00 Uhr	Wahl des Ausbildungsjahrsprechers	Unterrichtsraum	Ausbilder Groß
10:30 Uhr	Einweisung in den Reinigungsplan	Unterrichtsraum	Ausbilder Mayer
11:15 Uhr	Rückblick auf die erste Ausbildungswoche	Unterrichtsraum	Ausbildungsleiter Ausbilder Groß Ausbilder Mayer

Anwendungsbeispiel:

Sie möchten mit einem Einführungsseminar in einem Landschulheim Ihren neuen Auszubildenden den Übergang von der Schule in das Berufsleben erleichtern und dadurch auch ein gutes Vertrauensverhältnis zwischen allen an der betrieblichen Berufsausbildung Beteiligten aufbauen.

5 Probezeit

Der Ausbildende ist während der Probezeit verpflichtet, die Eignung (Befähigung) und Neigung (Interesse) des Auszubildenden für den gewählten Ausbildungsberuf sorgfältig zu prüfen. Deshalb ist die Probezeit so zu gestalten, dass eine sichere Prognose für den Ausbildungs- und Berufserfolg des Auszubildenden abgegeben werden kann. Ebenso hat der Auszubildende während der Probezeit zu prüfen, ob er die richtige Berufswahl getroffen hat und das Unternehmen zu ihm passt. Deshalb dient die Probezeit zum gegenseitigen Kennenlernen und zur gewissenhaften Prüfung, ob auf beiden Seiten die notwenigen Voraussetzungen gegeben sind, um das Ausbildungsziel zu erreichen.

Während der Probezeit sind regelmäßig systematisch alle gezeigten Arbeitsweisen und erbrachten Arbeitsergebnisse zu bewerten sowie das Sozialverhalten der Auszubildenden zu beurteilen, um konkrete Aussagen über deren Eignung und Neigung für den zu erlernenden Ausbildungsberuf treffen zu können. Hierbei ist auch zu prüfen, ob der Auszubildende seine Pflichten erfüllt sowie den Belastungen des Ausbildungsberufes tatsächlich gewachsen ist. Hierzu gehört auch, dass sich der Ausbilder beim Klassenlehrer der Berufsschule über die Leistungen und das Verhalten seiner Auszubildenden erkundigt. Die Auszubildenden sollten regelmäßig von ihren Ausbilder ein Feedback über ihre Arbeitsleistungen und über ihr Sozialverhalten erhalten. Dabei sollten die Auszubildenden selbstkritisch ihre Eindrücke schildern können. Bei Problemen und Schwierigkeiten sollten diese nicht nur mit dem Auszubildenden, sondern bei nicht volljährigen Auszubildenden auch mit deren Erziehungsberechtigten, besprochen werden.

Zur Feststellung der Eignung eines Auszubildenden können folgende Aspekte einfließen:

- Übertragung von vielfältigen berufstypischen Aufgaben und Tätigkeiten mit stetig steigendem Schwierigkeitsgrad,
- Einstellung zur Ausbildung bzw. Arbeit,
- Ergebnisse von Lernerfolgskontrollen (siehe Kapitel 11),
- Berufsschulnoten,
- gezeigtes Arbeits- und Sozialverhalten,
- sorgfältige Führung und zeitgerechte Vorlage des schriftlichen Ausbildungsnachweises,
- Entwicklungsfähigkeit.

Vor Beendigung der Probezeit sollte eine schriftliche Beurteilung (siehe Kapitel 13) des Auszubildenden durch den Ausbilder erfolgen. In einem anschließenden Beurteilungsgespräch sind dem Auszubildenden anhand der Beurteilung die erbrachten Leistungen und das gezeigtes Verhalten ausführlich zu erläutern. Die vorliegende Beurteilung kann eine Grundlage für den Auszubildenden und den Ausbildenden für die Entscheidung über die Fortsetzung oder die Beendigung des Berufsausbildungsverhältnisses sein.

Das Berufsausbildungsverhältnis beginnt mit der Probezeit, die mindestens einen Monat betragen muss und höchstens vier Monate betragen darf (vgl. § 20 BBiG). Die Probezeit ist Bestandteil des Berufsausbildungsvertrages und beginnt mit dem vereinbarten Tag. Deshalb haben die Vertragspartner, also der Ausbildende und der Auszubildende, bereits während dieser Zeit alle Rechte und Pflichten, die für das Berufsausbildungsverhältnis gelten. Mit Ablauf der vereinbarten Zeit im Berufsausbildungsvertrag endet die Probezeit.

Während der Probezeit kann das Berufsausbildungsverhältnis jederzeit ohne Angabe eines Grundes sowohl vom Ausbildenden und als auch vom Auszubildenden ohne Einhaltung einer Kündigungsfrist gekündigt werden, wobei die Kündigung schriftlich zu erfolgen hat (vgl. § 22 Abs. 1 und Abs. 3 BBiG). Das gilt für den Auszubildenden als auch für den Ausbildenden, wobei zu beachten ist, dass die schriftliche Kündigung dem Kündigungsempfänger vor dem Ende der Probezeit zugegangen sein muss.

Kündigt der Ausbildende ein Berufsausbildungsverhältnis mit einem Minderjährigen, dann muss nach dem Bürgerlichen Gesetzbuch (BGB) die schriftliche Kündigung gegenüber dem gesetzlichen Vertreter ausgesprochen werden (vgl. § 131 BGB), wobei die Kündigung an ein Elternteil genügt (vgl. § 1629 BGB).

Wird die Ausbildung während der Probezeit um mehr als ein Drittel dieser Zeit unterbrochen, z. B. durch Krankheit oder anderen Gründen, die der Auszubildende nicht zu verschulden hat, kann die Probezeit um den Zeitraum der Unterbrechung verlängert werden. Die Vereinbarung kann bereits im Berufsausbildungsvertrag oder erst während der Probezeit geschlossen werden. Die Probezeit kann nicht verlängert werden, wenn der Auszubildende wegen des Blockunterrichts kaum in der Ausbildungsstätte ist, weil der Berufsschulunterricht keine Unterbrechung, sondern Teil der Ausbildung ist.

Wird in der Probezeit das Berufsausbildungsvertrag durch Kündigung oder einem Aufhebungsvertrag aufgelöst, so ist eine Kopie der Kündigung bzw. des Aufhebungsvertrages zur Löschung des Berufsausbildungsverhältnisse der zuständigen Stelle, z. B. Industrie- und Handelskammer, einzureichen.

Sollte es im Unternehmen jedoch einen Betriebsrat geben, dann ist dieser grundsätzlich vor der Kündigung zu hören. Dem Betriebsrat sind die Gründe für die Kündigung umfassend und detailiert mitzuteilen, damit dieser sich ein umfassendes Bild über die Stichhaltigkeit machen kann. Eine ausgesprochene Kündigung ohne Anhörung des Betriebsrates ist unwirksam (vgl. § 102 Abs. 1 BetrVG). Das gilt auch für eine Kündigung während der Probezeit eines Auszubildenden. Ebenso wirkt der Personalrat bei der Kündigung durch den Arbeitgeber mit, wobei der Dienststellenleiter die beabsichtigte Maßnahme zu begründen hat (vgl. § 76 Abs. 1 und Abs. 3 BPersVG). »Eine Kündigung ist unwirksam, wenn der Personalrat nicht beteiligt worden ist« (§ 79 Abs. 4 BPersVG).

Anwendungsbeispiel:

Ein Auszubildender nimmt während der Probezeit wiederholt nicht am Berufsschulunterricht teil, obwohl er vom Ausbildenden bzw. Ausbilder zur Teilnahme angehalten und hierfür auch freigestellt wurde. Deshalb kann der Ausbildende dem Auszubildenden bzw. seinem gesetzlichen Vertreter fristlos kündigen; die Kündigung muss in Schriftform erfolgen.

6 Elternsprechtag

Um die betriebliche Berufsausbildung erfolgreich durchführen zu können, ist es sehr hilfreich, wenn alle Beteiligten an der Ausbildung zusammenarbeiten. Während die Zusammenarbeit zwischen den Ausbildungsbetrieben mit den Lehrern der Berufsschule und dem Berater der zuständigen Stelle (z. B. Industrie- und Handelskammer) in der Regel gut funktioniert, werden Kontakte zu den Erziehungsberechtigten der Auszubildenden fast immer nur in Problemsituationen aufgenommen.

Viele Ausbildungsbetriebe veranstalten auch deshalb – in der Regel einmal jährlich – einen Elternsprechtag. Weil auch die Berufsschulen Elternsprechtage durchführen, kann auch eine gemeinsame Veranstaltung mit dem Klassenlehrer durchgeführt werden, um doppelten Zeitaufwand zu ersparen und den Informationsfluss zu verbessern.

Erfahrungsgemäß ist die Beteiligung an einem Elternsprechtag gegen Ende der Probezeit am höchsten. Dagegen verringert sich die Zahl der teilnehmenden Erziehungsberechtigten nach Beendigung der Probezeit der Auszubildenden.

Damit der Elternsprechtag erfolgreich wird, sollte er gut vorbereitet werden. Hierzu einige Tipps:

- Mit einer frühzeitigen Einladung für den Elternsprechtag können die Erziehungsberechtigten den Termin entsprechend einplanen und der zuständige Ausbilder sowie der Klassenlehrer erhalten rechtzeitig Kenntnis, welche Eltern sie sprechen möchten.
- Für jedes Gespräch sollten etwa 15 bis 20 Minuten vorgesehen werden.
- Die Erziehungsberechtigten werden mit einem Einladungsschreiben über die Veranstaltung informiert.
- Dem Einladungsschreiben sollte eine Rückantwort beigefügt werden, um einen möglichst reibungslosen Ablauf der Veranstaltung planen zu können.
- Nach dem Rücklauf der Antworten können bei zeitlichen Überschneidungen Ausweichtermine mit den betroffenen Eltern vereinbart werden.
- Zur Vorbereitung auf das Gespräch müssen sich der zuständige Ausbilder und der Klassenlehrer einen Überblick über die bisher erbrachten betrieblichen und schulischen Leistungen des/der Auszubildenden verschaffen.

- Die einzelnen Räume müssen gut ausgeschildert sein, damit jeder Besucher sein Ziel sofort findet.
- Im Aufenthaltsraum sollten alkoholfreie Getränke angeboten werden.
- Damit die Erziehungsberechtigten an der Veranstaltung teilnehmen, können als zusätzlicher Anreiz weitere ausbildungsinformative Aktionen angeboten werden. Solche Aktionen könnten sein:
  - Vorführung einer DVD-Präsentation über die Ausbildung,
  - Ausstellung von Übungsstücken und/oder praktischen Arbeiten der Auszubildenden,
  - Auslage von schriftlichen Ausbildungsunterlagen, auch solche, die von den Auszubildenden im Rahmen der Ausbildung erstellt wurden,
  - Vorstellung der Ausbildungsräume, -werkstätten und -einrichtungen,
  - Führungen durch die Ausbildungsräume und -werkstätten.

Fest vereinbarte Uhrzeiten für den Elternsprechtag haben den Vorteil, dass die Erziehungsberechtigten nicht vor der Tür des Ausbilders Schlange stehen müssen. Damit haben sie Gelegenheit, ohne Stress und Hektik vor oder nach dem Gespräch mit dem Ausbilder und dem Klassenlehrer Kontakte zu anderen Eltern und Auszubildenden zu knüpfen oder sich auf das Rahmenprogramm zu konzentrieren.

Diese Organisationsform eines Elternsprechtages erfordert für die Ausbilder relativ wenig Aufwand. Es empfiehlt sich, die Durchführung und weitere Modalitäten der Veranstaltung mit allen Beteiligten des Unternehmens abzustimmen, damit niemand über Besucher im Unternehmen überrascht wird.

Es folgen Muster, die dem geschilderten Ablauf organisatorisch dienlich sein können.

Schön Elektronik GmbH
Ausbildungswerkstatt
Maxburgring 1
76887 Bad Bergzabern
Tel. 06343/1234

Einladung

Sehr geehrte Frau Mustermann,
sehr geehrter Herr Mustermann,

um Ihnen einen Überblick zum Ausbildungsstand Ihrer Tochter Anna vor Beendigung der Probezeit geben zu können, lade ich Sie am

Mittwoch, 11. November 2020

in der Zeit von 16:00 Uhr bis 19:30 Uhr zu einem Informationsgespräch ein. Dabei werden Sie auch ausführlich Gelegenheit erhalten, mit dem Ausbildungsleiter Herrn Groß, der zuständigen Ausbilderin Frau Mayer und der Klassenlehrerin Frau Schmitt, zu sprechen.

Mit dieser Veranstaltung sehen wir eine weitere Möglichkeit, die Zusammenarbeit zwischen Ihnen und unserem Ausbilderteam sowie der Berufsschule zu intensivieren.

Bis zum Gesprächsbeginn können Sie im Aufenthaltsraum unter anderem eine Ausstellung von Übungsstücken, die von unseren Auszubildenden angefertigt wurden, besichtigen.

Unser Besucherparkplatz steht Ihnen zur Verfügung.

Reichen Sie die Antwort bitte umgehend bei mir ein. Sollte es Ihnen nicht möglich sein, den oben genannten Termin in Anspruch zu nehmen, rufen Sie mich bitte an. Wir können dann einen gesonderten Termin vereinbaren.

Ich freue mich auf Ihren Besuch!

Mit freundlichen Grüßen

Groß
Ausbildungsleiter

Anlage

Antwort

Von der Möglichkeit, uns über die bisherigen Leistungen unserer Tochter/ unseres Sohnes

____

(Name und Vorname der/des Auszubildenden in Druckbuchstaben)

informieren zu können,

☐ möchten wir Gebrauch machen

☐ möchten wir nicht Gebrauch machen

Das Gespräch mit dem Ausbildungsleiter Herrn Groß, der zuständigen Ausbilderin Frau Mayer und der Klassenlehrerin Frau Schmitt, soll am 11. November 2020 um

☐ 16:00 Uhr	☐ 16:30 Uhr
☐ 17:00 Uhr	☐ 17:30 Uhr
☐ 18:00 Uhr	☐ 18:30 Uhr
☐ 19:00 Uhr	☐ 19:30 Uhr

(bitte gewünschte Uhrzeit ankreuzen)

stattfinden.

____

Unterschrift(en) des/der Erziehungsberechtigten

Anwendungsbeispiel:

Mit der Durchführung von regelmäßigen Elternsprechtagen möchten Sie gemeinsam mit der Klassenlehrerin den Kontakt zu den Erziehungsberechtigten Ihrer Auszubildenden herstellen bzw. halten.

7 Aktions- und Sozialformen in der Berufsausbildung

Der Ausbildungserfolg hängt nicht unmaßgeblich von der richtigen Einführung der Auszubildenden in die Ausbildungsstätte und von der Gruppenbildung ab. Der Gruppenbildungsprozess wird besonders in den ersten Tagen der Ausbildung durch entsprechende Maßnahmen (z. B. Partnerinterview, Betriebsrallye, Übernahme einer Patenschaft, Grillveranstaltung, Spiele) gefördert. Ebenso wirken sich gemeinsame Pausen und regelmäßige Gruppensitzungen wie auch von den Auszubildenden organisierte Betriebsausflüge und Messebesuche positiv auf die **Gruppendynamik** aus. Außerdem wird die Gruppendynamik von den einzelnen Aktions- und Sozialformen des Lehrens und Lernens beeinflusst.

7.1 Aktionsformen

Die **Aktionsformen** des Lehrens und Lernens kennzeichnen die Art und Weise, wie der Ausbilder direkt (unmittelbar) oder indirekt (mittelbar) Einfluss auf den Lernprozess der Auszubildenden nimmt. Bei den direkten Aktionsformen wird vom Ausbilder unmittelbar auf die Auszubildenden eingewirkt, um den Lernprozess zu steuern, wie z. B. mit einem Vortrag oder einem Lehrgespräch. Bei den indirekten Aktionsformen wird der Lernprozess nur mittelbar angeregt, weil der Lernprozess mit didaktischen Medien (siehe Kapitel 10) und durch Anregungen von den Auszubildenden erfolgt. Dabei können sich die Ausbilder nicht direkt an einen einzelnen Auszubildenden wenden, wie beispielsweise beim Plan- und Rollenspiel. Mit einem Methodenwechsel werden unterschiedliche Aktivitäten bei den Auszubildenden angeregt und somit auch ganzheitliches Lernen gefördert.

7.2 Sozialformen

Die verschiedenen Ausprägungen der Zusammenarbeit zwischen dem Ausbilder und den Auszubildenden sowie den Auszubildenden untereinander werden als **Sozialformen** des Lehrens und Lernens bezeichnet, die sich im Verlaufe des Ausbildungsprozesses ändern können. Sie kennzeichnen die äußere soziale Organisation des Lehr- und Lernprozesses aufgrund der Sitzordnung in den Ausbildungsräumen, d. h. die Anordnung der Tische und Stühle, die einen hohen Einfluss auf die Kommunikations- und Interaktionsstruktur hat. Hierfür kommen vor allem die Block-, U-, Kreis- und Gruppenform in betrachtet. Zu den Sozialformen gehören auch die Einzel-, Partner- und Gruppenarbeit sowie die Sonderform des Frontalunterrichts, die nachfolgend erläutert werden.

7.2.1 Einzelarbeit

Die Einzelarbeit (auch **Alleinarbeit** genannt), ist eine Sozialform des individuellen Lernens und Übens. Dabei wird eine vorgegebene Aufgabenstellung von jedem Auszubildenden selbstständig und eigenverantwortlich bearbeitet, wobei die Aufgabenbearbeitung isoliert ohne Interaktion mit anderen Auszubildenden oder dem Ausbilder erfolgt. Damit sollen sich die Auszubildenden selbst Ausbildungsinhalte aneignen, indem sie eigenständig die einzelnen Arbeitsschritte festlegen und Lösungswege suchen.

Beispiele

- Anfertigung einer Zeichnung
- Anfertigung eines Werkstückes
- Bearbeitung einer Fallstudie
- Bearbeitung einer Rechenaufgabe
- Erstellung eines Arbeitsplanes
- Durchführung von Experimenten

Vorteile	Nachteile
• Individuelle Aufgabenstellung • Individueller Schwierigkeitsgrad der Aufgabe • Selbstständigkeit wird gefördert • Lerntempo bestimmt der Auszubildende • Ausdauer und Ehrgeiz des Auszubildenden wird gefördert • Verantwortung trägt der Auszubildende • Individuelle Bewertung der Lösung	• Soziale Isolation des Lernenden • Bedingte Hilfestellung durch Ausbilder • Ich-Bezogenheit • Kann zu Unter- oder Überforderung des Lernenden führen

7.2.2 Partner- und Gruppenarbeit

Partner- und Gruppenarbeiten sollen eine ungezwungene und offene Mitarbeit der Teilnehmer ermöglichen. Dabei soll das **soziale Gefüge** der Auszubildenden gefördert und die **Teamfähigkeit** verbessert werden, indem sich die Auszubildenden untereinander austauschen.

Bei der Partner- und Gruppenarbeit **(Teamarbeit)** wird die Arbeitsaufgabe oder Problemstellung teilweise oder ganz von zwei bzw. mehreren Auszubildenden gemeinsam erledigt. Damit sollen neue Ausbildungsinhalte erarbeitet oder bereits behandelte Ausbildungsinhalte gefestigt und vertiefte werden, wobei der jeweilige Zuschnitt der Gruppe von der Aufgabenstellung abhängt. Um Partner- und Gruppenarbeiten durchführen zu können, müssen bei den Auszubildenden jedoch bereits entsprechende Fachkenntnisse und gegebenenfalls auch Fertigkeiten vorhanden sein.

Die Bearbeitung einer Aufgabenstellung erfolgt durch die Auszubildenden in selbstständig arbeitenden Zweiergruppen bzw. in Kleingruppen von drei bis sechs Auszubildenden. Dabei können für alle Gruppen gleiche, besser jedoch unterschiedliche Themen vom Ausbilder vergeben werden. Die Aufgabenstellung muss allerdings präzise vorgegeben werden und muss auch alle erforderlichen Angaben enthalten, um sie erfolgreich zu bewältigen, weil im Allgemeinen während der Bearbeitung der Aufgabe keine Rückfragen an den Ausbilder möglich sind. Jede einzelne Gruppe sollte innerhalb einer vorgegebenen Zeit zu einem **Arbeitsergebnis** kommen. Anschließend werden die Gruppenergebnisse dem Plenum präsentiert und im Plenum besprochen.

Es wird zwischen folgenden Formen der Gruppenarbeit unterschieden:

Themengleiche Gruppenarbeit: Den einzelnen Gruppen werden gleiche Aufgabenstellungen vorgegeben, die sie autonom planen und bearbeiten. Danach werden die Gruppenergebnisse meist von den Gruppensprechern allen Gruppen im Plenum vorgestellt und anschießend von diesen erörtert.

Themenverschiedene Gruppenarbeit: Den einzelnen Gruppen werden unterschiedliche Aufgabenstellungen oder Teile davon vorgegeben, die sie autonom planen und bearbeiten. Danach werden die Gruppenergebnisse meist von den Gruppensprechern allen Gruppen im Plenum vorgestellt und anschießend von diesen erörtert.

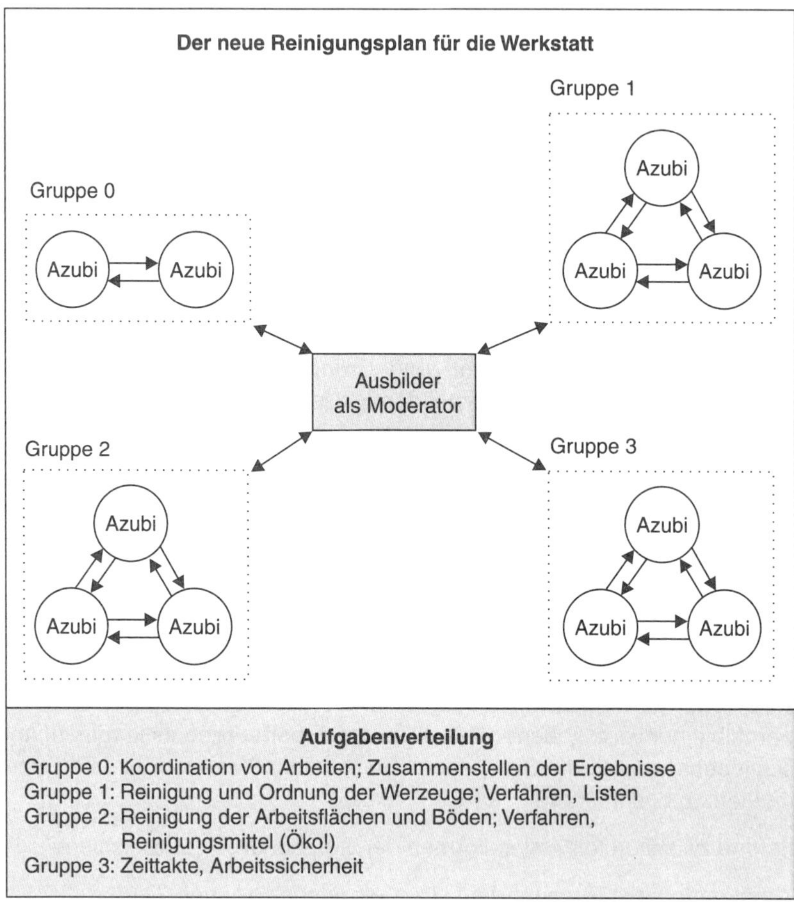

Struktur einer Partner- und Gruppenarbeit

Der Ablauf einer Gruppenarbeit (Planung des Vorhabens, Bildung der Gruppen, Durchführung der Aufgabenstellung und Auswertung) kann wie Folgt dargestellt werden:

Planung einer Gruppenarbeit im Plenum

- Erläuterung der Aufgabenstellung
- Beschaffung von zusätzlichen Informationen
- Zusammenstellung der Ausbildungsmittel
- Absprache zum Verlauf der Gruppenarbeit
- Konkrete Zeitvorgabe

Bildung von Kleingruppen durch den Ausbilder

- Einteilung der Gruppen
- Vergabe der Aufgaben bzw. der Teilaufgaben
- Verteilung der Räumlichkeiten

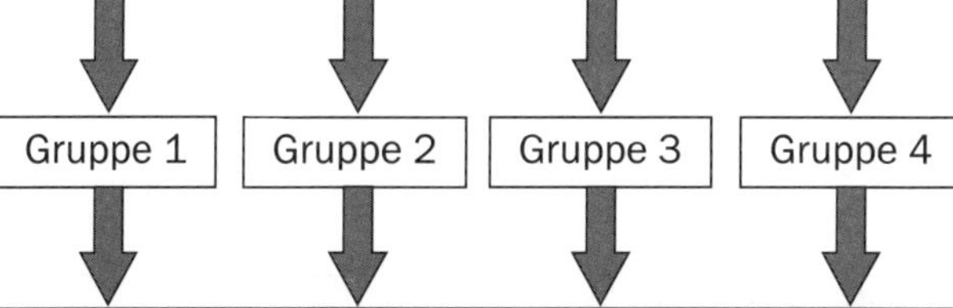

Auswertung der Gruppenergebnisse im Plenum

- Präsentation der Gruppenergebnisse
- Reflexion der Gruppenergebnisse
- Zusammenfassung der Gruppenergebnisse
- Verteilung des Gesamtergebnisses

Ablauf einer Gruppenarbeit

Bei der Gruppenarbeit wird die Ausbildungsgruppe in Kleingruppen aufgeteilt. Dabei sollte der Ausbilder die innere Differenzierung **(Binnendifferenzierung)** aufgrund der individuellen Begabungen, Neigungen und Lernvoraussetzungen sowie die Schulbildung und das Lerntempo der Auszubildenden berücksichtigen, weil diese von Gruppe zu Gruppe differenzieren.

Weil häufig die Zusammensetzung einer Ausbildungsgruppe sehr heterogen ist, erscheint die Binnendifferenzierung einerseits geboten. Andererseits ist bekannt, dass für die leistungsschwächeren Auszubildenden homogene Gruppen eher nachteilig wirken. Deswegen ist insgesamt für eine sachgerechte Arbeit die Bildung von heterogenen Gruppen (gemischt aus leistungsstärkeren und leistungsschwächeren Auszubildenden) zu empfehlen. Deshalb sollten Ausbilder die Zusammensetzung der Gruppen nicht dem Zufall oder der freien Wahl der Auszubildenden überlassen, sondern sie selbst vornehmen. Dabei müssen sie die Gruppenstruktur und die Rollen der einzelnen Auszubildenden vor der Gruppeneinteilung beachten.

Einige **Regeln** für Partner- und Gruppenarbeiten:

- Alle Auszubildenden haben das Recht, ihre Meinung zu vertreten,
- alle Gruppenmitglieder sind gleichberechtigte Partner, weil es keinen Gruppenführer gibt,
- der jeweilige Gruppensprecher ist nicht Vorgesetzter, sondern Moderator und in der Regel auch Vortragender,
- jeder Auszubildende muss sich im Rahmen seiner Möglichkeiten engagieren.

Vorteile	Nachteile
• Die Gruppenmitglieder können sich mit dem Ergebnis identifizieren • Die Selbstständigkeit wird gefördert • Freie Entfaltungsmöglichkeit für soziale Verhaltensweisen • Individuelle Lernleistung des Einzelnen • Interessen der einzelnen Gruppenmitglieder werden berücksichtigt • Leistungsschwache Auszubildende werden unterstützt • Schlüsselqualifikationen werden gefördert	• Gefahr der Unterdrückung von Meinungen einzelner Gruppenmitglieder, mit der Folge, dass diese sich bewusst passiv oder gar destruktiv verhalten • Gefahr eines überzogenen Rechtfertigungsbedürfnisses der Gruppe in der anschließenden Diskussion • Leistungsschwache Auszubildende können sich hinter »guten« verstecken • Einzelne Auszubildende beteiligen sich kaum oder nicht (Trittbrettfahrer)

Anwendungsbeispiel:

Sie möchten mit elf Auszubildenden ein Thema bearbeiten, das mehrere Lösungsmöglichkeiten zulässt. Hierfür können Sie Partner- bzw. Gruppenarbeiten durchführen. Zu Beginn der Arbeit erklären Sie allen Auszubildenden die Aufgabenstellung präzise und anschließend teilen Sie die Ausbildungsgruppe in drei Gruppen zu je drei Auszubildenden und eine Gruppe mit zwei Auszubildenden ein. Ebenso legen Sie die Bearbeitungszeit für die Aufgabenstellung und die Gruppenräume für die einzelnen Gruppen fest. Nach Beendigung der Bearbeitungszeit sollen die einzelnen Gruppen die gefundenen alternativen Lösungen im Plenum präsentieren, um sie anschließend zu diskutieren und mit Ihnen gemeinsam zu bewerten. Abschließend lassen Sie die Gruppenergebnisse kopieren und die Kopien an alle Teilnehmer verteilen.

7.2.3 Frontalunterricht

Im eigentlichen Sinne ist der Frontalunterricht eine besondere Sozialform, weil durch die klassische Sitzordnung – z. B. Block- oder U-Form – der Ausbilder den Auszubildenden gegenüber sitzt oder steht und er die Ausbildungsgruppe gemeinsam und gleichzeitig unterrichtet. Dabei nimmt er eine dominante Stellung ein, indem er den Lernprozess steuert und Interaktionen zwischen den Auszubildenden nicht zulässt. Die Auszubildenden sind dabei gefordert dem Ausbilder zuzuhören, gegebenenfalls auch mitzuschreiben, d. h. dem Lehrprozess zu folgen, um die vom Ausbilder geplanten Erkenntnisschritte theoretisch nachzuvollziehen. Die Auszubildenden haben keinen Einfluss auf die Durchführung des betrieblichen Unterrichts, weil dieser nur vom Ausbilder gestaltet wird. Somit wird selbstständiges Lernen nicht ermöglicht und die Sozialkompetenz wird nicht
gefördert. Frontalunterricht kann mit didaktischen Medien (siehe Kapitel 10) unterstützt werden, um den Lernerfolg zu erhöhen.

Nicht nur der Vortrag des Ausbilders, sondern auch ein von einem Auszubildenden gehaltenes Referat vor der Ausbildungsgruppe gehört damit zum Frontalunterricht.

Vorteile	Nachteile
• Sehr gute Planbarkeit • wenig Vorbereitungszeit • keine Unruhe im Unterrichtsraum • kontrollierter Lehr- und Lernprozess	• Geringe Behaltensquote, etwa 20 %; mit Medienunterstützung etwa 30 % • sinkende Aufmerksamkeit • kaum Berücksichtigung der verschiedenen Lerntypen • keine Berücksichtigung des Lerntempos

Anwendungsbeispiel:

Sie möchten Ihren Auszubildenden des Berufes Kaufmann für E- Commerce das Thema »Lern- und Arbeitstechniken« nach dem Ausbildungsplan im Unterrichtsraum vermitteln. Hierfür ist der Frontalunterricht als besondere Sozialform geeignet, mit der Sie – beispielsweise mit Power-Point-Chats – die Ausbildungsinhalte darstellen und erläutern können.

8 Ausbildungsmethoden

Ausbildungsmethoden sind alle Formen des zielorientierten, planmäßigen Lehrens und Lernens, die auf Ausbildungsthemen gerichtet sind und die anthropologischen (persönlichen) Voraussetzungen, die soziokulturellen Faktoren (z. B. soziale Struktur, soziales Verhalten, kulturelle Einstellung, Wertvorstellung) sowie die Vorkenntnisse der Auszubildenden (Fertigkeiten, Kenntnisse und Fähigkeiten) berücksichtigen.

Unter Beachtung didaktischer Aspekte ist die anzuwendende Ausbildungsmethode zur Erreichung des jeweiligen Lernziels auswählen. Dabei ist entscheidend, welcher Lernzielbereich (affektiver, kognitiver, psychomotorischer) während des Lehr- und Lernprozesses hauptsächlich angesprochen wird.

In diesem Kapitel werden verschiedene Ausbildungsmethoden dargestellt und auf ihre Anwendungsbereiche in der Praxis untersucht.

8.1 Kurzvorträge

Es werden folgende Arten von Kurzvorträgen unterschieden:

Referat: Sachlich gegliederte Darstellung eines Sachverhaltes unter Berücksichtigung der besonderen Interessen der Auszubildenden, die als Manuskript vorliegt;

Vortrag nach Stichworten: Sachlich gegliederte Darbietung des Themas anhand von vorbereiteten Stichworten (Handzettel);

Freier Vortrag: Sachlich gegliederte Darstellung eines Themas in freier Rede, bei der die Auszubildenden in kurzer Zeit möglichst viele Informationen erhalten.

Während eines Kurzvortrages können sich die Auszubildenden Notizen machen und i. d. R. am Ende des Vortrages Fragen stellen, die anschließend der Ausbilder beantwortet.

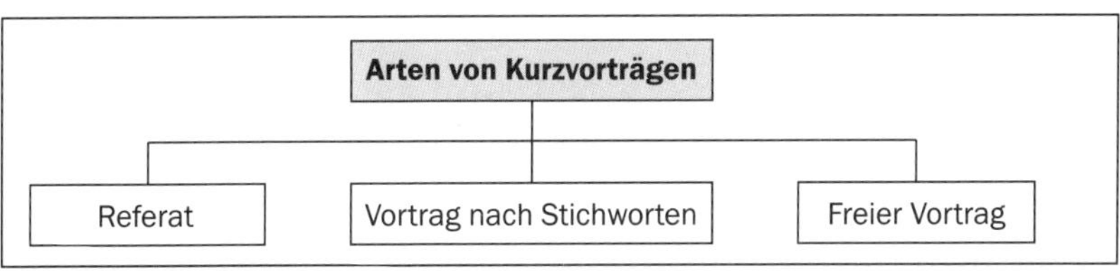

Arten von Kurzvorträgen

Folgende **Gliederungspunkte** sollte ein Kurzvortrag enthalten:

- Das Thema in den Zusammenhang einordnen und dabei an die Vorkenntnisse der Auszubildenden anknüpfen;
- wesentliche Inhalte (z. B. Themenschwerpunkte, Probleme) anschließend schrittweise darstellen;
- Möglichkeiten der Umsetzung in die Arbeitspraxis aufzeigen;
- in einer abschließenden Zusammenfassung die wesentlichen Probleme und Lösungsansätze herausstellen;
- am Ende sich für die Aufmerksamkeit bedanken und die Auszubildenden um Fragen bitten.

Das zeitliche **Ablaufschema** eines Kurzvortrages kann folgendermaßen aussehen:

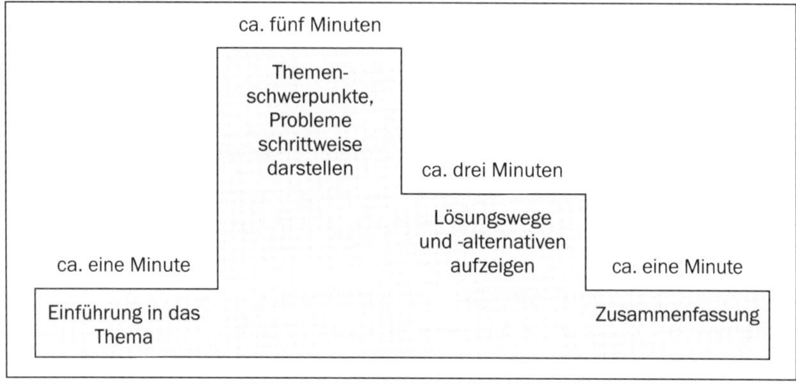

Schema und Zeittakte eines Kurzvortrages

Beim Halten eines Kurzvortrages nach diesem Schema sollten folgende **Aspekte** beachtet werden:

- Sich inhaltlich auf den Vortrag gut vorbereiten! Dafür ist entsprechende Fachliteratur zu nutzen.
- Freies Sprechen wirkt überzeugender: Also nicht am Manuskript kleben und ablesen – denn dadurch verliert man den Kontakt zu den Auszubildenden.
- Klare, kurze Sätze tragen zur besseren Verständlichkeit bei.

- Pausenfüller wie »äh« u. a. bilden unnötige Störfaktoren.
- Wohl gesetzte Pausen helfen dagegen zur besseren Verständlichkeit.
- Deutlich und akzentuiert sprechen!
- Mit Beispielen, Vergleichen usw. sollte man die Aussagen untermauern.
- Fragen und Thesen erzeugen Aufmerksamkeit und Interesse bei den Zuhörern.
- Zusammenfassungen und Wiederholungen erleichtern den Überblick.
- Körpersprache (Haltung, Gestik, Mimik) einsetzen!
- Und: Möglichst viel zur Vortragsunterstützung visualisieren!

Der **Erfolg** eines Vortrages hängt von folgenden Faktoren ab:

- Fachkompetenz
- Medienkompetenz
- Didaktik
- Methodik
- Körpersprache
- Sprechtechnik

Vor- und Nachteile des Vortrags:

Vorteile	Nachteile
• Vermittlung einer größeren Stoffmenge in kurzer Zeit • Fast beliebig großer Teilnehmerkreis • Ausbilder behält die Initiative • relativ geringe Vorbereitungszeit	• Passive Rolle des Zuhörers • gedankliche Abschweifung der Auszubildenden • geringe Behaltensquote • unterschiedliches Wissen wird nicht berücksichtigt • die Zuhörer können erst am Ende des Vortrages Fragen stellen

Die Wechselbeziehungen **(sozialen Interaktionen)** zwischen dem Ausbilder und seinen Auszubildenden sind beim Halten eines Kurzvortrages – bis auf das mögliche Fragenstellen der Auszubildenden am Schluss – »einseitig«.

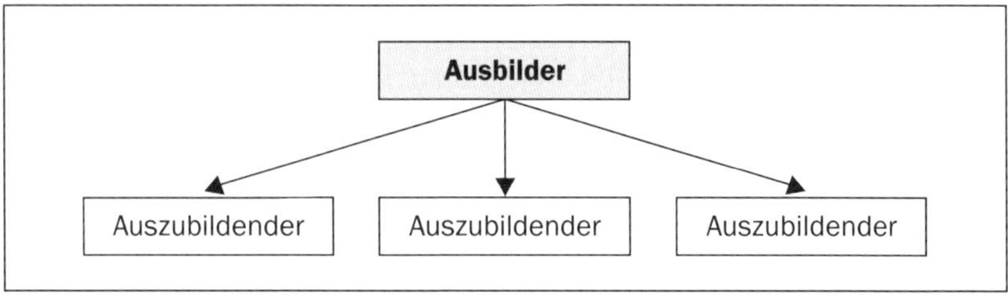

Interaktion Ausbilder → Auszubildende bei Kurzvorträgen

Gute **Anwendungsmöglichkeiten** eines Kurzvortages:

- Einführung in ein neues Ausbildungsthema,
- Vermittlung von neuen Kenntnissen (Fachwissen),
- Erweiterung von vorhandenen Kenntnissen,
- Zusammenfassungen.

Einige **Rahmenbedingungen** für Kurzvorträge:

- Heller Raum,
- gute Akustik des Raumes,
- eventuell einzusetzende didaktischen Medien (siehe Kapitel 10).

Anwendungsbeispiel:

Während der Vorbereitung zur praktischen Zwischenprüfung stellen Sie fest, dass einigen Auszubildenden in Ihrer Gruppe theoretische Grundlagen fehlen. Weil Ihnen nur noch wenig Zeit zur Vermittlung der fehlenden Kenntnisse bis zur Prüfung zur Verfügung steht, ist der Kurzvortrag eine geeignete Ausbildungsmethode in diesem Fall.

8.2 Präsentation

Eine Präsentation ist ein mündlicher (Kurz-)Vortrag, bei dem einem Publikum (z. B. Auszubildenden) in strukturierter Form die Inhalte mit Unterstützung didaktischer Medien, z. B. (Pinnwand-)Plakaten, Flipcart-Bilder und -text, Charts sowie Videos dargeboten werden. Ebenso können beispielsweise die Ergebnisse von Einzel- und Gruppenarbeiten oder der

Ablauf eines Projektes vor der Ausbildungsgruppe präsentiert werden. Auch bei der Präsentation bleibt die Interaktion in der Regel »einseitig«.

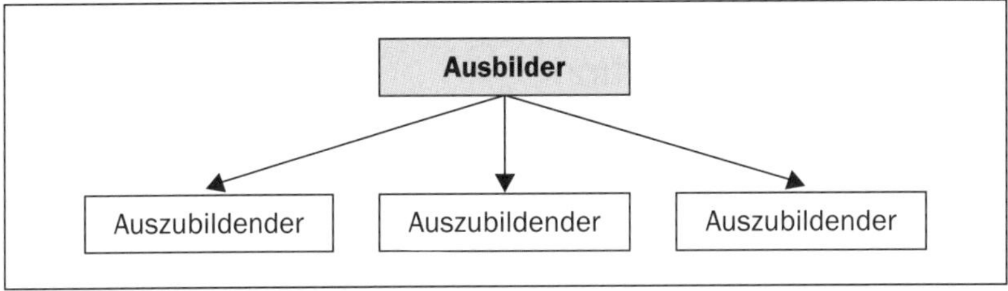

Interaktion Ausbilder → Auszubildende bei einer Präsentation

Anwendungsmöglichkeiten einer Präsentation:

- Ablauf der Abschlussprüfung,
- Darstellung von Arbeitsergebnissen (z. B. Einzel- oder Gruppenarbeiten),
- Durchführung eines Projektes,
- Einführung in ein neues Ausbildungsthema,
- Vortrag von Gruppenergebnissen.

Die **Rahmenbedingungen** sind:

- Heller Raum,
- gute Akustik des Raumes,
- unterstützende didaktische Medien (siehe Kapitel 10).

Vor- und Nachteile der Präsentation:

Vorteile	Nachteile
• Veranschaulichung eines Sachverhaltes • Unterstützung durch didaktische Medien	• Auszubildenden sind in der Regel nur Zuhörer und Zuschauer • keine Fragemöglichkeit • Gefahr der Monotonie

Anwendungsbeispiel:

Sie möchten Ihre Auszubildenden auf die Abschlussprüfung vorbereiten und dabei auch den Ablauf der Prüfung darstellen. Hierfür ist die Präsentation eine geeignete Ausbildungsmethode, mit der Sie – beispielsweise mit Power-Point-Charts – den Ablauf der Prüfung sowie die einzelnen Prüfungsbereiche darstellen und ausführlich erläutern können.

8.3 Demonstration

Die Demonstration dient zur Veranschaulichung oder Verdeutlichung abstrakter Thematiken sowie von schwer verständlichen Vorgängen durch Zeigen, Vorführen und Erläutern an Originalgegenständen des Arbeitsbereichs, von Geräten, Maschinen, Anlagen oder durch den Einsatz von didaktischen Medien, um komplexe Sachverhalte und funktionale Zusammenhänge zu erklären sowie schwer verständliche Arbeits- und Verfahrensabläufe für die Lernenden (Auszubildenden) erfahrbar zu machen. Dabei bleiben die Auszubildenden relativ passiv, auch wenn dabei didaktische Medien (Funktionsmodelle, Experimentiergeräte usw.) eingesetzt werden, um das Aneignen von Wissen zu erleichtern, ohne bei ihnen das Denken und Handeln einzuschränken.

Vor- und Nachteile der Demonstration:

Vorteile	Nachteile
• Anschauliche Darstellung von Funktionsweisen oder Arbeitsvorgängen • Visualisierung nicht wahrnehmbarer Sachverhalte • Einprägung eines Sachverhalts	• Passivität der Auszubildenden • Eventuell versperren Auszubildende die Sicht

Anwendungsbeispiel:

Sie möchten Ihren Auszubildenden die Arbeitsweise eines Otto-Motors an einem Funktionsmodell erklären und veranschaulichen.

8.4 Lehrgespräch

Lehren und Lernen erfolgt hier in einem Gespräch zwischen dem Ausbilder und einem oder mehreren Auszubildenden unter gedanklicher und formaler Lenkung (Führung) des Ausbilders. Somit stellt das Lehrgespräch an den Ausbilder sehr hohe Anforderungen bezüglich seiner Fragetechnik; denn er soll durch gezielte Fragen die Auszubildenden zu größerer Selbstständigkeit im Denken und Lernen hinführen.

Das Gespräch wird zwar vom Ausbilder geleitet; er soll aber durch ständige Fragen, Denkanstöße und Hinweise versuchen, die Auszubildenden zu intensiver geistiger Mitarbeit anzuregen und somit eigene Teillösungen zu finden.

Dabei ist bei mehreren Auszubildenden zu beachten, dass alle Fragen zunächst an die **gesamte Gruppe** zu richten sind, weil sich dadurch jeder einzelne Auszubildende angesprochen fühlt (wird dagegen nur ein Auszubildender vom Ausbilder angesprochen, werden sich die anderen an der Lösung kaum noch beteiligen).

Bei richtigen Antworten sollte sich der Ausbilder ab und zu anerkennend äußern, ohne allerdings zu übertreiben.

Beim Lehrgespräch werden die Auszubildenden im Gegensatz zu einem (Kurz-)Vortrag sofort, Punkt für Punkt in das Ausbildungsgeschehen einbezogen und haben die Pflicht und auch Gelegenheit, ausgiebig Fragen an den Ausbilder zu stellen.

Stufen und Ablauf des Lehrgesprächs:

Stufe	Ablauf
1. Einleitung	Den Anlass des Lehrgesprächs begründen und den Auszubildenden die Lernziele bekanntgeben; die Einleitung in vortragender Form vornehmen, um dabei Aufmerksamkeit und Interesse am Thema zu wecken
2. Gesprächsführung	Die Auszubildenden zur Beteiligung am Gespräch »zwingen«; versuchen, möglichst von jedem einen Beitrag zu erhalten und auf das Lernziel hin auswerten; gegebenenfalls Ergänzungen zum vorhandenen Wissen durch weiterführende Beiträge geben.
3. Zusammenfassung	Die Gesprächsergebnisse zusammenfassen; evtl. einen Auszubildenden das Ergebnis vortragen lassen.

Aus der beschriebenen Natur des Lehrgespräches ergibt sich, dass dessen Wechselbeziehungen (sozialen Interaktionen) »echte« Wechselbeziehungen sind, nämlich zwei- oder mehrseitige (**fragend-entwickelnde** Methode).

Hierzu folgt eine Abbildung, die als Fortführung zu der vorherigen in Abschnitt 8.1 zu verstehen ist: Die Wechselbeziehungen sind zwischen Ausbilder und Auszubildenden sind hier echt »zweiseitig«.

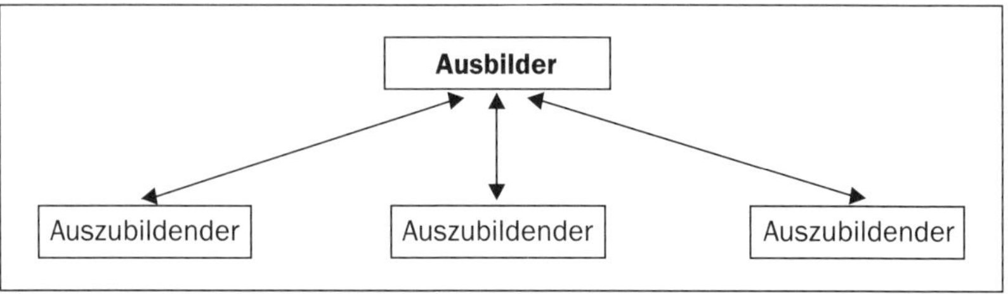

Interaktion Ausbilder ⟷ Auszubildende beim Lehrgespräch

Die Fragen des Ausbilders sollten wegen der Verständlichkeit sein:

- An die Sprache der Auszubildenden angelehnt (aber nicht anbiedernd!),
- eindeutig,
- grammatikalisch richtig,
- einfach und kurz formuliert.

Arten von Fragen

Während eines Lehrgesprächs sollten im Allgemeinen **nur offene Fragen** gestellt werden, weil dadurch keine festen Antwortmöglichkeiten (unter Umständen nur: »ja!« oder »nein!«) vorgegeben werden. Dies hat den methodischen Vorteil, dass sich die Auszubildenden zur gestellten Frage frei äußern können und müssen. Dabei beziehen sich die Fragen ausschließlich an das Ausbildungsziel. Sie beginnen mit einem Fragewort. Beispiele: »Welche Vorteile hat eine E-Mail?« Oder: »Welche Vorteile hat eine WhatsApp?« Oder: »Welche Nachteile haben Zink-Kohle-Elemente gegenüber Akkumulatoren?«

Bei einer falschen Antwort darf man nicht mit den Worten »Falsch« oder »Unsinn« reagieren, sondern mit einer weiteren Frage oder der Aufforderung den Auszubildenden zum Ziel hinführen. Beispiele: »Überlegen Sie bitte einmal, welche Laufzeiten eine E-Mail und ein Brief haben?« Oder: »Warum verwenden Sie für Ihre Taschenlampe einen Akkumulator und keine Zink-Kohle-Elemente?«

Mit **Ergänzungs- und Folgefragen** kann der Ausbilder einzelne Aspekte aus vorherigen Antworten der Auszubildenden vertiefen und weiterführen. Beispiele: »Welche Nachteile hat eine E-Mail trotz der relativ kurzen Laufzeit?« Oder: »Wo kann man Akkumulatoren einsetzen?«

Mit **Sondierungsfragen** können unklare Sachverhalte aufgeklärt werden. Beispiel: »Können Sie das noch genauer sagen, warum man eine vollständige Bewerbung nicht per E-Mail erledigen sollte?«

Bei einem Lehrgespräch sollten folgende Fragearten vermieden werden:

Kettenfragen sind eine Aneinanderreihung mehrerer Fragen, die den Auszubildenden verwirren und somit eine Beantwortung für ihn fast unmöglich machen. Beispiele: »Wie viel kostet ein Postkarte und wie lange ist in der Regel ihre Laufzeit?« Oder: »Welche Bestandteile haben Zink-Kohle-Elemente, welche Spannung liefern sie und warum ist das so?«

Bei **Suggestivfragen** wird dem Befragten eine bestimmte Haltung oder Meinung unterstellt. Dadurch wird der so befragte Auszubildende manipuliert. Beispiele: »Fahren Sie dieses Jahr gar nicht mit Ihren Eltern in Urlaub?« Oder: »Sie rauchen doch nicht etwa?«

Rhetorische Fragen beantwortet der Fragende letztendlich selbst. Diese Fragen verunsichern die Auszubildenden. Beispiel: »Wollen Sie die Prüfung nun bestehen oder nicht?«

Das Lehrgespräch ist z. B. gut für folgende **Ziele** einsetzbar:

- Einführung in die Partnerarbeit,
- Einleitung in ein Rollenspiel,
- Erarbeitung von Kenntnissen,
- Erörterung von Gruppenberichten im Plenum,
- Vorbereitung einer Unterweisung.

Rahmenbedingungen für ein Lehrgespräch:

- Heller Raum,
- gute Akustik,
- eventuell unterstützende didaktische Medien (siehe Kapitel 10).

Vor- und Nachteile des Lehrgesprächs:

Vorteile	Nachteile
• Die Auszubildenden können sofort Frage stellen, wenn sie etwas nicht verstanden haben • Die Auszubildenden lernen intensiver als bei einem Kurzvortrag, weil sie in das Ausbildungsgeschehen direkt einbezogen werden • Die Auszubildenden werden durch die gestellten Fragen zur Mitarbeit aufgefordert • Passive Auszubildenden können direkt angesprochen werden	• Bei den Auszubildenden können Ängste bei gezielten Fragen des Ausbilders entstehen, weil sie sich vor einer falschen Antwort fürchten • Große gedankliche Lenkung der Auszubildenden durch den Ausbilder ist nötig • Hoher zeitlicher Aufwand ist nötig, weil ein fragend-entwickelndes Gespräch geführt wird

Anwendungsbeispiel:

Sie möchten die von ihren Auszubildenden in der Berufsschule erworbenen Kenntnisse auf die praktische Ausbildung im Betrieb übertragen. Dazu eignet sich das Lehrgespräch als **fragend-entwickelnde** Ausbildungsmethode.

8.5 Brainstorming

Das Brainstorming ist eine kreativitätsfördernde Methode, bei der die Teilnehmer, also die Auszubildenden, **spontan** alle Gedanken und Ideen zur Lösung eines Problems oder zur Bearbeitung eines bestimmten Themas frei äußern können.

Es wurde von Alex F. OSBORN Anfang der 1950er-Jahre entwickelt und ist wohl die bekannteste Methode der kreativen Ideenfindung: es kann überall sofort ohne Aufwand und organisatorische Vorbereitung angewendet werden.

Die Auszubildenden treffen sich und äußern alle Ideen, die ihnen zum gestellten Thema, z. B. Gestaltung des Aufenthaltsraumes, einfallen. Ein Protokollführer (Moderator) notiert beispielsweise die Lösungsideen für alle sichtbar z. B. an einer Pinnwand. Dabei ist im Allgemeinen eine Bearbeitungszeit von 15–30 Minuten ausreichend, um genügend Lösungsansätze zu sammeln. In dieser Zeit können viele Ideen in einer Gruppe von einigen Auszubildenden gesammelt werden. Nach Abschluss des Brainstormings erfolgt die Bewertung der Lösungsansätze mit Klebepunkten durch die Gruppenmitglieder. Es folgen noch einige Regeln und deren Begründung:

Regel	Begründung
Quantität geht vor Qualität	Je mehr Vorschläge produziert werden, umso größer ist die Innovationsrate.
»Unsinnige« Ideen sind erwünscht	Mit dieser Regel sollen unkonventionelle Ideen produziert werden. Dabei müssen alle logischen Einschränkungen, wie Kosten, Zeitaufwand usw. zunächst außer Acht gelassen werden.
Kritik ist streng verboten	Diese Regel soll ein soziales Klima ohne Vorbehalte und Kritik durch eine wertfreie und offene Aussprache ermöglichen. Hierbei ist weder eine verbale noch eine sonstige Bewertung der vorgeschlagenen Ideen erlaubt. Äußerungen wie zum Beispiel »das haben wir schon immer so gemacht« oder »das funktioniert nie« sind so genannte Killerphrasen und können die Ideenproduktion hemmen. Untersagt ist auch das Hochziehen der Augenbrauen sowie das negative Abwinken mit der Hand. Dagegen kann sich ein herzliches Lachen anregend und befreiend auf den Gruppenprozess auswirken.
Anknüpfung an Ideen anderer	In dieser Regel ist der Leistungsvorteil für das Brainstorming begründet, denn es lebt von der wechselseitigen Stimulanz und durch alle Gruppenmitglieder.

Anwendungsmöglichkeiten des Brainstormings

- Austausch von Informationen
- Einstieg in ein Thema
- Sammeln von Ideen
- Lösen von Konflikte

Medien: Flipchart, Pinnwand, Whiteboard.

Hilfsmittel: Filzstift(e), Moderationskarten, Packpapier, Klebestifte, Stecknadeln.

Vor- und Nachteile des Brainstormings:

Vorteile	Nachteile
• Beliebige Gruppengröße • Einfache Methode zur Ideenfindung • Anknüpfung an Ideen anderer Auszubildenden • Ideen werden nicht kritisiert • Hohe Anzahl von Ideen in kurzer Zeit • Ergebnis wird visualisiert • Geringe Vorbereitungszeit • Geringe Kosten	• Gefahr des Abschweifens • Ergebnis ist von der individuellen Kreativität der Auszubildenden abhängig • Aufwändige Selektion der Ideen

Anwendungsbeispiel:

In der Ausbildungswerkstatt soll der Aufenthaltsraum für die Auszubildenden renoviert und mit neuen Möbeln ausgestattet werden. An der Neugestaltung des Raumes können Sie Ihre Auszubildenden beteiligen, indem Sie zur Ideenfindung das Brainstorming einsetzen.

8.6 Moderation

Die Moderationsmethode orientiert sich am Handeln und Kommunizieren der Gruppenteilnehmer. Mit dieser Methode wird der Gruppenprozess aktiv gefördert, indem Problemlösungen und Entscheidungen im Team reifen. Dabei werden die Fähigkeiten und Erfahrungen **aller** Gruppenmitglieder genutzt.

Dabei initiiert und steuert der inhaltlich neutrale **Ausbilder als Moderator** die Gesprächsrunde oder Diskussion.

Die Moderation läuft in folgenden Stufen ab (»Moderationsrad«):

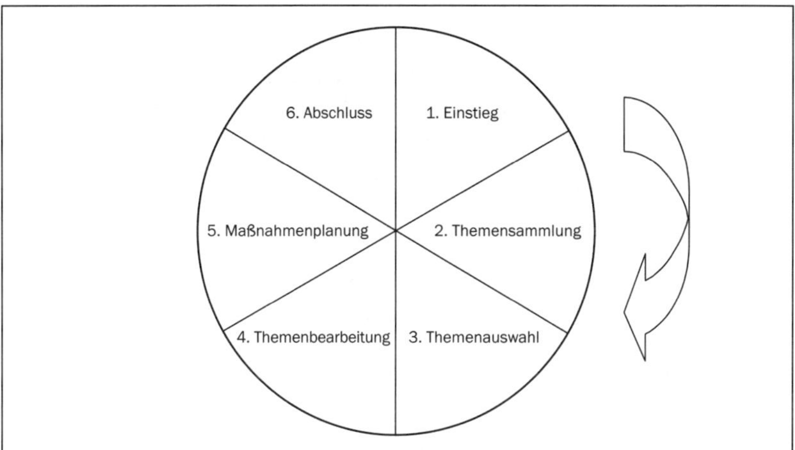

Moderationsrad

Stufen der Moderation

1. Einstieg
   - Eröffnung der Sitzung durch den Moderator (Ausbilder),
   - offenes Klima schaffen, z. B. mit einem »Steckbrief« (Name, Hobbys usw.) der Teilnehmer und des Moderators,
   - Ansprüche und Erwartungen abfragen,
   - Ziel formulieren,
   - Methoden festlegen,
   - »Protokollfragen« klären,
   - Protokollführer festlegen

2. Themensammlung
   - Konkrete Fragestellung formulieren und auf einem Plakat (Packpapier) oder einer Pinnwand visualisieren,
   - Ideensammlung mit Kartenabfrage (eine Karte pro Idee) auf Zuruf oder als Brainstorming durchführen,
   - ausgefüllte Karten bzw. Zurufe und Brainstormingergebnisse an Pinnwand oder Flipchart strukturieren (»clustern«).

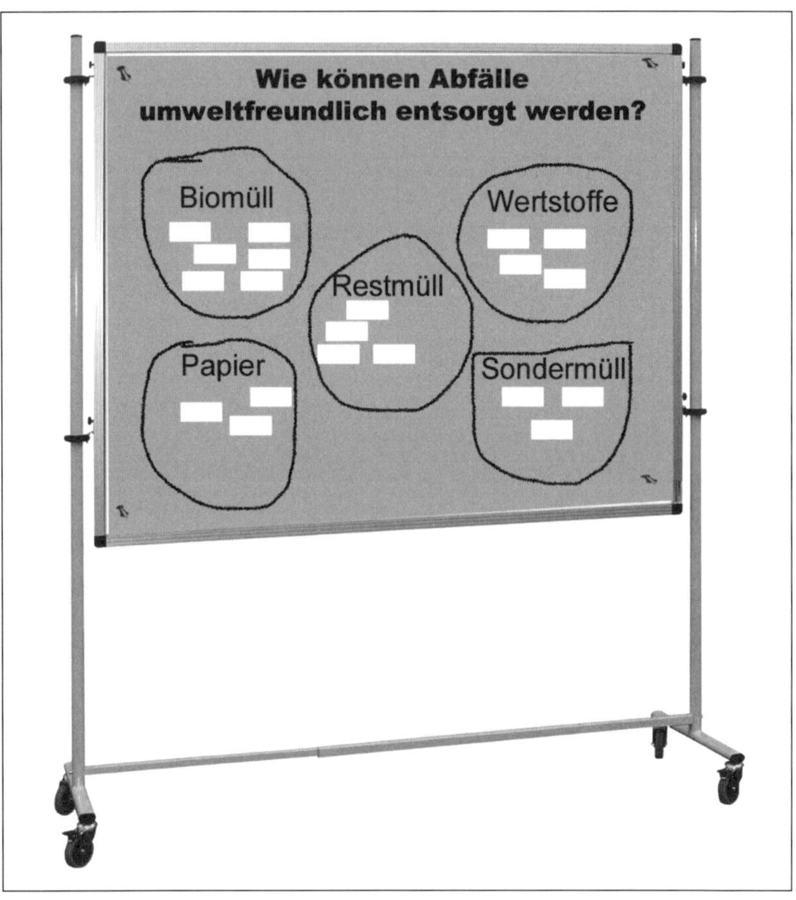

Themensammlung (Foto mit freundlicher Genehmigung durch Wiemann-Lehrmittel)

3. Themenauswahl

- Zielfrage formulieren und an der Pinnwand oder dem Flipchart visualisieren,
- Themenspeicher erstellen (z. B. Auflistung der Themen an der Pinnwand oder dem Flipchart),
- Themen mit »Klebepunkten« gewichten lassen (Punktabfrage),
- Reihung der Themen aufgrund der Gewichtung.

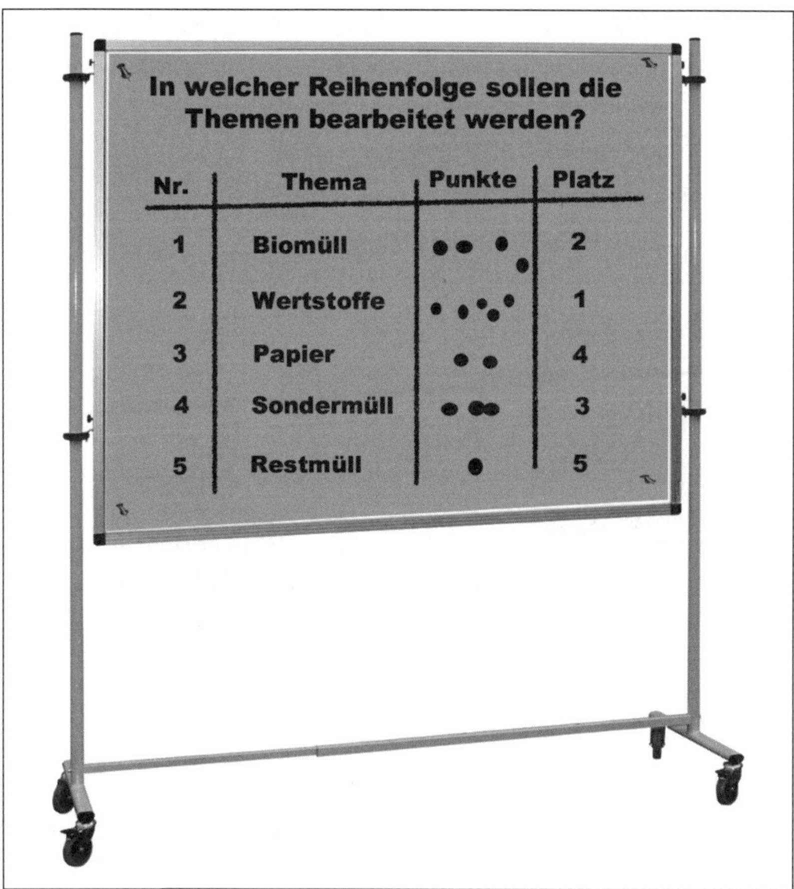

Themenspeicher (Foto mit freundlicher Genehmigung durch Wiemann-Lehrmittel)

4. Themenbearbeitung

- Problem analysieren,
- geeignete Bearbeitungsmethoden vorschlagen,
- Bearbeitungsmethode entscheiden,
- Lösungsvorschläge entwickeln.

5. Maßnahmenplanung

- Matrix des Maßnahmenplans entwickeln und an der Pinnwand oder dem Flipchart visualisieren,
- Verantwortlichkeiten festlegen,
- Termine vereinbaren,
- Aktionsplan (Vorgehensplan) erstellen.

Maßnahmenplanung (Foto mit freundlicher Genehmigung durch Wiemann-Lehrmittel)

6. Abschluss

- Zusammenfassung der Ergebnisse,
- Reflexion des Gruppenprozesses und Arbeitsergebnisse,
- Stimmungsbarometer erstellen,
- neuen Termin vereinbaren.

Am Ende der Veranstaltung sollte sich der Moderator (Ausbilder) bei den Teilnehmern für die aktive Mitarbeit bedanken.

Der Moderator steuert den Ablauf der Gesprächsrunde oder Diskussion, wobei er

- Fragen stellt,
- Anregungen gibt,
- Abschweifungen vom Thema unterbindet,
- verbale und nonverbale Störungen beachtet,
- die Ergebnisse zusammenfasst und notiert,
- den Teilnehmern zuhört,
- gegenüber Dritten die Ergebnisse vertritt.

Während einer Gesprächsrunde oder Diskussion hat der Moderator seine eigene Meinung, Ziele und Wertungen zu unterlassen, um die Gruppe nicht zu beeinflussen.

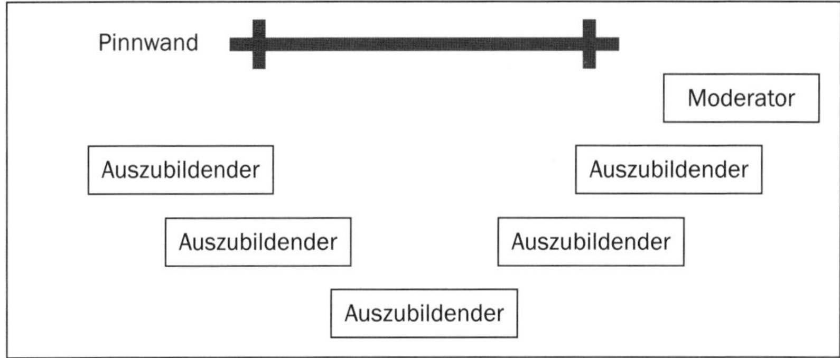

Sitzordnung im Halbkreis bei der Moderation

Die Sitzordnung im Halbkreis ist für eine Moderation mit kleinen Gruppen sehr gut geeignet, weil jeder Teilnehmer jeden sehen kann. Damit entsteht eine persönliche Atmosphäre und dadurch wird eine aktive Teilnahme an der Diskussion erleichtert.

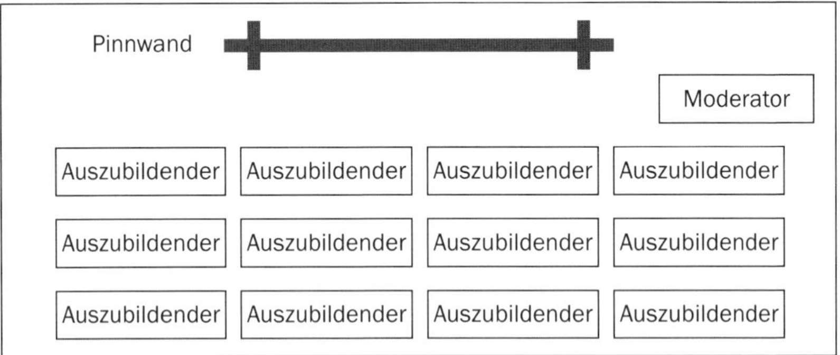

Sitzordnung in Kinobestuhlung bei der Moderation

Die Kinobestuhlung ist platzsparend und eignet sich besonders für eine Moderation in großen Gruppen. Dabei wird jedoch die Diskussion erschwert, weil nicht jeder jeden sehen kann.

Fragetechnik

Um erfolgreich moderieren zu können, sollte der Moderator folgende Fragenarten kennen und deren Technik beherrschen:

- **Offene Fragen:** Den Befragten (Auszubildenden) werden keine festen Antwortmöglichkeiten vorgegeben und somit können und müssen sich zur gestellten Frage frei äußern. Diese Fragen beginnen mit einem Fragewort: Was, wer, wie usw.
- **Geschlossene Fragen:** Sie lassen nur wenige Antwortmöglichkeiten zu, im Extremfall nur »ja« oder »nein«.
- **Alternativfragen:** Den befragten Auszubildenden werden zwei oder mehrere Antwortalternativen vorgegeben. Beispiel: »Möchten Sie jetzt eine Pause oder sollen wir weiterarbeiten und dafür das letzte Thema ausführlicher behandeln?«
- **Zurückgegebene Fragen:** Sie bilden keine eigenständige Frageart, sondern eine Frageform, um Fragen zu umgehen. Diese Art spielt in der Moderation eine besondere Rolle, weil der Moderator die Fragen an die

Gruppe zurück gibt, damit diese auch die Verantwortung für das Ergebnis der Moderation trägt. Beispiel: »Was meinen die anderen Gruppenmitglieder hierzu?«

Anwendungsmöglichkeiten der Moderation

- Arbeitsaufgaben verteilen,
- Arbeitsschritte festlegen,
- Konflikte lösen,
- Leittexte planen,
- Probleme lösen,
- Veranstaltungen planen.

Medien: Flipchart, Moderatorenkoffer, Pinnwände (Regel: Je drei Teilnehmer eine Pinnwand), Whiteboard.

Hilfsmittel: Filzstifte, Klebeband, Klebepunkte, Moderationskarten, Packpapier, Klebestifte, Scheren, Stecknadeln.

Visualisieren bei der Moderation

In der Praxis haben sich folgende Elemente der Visualisierung bei der Moderation bewährt:

- Wolke → Hauptthemen, Überschrift, Leitfrage
- Eck-Wolke → Überschrift, Leitfrage
- Schlips (länglicher Querstreifen) → Überschrift, Leitfrage, These
- Blitz → Konflikt, Dissens, Widerspruch
- Linie → Betonung
- rechteckige Karte → Stichwort, Text
- rhombische Karte → inhaltliche Ergänzung, offene Punkte
- ovale Karte → Frage, Stichwort
- Sprechblase → Kommentar
- kleiner Klebepunkt → Bewertung, Stellungnahme
- kleine runde Karte → Nummerierung
- große runde Karte → Unterstrukturierung

Regeln für die Visualisierung:

- immer nur eine Idee pro Karte,
- maximal drei Zeilen auf eine Karte schreiben,
- in Blockschrift schreiben.

Farben bei der Visualisierung

Mit dem Einsatz verschiedener Farben können bei der Visualisierung inhaltliche Strukturen hervorgehoben und das gesprochene Wort erweitert werden. Somit wird die Aufmerksamkeit bei den Teilnehmern erhöht. Dabei ist allerdings darauf zu achten, dass man wegen der Übersichtlichkeit nicht zu viele Farben verwendet.

Folgende Farben bieten sich beim Visualisieren an:

- Rot: für Überschriften oder Untergliederungen,
- Blau oder Schwarz: für Texte oder Abbildungen,
- Blau: für Umrandungen (Rahmen),
- Grün: für Unterstreichungen im Text.

Durch die Visualisierung wird das gesprochene Wort des Moderators ergänzt und erweitert.

Vor- und Nachteile der Moderation:

Vorteile	Nachteile
• Aktive Teilnahme der Auszubildenden • Ergebnisse werden visualisiert • Auszubildende sind für das Ergebnis »verantwortlich«	• Hoher zeitlicher Aufwand • Hohe Materialkosten (Moderationsmaterial)

Anwendungsbeispiel:

Während eines Einführungsseminars möchten Sie das Thema »Umweltschutz in der Berufsausbildung« mit der neuen Ausbildungsgruppe behandeln. Schwerpunkte: Abfallvermeidung, -verwertung, -entsorgung (siehe auch die drei Abbildungen).

8.7 Mindmap

Die vom britischen Psychologen Tony Buzan (1974) entwickelte Visualisierungsmethode (Gedächtnislandkarte) dient der schnellen, strukturierten und effektiven Aufzeichnung von Ideen sowie der Informationserfassung. Diese Methode nutzt die vernetzten Strukturen des menschlichen Gedächtnisses und ist somit für verschiedene Anwendungsmöglichkeiten geeignet. Es werden dabei Begriffe nicht in Form von Über- und Unterordnung, sondern zu einer Baumstruktur mit Haupt- und Nebenästen einander zugeordnet. Dabei geht es darum, ausgehend von einem zentralen Thema oder Problem das Wichtigste in Stichworten festzuhalten, d. h. es werden von einem Oberbegriff oder Bild ausgehend die dazu passenden Unterbegriffe und sinnvolle Ergänzungen aufgezeichnet. Auf den ersten Blick ist sofort eine übersichtliche »Landkarte« mit dem zentralen Thema erkennbar.

Bei der **Mindmap-Methode** sind folgende Grundregeln zu beachten:

- Es sollte ein unbeschriebenes, weißes DIN-A4- oder DIN-A3-Blatt im Querformat verwendet werden
- mit dem zentralen Thema, möglichst mit einem Bild oder Oberbegriff, ist in der Mitte des Blattes zu beginnen
- ausgehend vom »Stamm« (Bild oder Oberbegriff) sind zunächst die so genannten Hauptäste mit den Hauptaspekten des Themas und anschließend die daraus abgeleiteten Nebenäste zu zeichnen
- auf einen Ast ist jeweils nur ein einziges Wort (Begriff, Schlagwort etc.) zu schreiben, damit das Mindmap übersichtlich bleibt
- die Äste sind miteinander zu verbinden, sodass jedes Wort mit einem anderen Ast verbunden ist
- es sind nur Haupt-, Eigenschafts- oder Tätigkeitswörter zu verwenden
- mit Farben kann die Übersichtlichkeit erhöht werden und dadurch lassen sich Zusammenhänge besser deutlicher erkennen

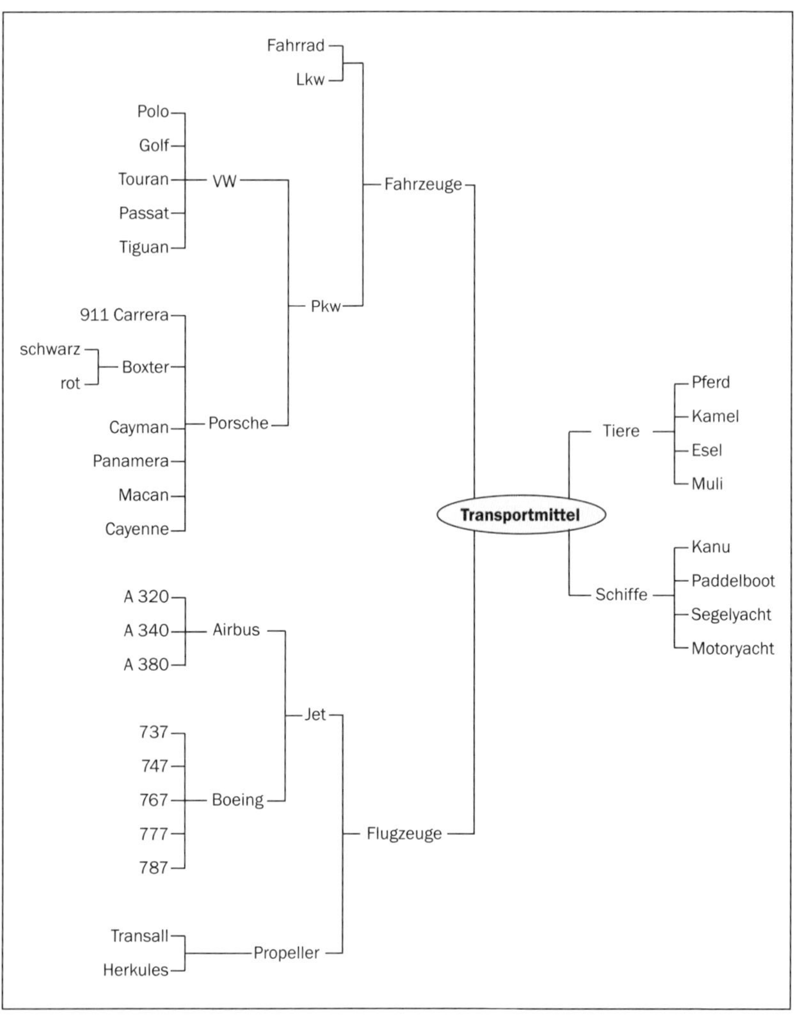

Mindmap

Einsatzmöglichkeiten der Mindmap-Methode:

- Brainstorming dokumentieren
- Gedächtnisprotokoll erstellen
- Ideen sammeln

- Inhalte für einen Vortrag übersichtlich darstellen
- Lernstoff gegliedert darstellen
- Notizen strukturieren
- Projetplanung protokollieren
- Redemanuskript visualisieren

Medien: Flipchart, Pinnwand, Whiteboard.

Hilfsmittel: Filzstift(e), Moderationskarten, Packpapier, Klebestifte, Stecknadeln.

Vor- und Nachteile der Mindmap-Methode:

Vorteile	Nachteile
• Ergänzungen können jederzeit problemlos vorgenommen werden • Förderung der Kreativität • Förderung neuer Gedanken • Informationen prägen sich durch die grafische Darstellung besser in das Gedächtnis ein • Zeitersparnis beim Anfertigen von Notizen • Zeitersparnis beim Lesen und Lernen	• Bei sehr komplexen Themen kann die Übersicht verloren gehen

Anwendungsbeispiel:

Sie möchten mit Ihren Auszubildenden das Thema »Transportmittel« während einer Ausbildungseinheit erarbeiten. Damit sich die Auszubildenden das Ergebnis der Ausbildungseinheit gut einprägen können und um einen hohen Lerneffekt zu erreichen, erarbeiten Sie mit ihnen ein Mindmap.

8.8 Vier-Stufen-Methode (Unterweisung)

Die Vier-Stufen-Methode ist eine systematische Arbeitsunterweisung zur Vermittlung von psychomotorischen Fertigkeiten, die aus dem **Training within Industry (TWI),** eine Unterweisungsmethode, die sich in den Vereinigten Staaten von Amerika im Zweiten Weltkrieg für die Mitarbeiterschulung zur rationellen Weitergabe von Fertigkeiten in der Rüstungsindustrie bewährt hat. Damit wurden ungelernte Arbeitskräfte schnell in die Unternehmen sowie in die Arbeitsprozesse integriert. Sie ist eine bedeutsame Methode zur **Unterweisung** von Auszubildenden in handwerklichen und gewerblich-technischen, aber auch in kaufmännischen Berufen. Dabei ist der Unterweisungsprozess in die Stufen »Vorbereiten, Vormachen, Nachmachen und Üben« gegliedert. Bei der Durchführung der Unterweisung soll von vornherein das Fehlermachen gezielt verhindert und auftretende Fehler durch den Ausbilder frühzeitig korrigiert werden.

Die Aufgabenverteilung in den einzelnen Stufen der Unterweisung ist in nachfolgender Übersicht dargestellt:

Aufgabenverteilung	
1. Stufe: Vorbereiten	
Ausbilder	**Auszubildender**
• bereitet den Arbeitsplatz vor • legt die Ausbildungsmittelmittel bereit • stellt sich vor und nimmt Kontakt mit dem Auszubildenden auf • nennt das Lernziel • nennt die zu vermittelnden Schlüsselqualifikationen • stellt das Thema im Zusammenhang dar • stellt die Vorkenntnisse bei dem Auszubildenden fest und knüpft daran an • weckt Interesse am Thema beim Auszubildenden • nimmt dem Auszubildenden seine Befangenheit und Hemmungen • motiviert den Auszubildenden zum Nachfragen und Nachmachen • gibt Hinweise auf Unfallgefahren und zur Unfallverhütung • weist auf Sicherheitsvorschriften hin • achtet auf die Persönliche Schutzausrüstung (PSA) • sorgt für Ruhe am Arbeitsplatz	• hört zu • beantwortet die Fragen des Ausbilders

<table>
<tr><th colspan="2">2. Stufe: Vormachen</th></tr>
<tr><th>Ausbilder</th><th>Auszubildender</th></tr>
<tr><td>• macht den gesamten Arbeitsgang (Arbeitsschritte) langsam und still vor
• macht den Arbeitsgang Schritt für Schritt vor und erklärt bzw. begründet dabei
- WAS getan wird?
- WIE es getan wird?
- WARUM es so und nicht anders getan werden muss.
• lenkt die Aufmerksamkeit des Auszubildenden auf wesentliche Kernpunkte
• weist auf mögliche Fehler hin
• gibt Hinweise und Tipps zur Unfallverhütung
• wiederholt ggf. den Arbeitsgang
• motiviert den Auszubildenden zum Nachmachen (Imitieren) der Arbeitsschritte
• stellt Fragen an den Auszubildenden
• beantwortet Fragen des Auszubildenden</td><td>• beobachtet die Tätigkeit des Ausbilders
• hört dem Ausbilder aufmerksam zu
• beantwortet Fragen des Ausbilders
• stellt Fragen an den Ausbilder</td></tr>
<tr><th colspan="2">3. Stufe: Nachmachen</th></tr>
<tr><th>Ausbilder</th><th>Auszubildender</th></tr>
<tr><td>• beobachtet den Auszubildenden
• stellt Kontrollfragen an den Auszubildenden
• korrigiert Fehler des Auszubildenden
• erkennt und lobt sachlich den Arbeitsfortschritt des Auszubildenden
• schreitet bei Gefahr ein
• übt auf den Auszubildenden keinen Zeitdruck aus</td><td>• imitiert den vorgemachten Arbeitsgang (Arbeitsschritte) und erklärt und begründet dabei, WAS er, WIE und WARUM so macht
• nennt die Teilvorgänge
• erläutert Kernpunkte
• wiederholt ggf. den Arbeitsgang</td></tr>
</table>

4. Stufe: Üben	
Ausbilder	**Auszubildender**
• übergibt dem Auszubildenden eine gleiche oder ähnliche Arbeitsaufgabe • lässt den Auszubildenden alleine arbeiten • gibt den Hinweis, an wen er sich mit Fragen etc. wenden kann • kontrolliert Anfangs öfters die Arbeitsweise des Auszubildenden und hilft ihm gegebenenfalls • korrigiert nötigenfalls die Arbeitsweise des Auszubildenden • lobt den Übungsfortschritt • beantwortet Fragen des Auszubildenden • führt die Lernerfolgskontrolle durch • berät den Auszubildenden	• führt die gleiche oder ähnliche Arbeitsaufgabe selbstständig aus

Aufgabenverteilung und Stufen der Unterweisung (Abdruck [modifiziert] mit freundlicher Genehmigung durch die Studiengemeinschaft Darmstadt)

Die **Vier-Stufen-Methode** hat sich in der Vergangenheit als einfache Methode für das Unterweisen am Arbeitsplatz bewährt. Gute Ausbildungsergebnisse lassen sich damit erzielen, wenn die Auszubildenden in den gesamten Ausbildungsprozess, d.h. in allen vier Stufen »aktiv« einbezogen werden. Dies gilt besonders in der dritten Stufe (Nachmachen), wenn auch das Erklären (was, wie und warum getan wird) damit verbunden ist.

Einer Unterweisung sollte ein Unterricht oder ein Lehrgespräch vorausgehen, wobei auch der Berufsschulunterricht zu berücksichtigen ist, um theoretische Grundlagen für das Thema einzubeziehen bzw. zu legen.

Vor- und Nachteile der Vier-Stufen-Methode:

Vorteile	Nachteile
• Anwendung bei knapper Zeitvorgabe • Vermittlung von Grundfertigkeiten • einfache Strukturierung • Einübung von Handlungsabläufen • Anwendung mit einfachen pädagogischen Kenntnissen • Verdeutlichung von Unfallgefahren • hohe Behaltensquote	• keine Förderung der Selbstständigkeit • geringe Handlungsorientierung • kaum Förderung der Persönlichkeits- und Sozialkompetenz • keine Förderung der Kreativität

Anwendungsbeispiel:

Ein Auszubildender im Ausbildungsberuf »Elektroniker für Geräte und Systeme« soll nach dem Ausbildungsplan den elektrischen Widerstand einer zehn Meter langen Verlängerungsleitung für 230 Volt mit einem Vielfachmessgerät feststellen können. Hierfür ist die Anwendung der Vier-Stufen-Methode (Unterweisung) besonders geeignet.

9 Förderung der beruflichen Handlungskompetenz

Nach dem Berufsbildungsgesetz (BBiG) sind den Auszubildenden »die für die Ausübung einer qualifizierten beruflichen Tätigkeit in einer sich wandelnden Arbeitswelt [die] notwendigen beruflichen Fertigkeiten, Kenntnisse und Fähigkeiten (berufliche Handlungsfähigkeit) in einem geordneten Ausbildungsgang zu vermitteln« (§ 1 Abs. 3 BBiG). Diese Qualifikationen sollen prozessbezogen vermittelt werden, d. h. sie sollen so gelehrt und gelernt werden, dass die Auszubildenden zur Ausübung eines qualifizierten Berufes befähigt werden. Diese Befähigungen sollen insbesondere das selbstständige Planen, Durchführen und Kontrollieren sowie das Handeln im betrieblichen Gesamtzusammenhang einschließen. Somit sind die Auszubildenden **ganzheitlich** und **handlungsorientiert** auszubilden.

Heinrich ROTH (1971, S. 180) spricht vom Erziehungsstil »Mündigkeit« als Kompetenz für Handlungsfähigkeit, die er in die Bereiche »Selbst-, Sach- und Sozialkompetenz« unterteilt. In den Handreichungen der Kultusministerkonferenz (KMK) von 1996 entfaltet sich die Handlungskompetenz in die Dimensionen »Fach-, Selbst- und Sozialkompetenz«. Damit die Auszubildenden die an sie gestellten Erwartungen und Anforderungen am zukünftigen Arbeitsplatz erfüllen können, benötigen sie eine »berufliche Handlungskompetenz«. Dies ist die Fähigkeit mit der ein Beschäftigter berufliche Aufgaben sachgerecht und sozialverantwortlich ausführt und die sich aus der Persönlichkeits-, Sozial-, Methoden-, Medien- und Fachkompetenz zusammensetzt, wie folgende Abbildung zeigt:

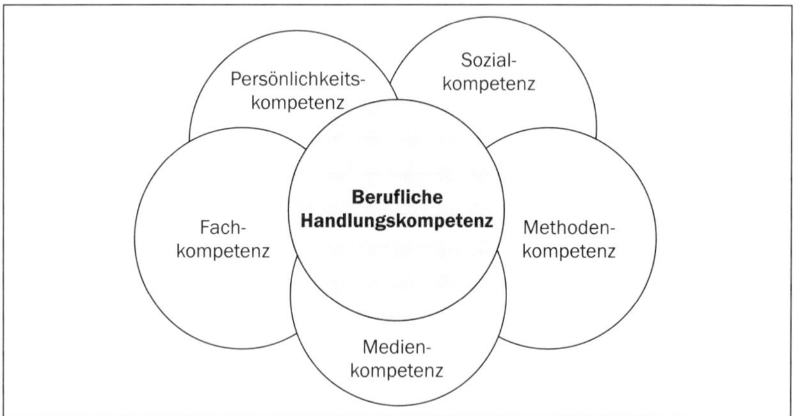

Ganzheitliches Kompetenzmodell

Persönlichkeitskompetenz: Bereitschaft und Fähigkeit für das individuelle erfolgreiche Handeln nach persönlichen und gesellschaftlichen Werten und Normen sowie seine Belastungsgrenzen einzuschätzen und das eigene Verhalten zu hinterfragen.

Sozialkompetenz: Bereitschaft und Fähigkeit berufsübergreifende soziale Beziehungen zu erkennen sowie in Gruppen mit unterschiedlicher sozialer Struktur situationsgerecht und respektvoll zusammen zu arbeiten.

Methodenkompetenz: Bereitschaft und Fähigkeit selbstständig und zielgerichtet Lösungswege zur Bearbeitung von Aufgaben- und Problemstellungen zu durchdenken und dabei verschiedene Verfahren erfolgreich anzuwenden.

Medienkompetenz: Bereitschaft und Fähigkeit soziale und didaktische Medien zu nutzen und bedienen zu können sowie Medieninhalte unter rechtlichen, ethischen, pädagogischen und wirtschaftlichen Aspekten kritisch zu bewerten sowie zu gestalten.

Fachkompetenz: Bereitschaft und Fähigkeit zielgerichtet selbstständig berufstypischen Aufgaben zu planen, durchzuführen und zu kontrollieren, wobei berufliche Fertigkeiten, Kenntnisse und Fähigkeiten angewendet werden.

Die einzelnen Kompetenzbereiche beinhalten **verschiedene Schlüsselqualifikationen,** die der deutsche Arbeits- und Bildungsforscher Dieter MERTENS (1974) als übergeordnete Bildungsziele und Bildungselemente bezeichnet. Das sind solche Fertigkeiten, Kenntnisse, Fähigkeiten und Verhaltensweisen, die von relativ hohem Allgemeinheitsgrad sind und welche **keinen unmittelbaren** Bezug zu bestimmten, gegensätzlichen praktischen Tätigkeiten erbringen, sondern vielmehr die Eignung für eine hohe Anzahl von Positionen sowie die Eignung für die Bewältigung von meist unvorhersehbaren Anforderungen im Laufe des Lebens. Sie bilden den »Schlüssel« zur raschen und reibungslosen Erarbeitung von wechselndem Spezialwissen. Als **Basisqualifikationen** bezeichnet er Bildungselemente, welche das »Allgemeine« über das »Speziellere« stellt, ergänzt um die allgemeine Basisqualifikation »Lernfähigkeit«. Das sind z. B. Fähigkeiten zu logischem, kritischem sowie zum analytischen, kooperativen und kreativen Vorgehen und konzeptionellem Denken. **Horizontqualifikationen,** die auch horizonterweiternde Qualifikationen genannt werden können, sollen eine effiziente Nutzung von Informationsquellen gewährleisten. Dabei geht es hauptsächlich um die Beschaffung und Aneignung der fehlenden Informationen mit Hilfe von Medien, z. B. Bücher und Internet, sowie deren Aufarbeitung. Das bedeutet, man muss nicht alles wissen, sondern man sollte nur die Bezugsquellen kennen, d. h. wissen wo es steht. Überall verbreitete Ausbildungselemente nennt er **Breitenelemente,** spezielle Kenntnisse und Fertigkeiten, die nachweislich als praktische Anforderungen am Arbeitsplatz auftreten. Diese sind auch in mehreren Ausbildungsberufsbildern aufgeführt, wie z. B. Datenschutz, Sicherheit und Gesundheitsschutz bei der Arbeit sowie Umweltschutz. **Vintage-Faktoren** (generationsbedingter Lehrstoff) sind integrierende Bestandteile des Bildungssystems und der Bildungsbiografie des Einzelnen, die der Aufhebung von Bildungsdifferenzen dienen. Aufgrund der Weiterentwicklung der Lehrpläne entstehen diese in der Zeit zwischen den verschiedenen Absolventengenerationen. Mertens nennt zu diesen Bildungselementen z. B. die Grundzüge der Mengenlehre, der Sozialkunde und der Programmiertechniken sowie der jüngeren Geschichte. Alle genannten Schlüsselqualifikationen bedürfen der Übersetzung in passende Lernziele (vgl. MERTENS 1974, S. 36ff.).

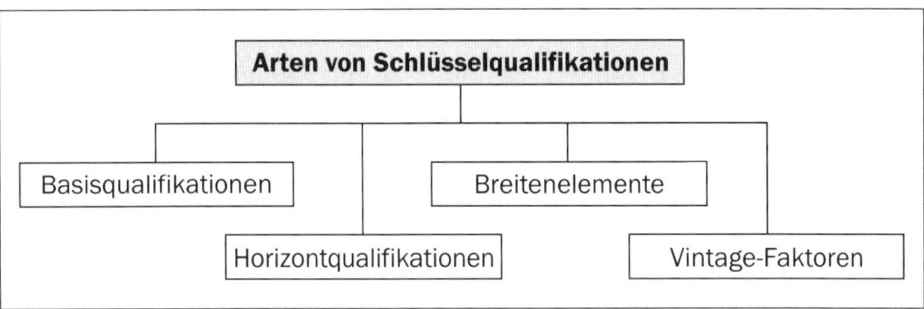

Arten von Schlüsselqualifikationen

Die Schlüsselqualifikationen sind jedoch nicht immer eindeutig einem Kompetenzbereich zuzuordnen. Deshalb sind die Übergänge zwischen den einzelnen Kompetenzbereichen fließend, nach denen die Auszubildenden täglich handeln sollen.

Berufliche Handlungskompetenz				
Persönlichkeitskompetenz	**Sozialkompetenz**	**Methodenkompetenz**	**Medienkompetenz**	**Fachkompetenz**
Auffassungsgabe Aufgeschlossenheit Ausdauer Belastbarkeit Engagement Flexibilität Kreativität Kundenfreundlichkeit Initiative Innovationsfähigkeit Lernbereitschaft Lernfähigkeit Motivation Pflichtbewusstsein Qualitätsorientierung Reflexivität Selbstständigkeit Selbstvertrauen Verantwortungsfähigkeit Zuverlässigkeit	Aufgeschlossenheit Delegationsfähigkeit Hilfsbereitschaft Integrationsfähigkeit Kommunikationsfähigkeit Konfliktfähigkeit Kooperationsfähigkeit Kundenorientierung Sensibilität Solidarität Teamfähigkeit Toleranz Umweltbewusstsein Verantwortungsbewusstsein Verhandlungsfähigkeit	Entscheidungsfähigkeit Flexibilität Informationsbeschaffungsfähigkeit Lernfähigkeit Organisationsfähigkeit Planungsfähigkeit Präsentationsfähigkeit Problemlösungsfähigkeit Prozessorientierungsfähigkeit Transferfähigkeit Zeitmanagement	Analysefähigkeit Anwendungsfähigkeit Gestaltungsfähigkeit Kritikfähigkeit Reflexionsfähigkeit	Anwendungsfähigkeit Arbeitsschutz Datenschutz Dokumentationsfähigkeit Fremdsprachen Sicherheit und Gesundheitsschutz bei der Arbeit Umweltschutz Qualitätsbewusstsein Wirtschaftlichkeit

Kompetenzbereiche mit Schlüsselqualifikationen (Beispiele)

Während der betrieblichen Berufsausbildung wird besonders in Teams bis zu sechs Teilnehmern die Selbstständigkeit sowie die Kommunikations- und Kooperationsfähigkeit der Auszubildenden gefördert, wobei die gemeinsam zu lösende Aufgabe im Vordergrund steht. Dabei sollen die leistungsstärkeren Auszubildenden die Leistungsschwächeren möglichst unterstützen. Dadurch übernehmen die Auszubildenden Erfahrungen von anderen oder geben eigene weiter. Diese Erkenntnisse sind für sie selbst und somit auch für die Gruppe nützlich, um den erhaltenen Arbeitsauftrag optimal umzusetzen. Die Auszubildenden erleben durch die Teamarbeit in der Kleingruppe eine neue Lernqualität gegenüber der Einzelarbeit, die bisher in der Schule und in der Berufsausbildung üblich war. Aber auch der Ausbilder steht bei der Teamarbeit nicht mehr im Mittelpunkt des Lehr- und Lernprozesses, sondern er ist nur noch Organisator und Moderator von selbstständigen Lernprozessen. Durch diese neue Rolle steht er jedoch den Auszubildenden weiterhin mit seinem fachlichen Rat zur Verfügung.

Die Ausbildung in Teams ist immer dann sinnvoll, wenn die Auszubildenden eine gemeinsame Arbeitsaufgabe lösen sollen. Bei der Zusammenstellung von Teams sollte man besonders die Binnendifferenzierung beachten, d. h. dass die einzelnen Teilnehmer verschiedene Ausgangssituationen, wie beispielsweise unterschiedliche Schulbildung, Arbeitstempi, Auffassungen, haben. Deshalb sollte man ein Team möglichst so zusammenstellen, dass nicht alle Mitglieder (Auszubildenden) das gleiche Ausbildungsniveau haben. Dies erfordert von einem Ausbilder allerdings eine längere Planungs- und Vorbereitungszeit, weil er immer einige Aufgaben mit unterschiedlichen Schwierigkeitsgraden vorbereitet haben sollte, um alle Teams beschäftigen zu können; dabei müssen nicht alle Teams zur gleichen Zeit das gleiche tun.

9.1 Projektmethode

Die **Projektmethode** ist ein handlungsorientiertes Ausbildungskonzept, mit dem die Auszubildenden selbstständig ein komplexes, funktions- und verwendungsfähiges Produkt (z. B. ein Werkzeug) möglichst im Team herstellen oder eine fest umrissene, praxisrelevante Aufgabe (z. B. einen Arbeitsplan erstellen) bearbeiten. Dabei eignen sich die Auszubildenden die erforderlichen beruflichen Fertigkeiten, Kenntnisse und Fähigkeiten sowie die arbeitsplatzspezifischen Schlüsselqualifikationen selbstständig an.

Die Stufen und Ablauf eines Projekts ergeben sich aus der folgenden Übersicht.

Stufe	Ablauf
1. Projektaufgabe bzw. Projektziel	Das Projekt beginnt zunächst mit der Projektaufgabe (Aufgabenstellung) durch den Ausbilder bzw. mit dem Projektziel (Zielvereinbarung)
2. Projektplanung	Die Auszubildenden sammeln Ideen, vereinbaren Ziele und Zeitvorgaben. Dabei entwickeln sie eine Projektskizze (Projektraster), die den Projektablauf, die Regelung der Arbeitsmittel, die Aufgabenverteilung usw. enthält.
3. Projektdurchführung	Die Auszubildenden bearbeiten die übernommenen Arbeitsaufgaben, koordinieren die Arbeitsergebnisse untereinander und stellen das Endergebnis zusammen.
4. Präsentation	Das Projekt endet mit der Präsentation des Arbeitsergebnisses, wobei auch die während des Projektverlaufs erstellten Planungs- und Fertigungsdokumente vorgestellt werden.

Ziele der Projektmethode sind

- Teamarbeit,
- Förderung der Selbstständigkeit,
- kreative Problemlösungen.

Vor- und Nachteile der Projektmethode:

Vorteile	Nachteile
• Verzahnung von Theorie und Praxis • Kennenlernen berufstypischer Arbeits- und Geschäftsprozesse • Förderung der Selbstständigkeit • Förderung der Teamarbeit	• Hoher zeitlicher Aufwand • nicht kontrollierbare Eigendynamik • ggf. Überforderung der Auszubildenden

Anwendungsbeispiel:

Die Auszubildenden sollen nach dem Ausbildungsplan als nächste praktische Arbeit einen »Adapter für einen 19“-Rahmen« anfertigen können. Um bei den Auszubildenden die Selbstständigkeit und Teamfähigkeit zu fördern, eignet sich beispielsweise die Projektmethode.

9.2 Leittextmethode

Die Leittextmethode ist eine weit verbreitete Form der Gestaltung des Lehr- und Lernprozesses in der betrieblichen Berufsausbildung, die sich verschiedenen Leittexten bei der Vermittlung von Ausbildungsinhalten bedient. Sie ist ein Lehr-Lern-System zur Bearbeitung von Projekten nach dem Modell der vollständigen Handlung: Informieren, Planen, Entscheiden, Ausführen, Kontrollieren und Bewerten. In der Ausbildung sind Projekte Gegenstände mit Lern- und Gebrauchswert, die sich in Lehrgangsform erstellen lassen.

Um das selbstständige Lernen bei den Auszubildenden zu fördern, werden also Leittexte (schriftliche Unterlagen, die zur Bearbeitung einer gestellten Arbeitsaufgabe erforderlich sind) eingesetzt.

Ein **Leittext** enthält z. B. die Aufgabenstellung, Planungsunterlagen, Werkzeuglisten, Kontrollbogen, Lernunterlagen und ist im Allgemeinen für Lerngruppen (Teams) konzipiert. Leittexte sind eine zusätzliche Hilfe, um durch Binnendifferenzierung unterschiedlichen Lernvoraussetzungen gerecht zu werden. Dadurch kann sich der Ausbilder bei der Bearbeitung von Leittexten intensiver als bisher den lernschwächeren Auszubildenden zuwenden, ohne die anderen Auszubildenden in ihrem Lerntempo einzuschränken.

Mit der Leittextmethode kann die Fach-, Methoden-, Medien-, Sozial- und Persönlichkeitskompetenz der Auszubildenden entscheidend gefördert werden, um letztlich die **berufliche Handlungsfähigkeit** zu vermitteln (vgl. § 1 Abs. 3 BBiG).

Die Leittextmethode gliedert sich grundsätzlich in die folgenden sechs Stufen einer vollständigen Handlung:

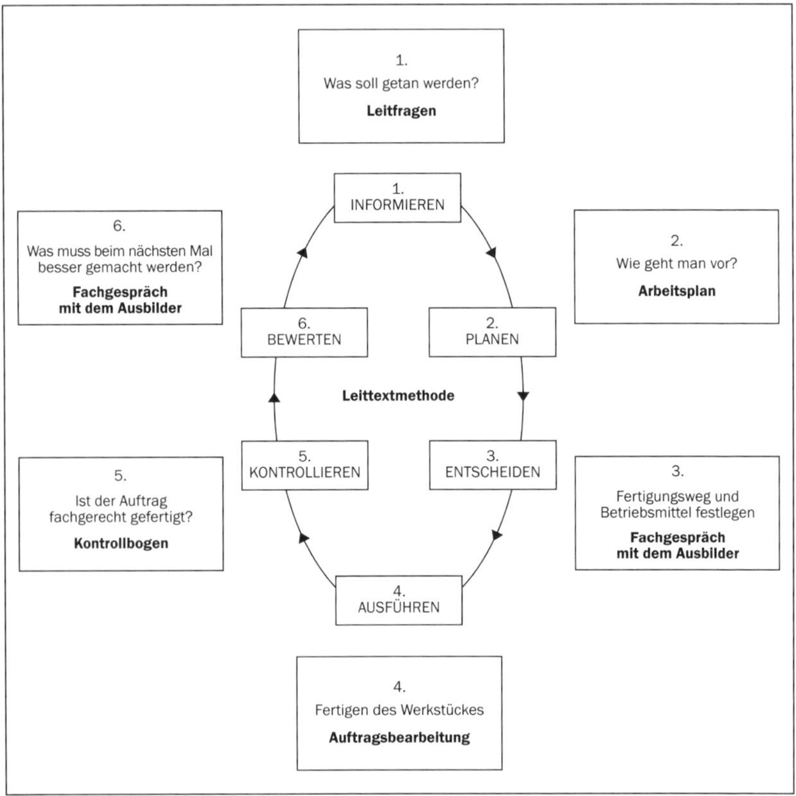

Elemente der Leittextmethode (Quelle: Klaus Pampus: Ansätze zur Weiterentwicklung betrieblicher Ausbildungsmethoden. In: BWP 16 (1987) 2, S. 43–51).

Ablauf der Leittextmethode

Stufe	Aktivitäten
1. Informieren	In der ersten Stufe der Leittextmethode sollen sich die Auszubildenden ein möglichst umfassendes Bild vom angestrebten Zustand des Produktes, beispielsweise einer Bohrerkassette, verschaffen. Hierfür erhalten sie von ihrem Ausbilder alle erforderlichen Zeichnungen sowie die Leitfragen und Leitsätze zur Anfertigung des Produktes.
2. Planen	Die Auszubildenden sollen selbstständig Schwierigkeiten erkennen und diese mit den in der Informationsstufe gewonnenen Erkenntnissen lösen. Hier erstellen sie beispielsweise den Arbeitsplan, den Kontrollbogen und die Liste der benötigten Arbeitsmittel.
3. Entscheiden	In einem Fachgespräch bespricht der Ausbilder mit den Auszubildenden die in der Planungsstufe bearbeiteten Leittexte und erstellten Planungsunterlagen, wobei auch geprüft wird, ob der erstellte Arbeitsplan zu realisieren ist.
4. Ausführen	Die Auszubildenden führen die Arbeit nach den in der Planungsstufe gewonnenen Erkenntnissen und nach dem in der Entscheidungsstufe festgelegten Arbeitsplan allein oder arbeitsteilig mit ihren Partnern aus.
5. Kontrollieren	Die Auszubildenden kontrollieren ihre Arbeitsergebnisse, indem sie diese in den Kontrollbogen eintragen.
6. Bewerten	Das Produkt und der Kontrollbogen werden dem Ausbilder vorgelegt. In einem weiteren Fachgespräch werden das Arbeitsergebnis und die Arbeitsweise der Phasen 1 bis 5 reflektiert.

Ein Leittext besteht aus folgenden vier **Grundelementen:**

1. **Leitsätze:** Texte zum selbstständigen Erwerb von Kenntnissen zur Projektdurchführung,
2. **Leitfragen:** Anleitung zur Information,
3. **Arbeitsplan:** Planungs- und Entscheidungshilfe,
4. **Kontrollbogen:** Kontroll- und Bewertungshilfe.

Man unterscheidet folgende **Arten** von Leittexten:

- **Auftragsbezogene Leittexte** leiten zum selbstständigen Bearbeiten fachlicher Arbeitsaufträge an.

Beispiele: Banküberweisung ausführen, Tauschen einer elektronischen Baugruppe;

- **Arbeitsplatzbezogene Leittexte** beziehen sich auf die funktionale Einordnung von Geräten und Anlagen zum selbstständigen Lernen am Arbeitsplatz.

  Beispiele: PC-Arbeitsplatz, CBT-Platz (Computer Based Training);

- **Projektbezogene Leittexte** leiten zum selbstständigen Planen, Durchführen und Kontrollieren eines Produktes an.

  Beispiele: Erstellung einer Hausmitteilung mit einem PC, Anfertigung einer Bohrerkassette;

- **Tätigkeitsbezogene Leittexte** leiten zu konkreten Tätigkeiten an.

  Beispiele: Texte verarbeiten, Weichlöten.

Die folgende Gegenüberstellung zeigt bei der Leittext-Methode ein erheblich höheres Maß an Aktivität und Selbstständigkeit der Auszubildenden als bei der Vier-Stufen-Methode.

Lehrmethode	Lernmethode	Lehrmethode		Lernmethode
Ausbilder lehrt durch ...	Auszubildender lernt durch ...	Ausbilder lehrt durch ...		Auszubildender lernt durch ...
Erklären	**Zuhören**	Entwickeln von Leitfragen Besprechen von Antworten	▷ ◀ ▷	selbstständiges **Informieren**
Vormachen	**Zuschauen**	Entwickeln von Planungshilfen Besprechen von Vorschlägen	▷ ◀ ▷	selbstständiges **Planen**
Korrigieren	**Nachmachen**	Entwickeln von Leitsätzen Besprechen von Problemen	▷ ◀ ▷	selbstständiges **Durchführen**
Bewerten	**Üben**	Entwickeln von Kontrollbögen Besprechen von Ergebnisse	▷ ◀ ▷	selbstständiges **Kontrollieren**

Vier-Stufen- und Leittextmethode (Quelle: BIBB Informationen zur Ausbildungspraxis aus Modellversuchen. Leittextausbildung – eine Lernanleitung zur Förderung von selbständigem Planen, Durchführen und Kontrollieren von Lern- und Arbeitsschritten 1988, S. 3)

Die Leittextmethode hat folgende **Vorteile:**

- Entlastung des Ausbilders von Routinetätigkeiten und dadurch kann eine individuelle Betreuung einzelner Auszubildender oder der Kleingruppen erfolgen,
- gleichzeitiges Fördern der Fach-, Methoden-, Medien-, Sozial- und Persönlichkeitskompetenz durch die Ausarbeitung von Leittexten in der Gruppe,
- die Teamfähigkeit wird mit Partner- und Gruppenarbeiten gefördert,
- unterschiedliches Lerntempo wegen individueller Lernvoraussetzungen der Auszubildenden möglich,
- praxisnahe Ausbildung aufgrund von betrieblichen Arbeitsaufträgen,
- Verzahnung von Theorie und Praxis aufgrund der zu bearbeitenden Leitfragen.

Anwendungsbeispiel:

Nach dem Ausbildungsplan sollen zwei Auszubildende als nächste praktische Arbeit einen Bremsuntersatz montieren. Um dabei die Selbstständigkeit und Teamfähigkeit der Auszubildenden zu fördern, können Sie die Leittextmethode einsetzen.

Ein Beispiel eines auftragsbezogenen Leittextes ist im Anhang 15.4 aufgeführt.

9.3 Projekt- und transferorientierte Ausbildung (PETRA)

Die projekt- und transferorientierte Ausbildung (PETRA) verbindet die Erarbeitung berufsfachlicher Kenntnisse und Fertigkeiten mit der Einübung von berufsübergreifenden Schlüsselqualifikationen. Dabei wird von den Auszubildenden ein verwendungsfähiges Produkt (z. B. ein Werkzeug) hergestellt. Die dafür erforderliche Information, Planung, Durchführung, Kontrolle und Bewertung des Produktes soll möglichst durch die Auszubildenden selbst gesteuert werden. Mit der systematischen Übertragung der neuen Qualifikationen auf veränderte oder neue Aufgabenstellungen soll die **Transferfähigkeit** gefördert werden.

Die Firma SIEMENS hat dieses Modell von 1984 bis 1987 mit Unterstützung des damaligen Bundesministeriums für Bildung und Wissenschaft entwickelt, weil Niederlassungen und Werke der SIEMENS AG berufsübergreifende Anforderungen an die zukünftigen Facharbeiter formuliert haben. Um diese Ziele während der betrieblichen Berufsausbildung zu erreichen, soll »PETRA« Folgendes fördern:

1. Organisation und Ausführung der Übungsaufgaben, z. B. Zielstrebigkeit, Genauigkeit, Organisationsfähigkeit, Selbstbewertung;
2. Kommunikation und Kooperation, z. B. Aufgeschlossenheit, Hilfsbereitschaft, Kooperationsfähigkeit, schriftliche und mündliche Ausdrucksfähigkeit;
3. Anwendung von Lerntechniken und geistigen Arbeitstechniken, z. B. Kreativität, problemlösendes Denken, Transferfähigkeit, Weiterbildungsbereitschaft;
4. Selbstständigkeit und Verantwortung, z. B. Initiative, Urteilsfähigkeit, Qualitätsbewusstsein, Zuverlässigkeit;
5. Belastbarkeit, z. B. Aufmerksamkeit, Ausdauer, Konzentrationsfähigkeit, Umstellungsfähigkeit.

Zur Förderung von Schlüsselqualifikationen unterscheidet »PETRA« folgende Organisationsformen (Kurzübersicht):

Organisationsform	Aktivitäten
Selbstgesteuerte Einzelarbeit (SEA)	Jeder einzelne Auszubildende ist für die selbstständige Planung, Durchführung und Bewertung seiner Aufgabenstellung selbst verantwortlich.
Gruppengesteuerte Einzelarbeit (GEA)	Die Kleingruppe plant gemeinsam die Aufgabenstellung, wobei jeder Auszubildende die Aufgabe durchführt und bewertet.
Gruppenarbeit (GRA)	Die Kleingruppe nimmt für die Aufgabenstellung eine gemeinsame Grobplanung und Schnittstellenabstimmung vor. Danach erarbeitet jeder Auszubildende eine Detailplanung für seine Teilaufgabe, die er anschließend ausführt und bewertet. Zum Schluss werden die Einzelelemente der Aufgabenstellung von den Gruppenmitgliedern zu einem vollständigen Projekt zusammengefügt, funktionsgeprüft und bewertet.

Vom Ausbilder werden die Organisationsformen wechselweise, je nach den zu fördernden Schlüsselqualifikationen und vom Erfahrungsstand der Auszubildenden sowie der gestellten Aufgabe, eingesetzt.

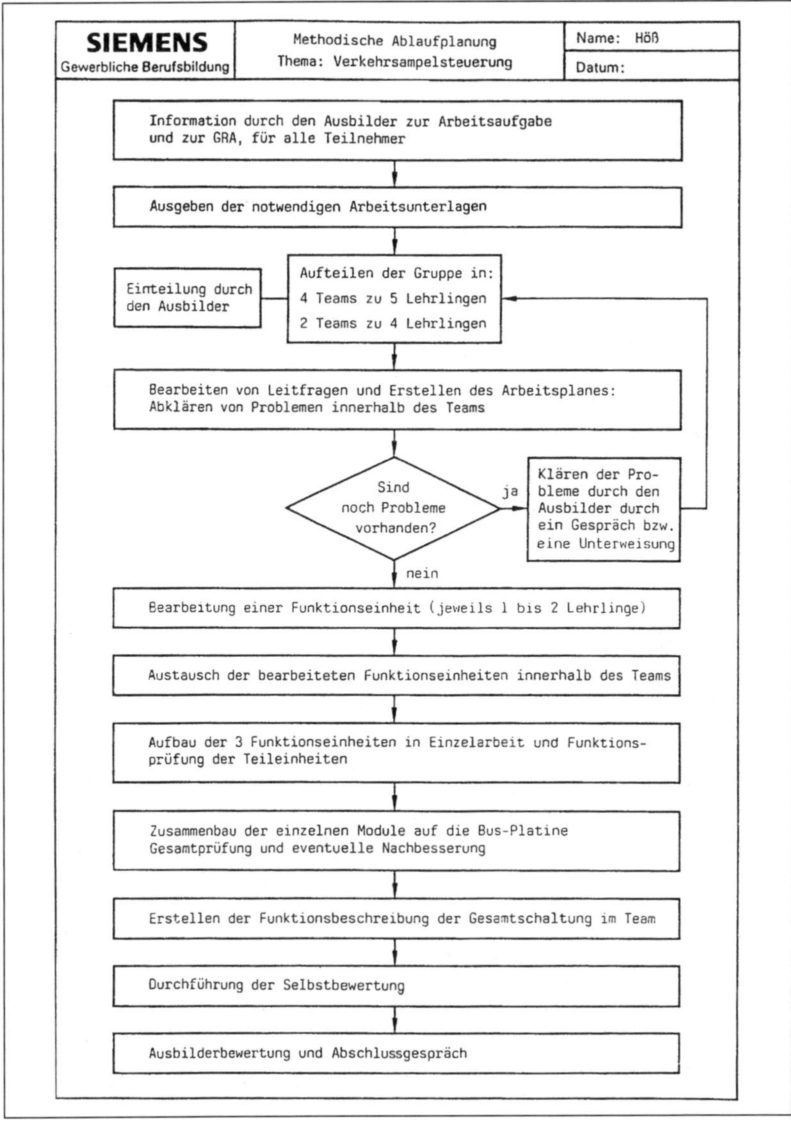

Methodischer Ablaufplan (Quelle: Klein 1990, S. 142; Abdruck mit freundlicher Genehmigung durch Publicis Pixelpark Erlangen)

Der **methodische Ablauf** ist in jeder Organisationsform gleich und erfolgt in folgenden Schritten:

1. **Information:** Unterweisung durch den Ausbilder oder Selbsterarbeitung eines neuen Themas;
2. **Planung:** Erstellung eines Arbeits- und ggf. Maschinenbelegungsplanes;
3. **Entscheidung:** Fachgespräch mit dem Ausbilder über die Richtigkeit des Arbeitsplanes usw;
4. **Ausführung:** Anfertigung der praktischen Arbeit;
5. **Bewertung:** Erstellung und Durchführung der Selbstbewertung.

Zur Absicherung der Lernergebnisse erfolgt auch eine Fremdbewertung durch den betreuenden Ausbilder. Im anschließenden Abschlussgespräch werden das Ausbildungsergebnis und das Verhalten der Auszubildenden in Bezug der fachübergreifenden Schlüsselqualifikationen kommentiert und reflektiert. Ebenso erhält der Ausbilder eine Rückmeldung von den Auszubildenden auf sein eigenes Verhalten sowie für die Durchführung nachfolgender Arbeitsaufgaben.

Zusätzlich werden bei PETRA folgende Lehr- und Lernmethoden eingeführt:

- Selbstgesteuertes Lernen: Ausbilder gibt Anleitungen zum selbstständigen Lernen;
- Informationsmittel: alle vorhandenen Lehr- und Lernmittel;
- Leitfragen und Leithinweise: Information, Planung, Entscheidung, Ausführung, Bewertung;
- selbstständige Arbeitsplanung: systematisch und schriftlich auf einem Formblatt;
- selbstständige Arbeitsverteilung: bei Gruppenarbeiten;
- Selbstbewertung der Arbeitsaufgaben: Vergleich von Selbst- und Ausbilderbewertung.

Bei dieser Ausbildungsmethode tritt mit wachsender Selbstständigkeit der Auszubildenden der Ausbilder immer mehr in den Hintergrund. Dabei verlagert der Ausbilder seine bisherige Tätigkeit (Unterweisen, detailliertes Anweisen) im Verlaufe der Ausbildung auf das Stellen von Arbeitsaufträgen und das Vermitteln von Methoden des selbstgesteuerten Lernens.

Ebenso gibt er den Auszubildenden Rückmeldungen über die von ihnen durchgeführte Selbstbewertung der Projekte. Somit wird er zum »**Ausbilder neuen Typs**«, d. h. zum Moderator, Ansprechpartner und Berater der Auszubildenden.

Anwendungsbeispiel:

Als nächstes Projekt sollen die Auszubildenden des zweiten Ausbildungsjahres nach dem Ausbildungsplan ein elektronisches Netzteil anfertigen. Daneben sollen während dieses Ausbildungsabschnittes auch sozialbetonte Schlüsselqualifikationen (z. B. Kommunikation, Kooperation) bei den Auszubildenden gefördert werden. Um diese Ausbildungsziele zu erreichen, können Sie die projekt- und transferorientierte Ausbildung (PETRA) anwenden.

Gruppenarbeit und Beispiel nach »PETRA« ist im Anhang 15.5 und 15.6 aufgeführt.

9.4 Juniorenfirma

Die Juniorenfirma, eine weitere handlungsorientierte Ausbildungsmethode, wurde erstmals im Jahre 1975 von der Zahnradfabrik Friedrichshafen AG durchgeführt und wurde rasch von anderen Unternehmen übernommen. Ziel der Juniorenfirmen ist das Erlernen **kaufmännischer** Fertigkeiten und Kenntnisse mit den dazugehörigen Schlüsselqualifikationen, wie z. B. Team-, Kommunikations- und Kooperationsfähigkeit.

Juniorenfirmen werden unter dem Schirm des jeweiligen Ausbildungsbetriebes gegründete und von den Auszubildenden selbstständig geführt. Anhand real existierender Waren- und Geldströme können die Auszubildenden ihre Kenntnisse begründen, vertiefen und erweitern – natürlich unter angemessener Kontrolle.

Der Katalog zur Gründung einer Juniorenfirma umfasst folgende Schritte und entsprechende Maßnahmen:

Schritt	Maßnahmen
1. Information	Der Ausbilder informiert sich über den Zweck und die Form einer Juniorenfirma anhand entsprechender Literatur und nimmt Kontakt zu bereits bestehenden Juniorenfirmen auf.
2. Klärung der Rahmenbedingungen	Hier sind die personellen und sachlichen Voraussetzungen für die Etablierung einer Juniorenfirma zu klären. Ebenso wird bei den Kollegen Interesse an dieser Ausbildungsmethode geweckt.
3. Motivation	Alle beteiligten Instanzen, z. B. Geschäfts- und Ausbildungsleitung, Ausbildungspersonal, Betriebsrat sowie die betroffenen Auszubildenden, sind für die Einrichtung einer Juniorenfirma zu gewinnen. Dies kann man durch den Besuch und die Präsentation von anderen Juniorenfirmen erreichen.
4. Zielvereinbarung	Jetzt werden die angebotenen Waren und Dienstleistungen festgelegt. Wichtig ist dabei auch die Frage des Kapitals und der Einrichtungen, die benötigt werden. Ebenso wird in dieser Phase festgelegt, welche Fertigkeiten und Kenntnisse in der Juniorenfirma zu vermitteln und zu vertiefen sind.
5. Organisation und strategische Planung	Hier müssen noch Entscheidungen über die Struktur und die Aufgabenverteilung getroffen werden. Nach Festlegung der Rechtsform der zu gründenden Juniorenfirma wird ein Gesellschaftervertrag entworfen sowie der zeitliche Rahmen festgelegt. Die Aufgabenverteilung wird in einem Organigramm dokumentiert.
6. Produktfindung	Entsprechend den festgelegten Produkten sind diese zu entwickeln und auf ihre Marktfähigkeit zu überprüfen.
7. Absatzplanung	Für die Warenprodukte sind die Absatzwege und Kunden zu gewinnen. Dabei sind Marktforschung, Werbung, Preise usw. in ein funktionierendes System zu bringen.
8. Verkaufsaktion	Die Juniorenfirma kann jetzt mit ihren Produkten an den Markt gehen, z. B. durch Werbung und Öffentlichkeitsarbeit. Die Gründungsphase endet mit der Reflexion der Aktion.

Juniorenfirmen kooperieren z. B. auch mit Ausbildungswerkstätten, indem sie Produkte von den gewerblich-technischen Auszubildenden herstellen lassen, die sie wiederum vertreiben möchten.

Vor- und Nachteile einer Juniorenfirma:

Vorteile	Nachteile
• Aneignung betriebs- und personalwirtschaftlicher Zusammenhänge • Verzahnung von Theorie und Praxis • Förderung von Schlüsselqualifikationen • Senkung der Ausbildungskosten durch Vertrieb von Produkten	• Hohe Gründungskosten • idealtypische Bedingungen • weniger Lernmöglichkeiten für nachfolgende Auszubildenden

Anwendungsbeispiel:

Weil für die kaufmännischen Auszubildenden aufgrund der Größe Ihres Betriebes die differenzierten Teilfunktionen im kaufmännischen-verwaltenden Bereich nicht mehr voll durchschaubar sind, können Sie eine Juniorenfirma gründen, um die Ausbildungsinhalte besser vermitteln zu können.

9.5 Rollenspiel

Das Rollenspiel dient zur Schulung von Verhaltensweisen Einzelner oder einer Gruppe. Die Teilnehmer des Rollenspiels stellen das Verhalten einer erlebten Situation nach oder sie spielen diese nach vorgegebenen (mündlichen oder schriftlichen) Rollenanweisungen. Außenstehende Beobachter halten das gezeigte Verhalten während des Rollenspiels schriftlich fest. Sie können es mit Zustimmung der Spieler auch auf Video aufzeichnen und anschließend bewerten. Durch die Übernahme verschiedener Rollen müssen sich die Auszubildenden in unterschiedliche Rollen und Situationen versetzen. Dabei können neue Verhaltensweisen eingeübt, aber auch Emotionen geweckt werden. Das Rollenspiel ist eine pädagogische Methode zum **Verhaltenstraining.**

Ein Rollenspiel ist sicherlich auf Anhieb nicht jedermanns Sache. Zu bedenken ist, dass sich manche nicht gerne darstellen (können oder wollen), eben nicht bereitwillig »schauspielern«.

Selbst wenn der Ausbilder diese Scheu teilen sollte, ist er als Moderator jedoch berufen, die Durchführung angemessen zu fördern und Ernsthaftigkeit zu fordern. Dies gilt umso mehr, als die Bandbreite für den Einsatz dieser Methode verhältnismäßig groß ist.

Ein Rollenspiel kann nach folgenden Stufen ablaufen:

Stufe	Aktivitäten
1. Themen- und Rollenzuteilung	Der Ausbilder bespricht das Vorhaben und verteilt die Rollen. Die Rollenverteilung kann beispielsweise durch freiwillige Meldung oder durch Losentscheidung erfolgen. Anschließend erhält jeder Spieler seine Rollenbeschreibung. Zum Schluss werden die Zuschauer als Beobachter eingewiesen.
2. Vorbereitung auf die Rollen	Die Spieler sollen genügend Zeit haben, um sich auf Rollen vorzubereiten, damit sie sich mit den darzustellenden Personen und Sachverhalte identifizieren können.
3. Spielphase	Das Rollenspiel wird durchgeführt und die Beobachter notieren dabei den Ablauf des Spiels sowie das Verhalten der Spieler. Zur Unterstützung der Beobachtung kann eine Videoaufzeichnung angefertigt werden.
4. Analyse	Der Ausbilder fordert die Beobachter auf, das beobachtete Verhalten zu analysieren, wobei er keine Diskussion zu lässt.
5. Erörterung	Jetzt können alle Beteiligten ihre gemeinsamen Erfahrungen und Analyseergebnisse vortragen. Die Erörterung sollte sich zweckmäßigerweise am Ablauf des Spiels orientieren. Zuerst sollten die Spieler zu Wort kommen. Danach sollte der Ausbilder die positiven Aspekte des Spiels und das Verhalten der Rollenspieler herausstellen. Insbesondere muss er die Beobachter zur Stellungnahme bewegen und sich mit eigenen Wertungen zunächst zurückhalten.
6. Zusammenfassung	Das Rollenspiel sollte mit einer Zusammenfassung abschließen, wobei der Ausbilder an die Aufgabenstellung anknüpft und ggf. die erreichten Erfolge aufzeigt.

Einsatzmöglichkeiten des Rollenspiels:

- Beurteilungsgespräche,
- Beratungsgespräche,
- Konfliktgespräche,

- Kundengespräche,
- Mitarbeitergespräche,
- Reklamationsgespräche,
- Verkaufsgespräche.

Einige **Regeln** für das Rollenspiel:

- Gründliche Vor- und Nachbereitung durch den Ausbilder,
- realitätsnahe Situationen spielen,
- klare Rollenanweisungen,
- konkrete Anweisungen an die Beobachter,
- offenes Klima für konstruktive Kritik schaffen,
- Teilnehmer und Beobachter nicht überfordern.

Vor- und Nachteile des Rollenspiels:

Vorteile	Nachteile
• Gute Methode für Verhaltenstraining • theoretische Lerninhalte werden realitätsnah geübt und überprüft • hoher Behaltensgrad durch die Aktivierung der Teilnehmer	• Hoher zeitlicher Aufwand • »Spiele« werden teilweise nicht ernst genommen • Ängste können hervorgerufen werden, z. B. vor Blamage und Kritik • ggf. Erstellung von Rollenanweisungen

Anwendungsbeispiel:

Eine auszubildende Bankkauffrau soll nach dem Ausbildungsplan im dritten Ausbildungsjahr ein Kundengespräch führen können. Für die Vorbereitung auf ein reales Kundengespräch am Schalter kann ein Rollenspiel eingesetzt werden.

9.6 Planspiel

Ein Simulationsspiel, das auch eine spezielle Software sein kann, das reale betriebliche, volkswirtschaftliche, ökologische, gesellschaftliche oder sonstige Situationen im **Modell** darstellt. Dabei wird anhand einer vereinfachten Abbildung der Wirklichkeit diese simuliert. Die Rückmeldung zwischen den von den Spielern getroffenen Entscheidungen und den durch die Auswertung ermittelten Ergebnissen wirkt sich motivierend auf die Teilnehmer (Auszubildenden) aus.

Im Unterschied zum Rollenspiel geht es beim Planspiel um das Spielen von Rollen nach einem **vorgegebenen Spielplan,** wobei die Spieler die Strategie gemeinsam festlegen.

Folgende Punkte sollten bei der Durchführung eines Planspiels beachtet werden:

- Alle Gruppen und Auszubildende sollen das Spiel mitgestalten können,
- allen Teilnehmern sollte genügend Zeit zur Vorbereitung des Planspiels zur Verfügung stehen,
- die Ausgangssituation muss offen sein, d.h. das Ergebnis darf nicht bereits zu Beginn feststehen,
- von Anfang an soll ein Spielleiter vorhanden sein; hier der Ausbilder.

Die Phasen und Inhalte eines Planspiels in der Übersicht:

Phase	Inhalte
1. Warming-Up	Körperliches und emotionales Aufwärmen der Spieler (Ausbildende), um evtl. Verkrampfungen zu lösen; kann durch das zwanglose erörtern eines Themas geschehen, das mit dem Spiel zusammenhängt.
2. Anleitung	Den Auszubildenden wird der Spielplan, ihre Rollen sowie die Spielsituation vom Ausbilder bekannt gegeben. Aufkommende Fragen sind den Auszubildenden zu beantworten, um Missverständnisse zu vermeiden.
3. Information	Anhand der schriftlichen Unterlagen informieren sich die Auszubildenden über ihre Aufgabe und Rolle.
4. Strategiebildung	Die Spieler legen ihre Strategie für das Spiel gemeinsam in der Gruppe fest.
5. Handlung	Die Spieler informieren den Spielleiter, dass sie eine Strategie ausgewählt haben und spielbereit sind. Anschließend wird gespielt.
6. Diskussion	Die Diskussion wird vom Spielleiter eröffnet und geleitet. Im Normalfall wird in dieser Phase auch das Planspiel beendet. Alle Teilnehmer treffen sich im Plenum und tauschen im Rahmen ihrer gespielten Rollen nochmals ihre Argumente aus. Am Ende der Diskussion steht die Entscheidung, wer seine Ziele verwirklichen konnte.
7. Nacharbeit	Jetzt können die Spieler evtl. ihre Empfindungen während des Planspiels schildern. Der Spielleiter gibt eine Rückmeldung über den Verlauf des Spiels und dessen Erfolg.

Die Problematik für die Teilnehmer am Planspiel – einschließlich des Ausbilders als Moderator – kann ähnlich sein wie beim Rollenspiel:

Auch hier muss eventuell eine Scheu vor der (Selbst-)Darstellung überwunden werden!

Ziel eines Planspiels kann die Förderung von Schlüsselqualifikationen und Kompetenzen sein, wie:

- Entscheidungsfähigkeit
- Initiative
- Kommunikationsfähigkeit
- Kooperationsfähigkeit
- Kreativität
- Kritikfähigkeit
- Motivation
- Selbstständigkeit
- Teamfähigkeit

Das Planspiel ist eine wichtige Ausbildungsmethode in der betrieblichen Berufsausbildung für die Entwicklung und Förderung der Persönlichkeits-, Sozial- und Methodenkompetenz der Auszubildenden.

Vor- und Nachteile des Planspiels:

Vorteile	Nachteile
• Aneignung betriebs- und personalwirtschaftlicher Zusammenhänge • selbständiges Handeln der Auszubildenden • Lösung komplexer Aufgaben • Verzahnung von Theorie und Praxis	• Hoher zeitlicher Aufwand • schriftliche Anfertigung des Spielplans • ggf. Über- und Unterforderung der Auszubildenden

Anwendungsbeispiel:

Sie möchten kommunikative (sprachliche) Verhaltensweisen mit Ihren Auszubildenden einüben, weil es Meinungsverschiedenheiten zwischen Auszubildenden Ihrer Gruppe und der eines Kollegen wegen der »Umsetzung des Umweltschutzes« in der Ausbildungsstätte gibt. Ihre Auszubildenden trennen die Abfälle entsprechend der vorgegebenen Hausmitteilung, während die Ihres Kollegen ab und zu artfremde Abfälle im Biomüllcontainer entsorgen. Um das Problem zu lösen, vereinbaren Sie und Ihr Kollege die Durchführung eines Planspiels mit den Auszubildenden. Anschließend erstellen Sie einen Spielplan, der die Ausgangssituation auf die wesentlichen Punkte reduziert.

9.7 Fallstudie

Die Fallstudie ist eine handlungsorientierte Ausbildungsmethode zur selbstständigen Bearbeitung von erdachten und komplexen Problemsituationen oder rekonstruierten Praxisfälle, die bei den Auszubildenden entsprechende Vorkenntnisse voraussetzt. Dabei versetzen sich die Auszubildenden in die Rolle von handenden Personen, wobei sie die Zusammenhänge überblicken und sich selbstständig fehlende Informationen beschaffen, um zu einem eigenen Lösungsvorschlag oder zu mehreren Lösungsmöglichkeiten zu kommen, die je nach Begründung akzeptiert werden.

Die Phasen und Ablauf der Fallstudie ergeben sich aus der folgenden Übersicht.

Phase	Ablauf
1. Vorbereitung	Präsentation eines dokumentierten, komplexen und praxisbezogenen Falls, wobei die Auszubildenden in das Thema, gegebenenfalls auch in die Fallmethode, eingeführt werden.
2. Analyse	Die Auszubildenden analysieren den Fall, d. h. er wird hinsichtlich aller Komponenten zerlegt und untersucht, um das Problem zu klären.
3. Bearbeitung	Lösungen werden, auch anhand der selbst beschafften Informationen, entwickelt, bewertet und begründet.
4. Lösung	Die einzelnen Lösungen der Auszubildenden bzw. den Kleingruppen werden präsentiert und diskutiert. Am Ende wird die Entscheidung für eine Lösung im Plenum gefällt.
5. Anwendung	Die gefundene Lösung wird mit den in der Praxis getroffenen Entscheidungen verglichen.

Ziele der Fallstudie

- Analysieren komplexer und praxisbezogener Problemsituationen
- problemlösendes Denken
- selbstständige Beschaffung von Informationen
- selbstständige Bearbeitung von praxisbezogenen Fällen
- entwickeln von Lösungen
- situationsgerechtes Anwenden von Kenntnissen
- Verknüpfung von Theorie und Praxis

Vor- und Nachteile der Fallstudie:

Vorteile	Nachteile
• Beschreibung der betrieblichen Realität • Förderung der Analyse- und Problemlösungsfähigkeit • Förderung der Selbstständigkeit • ggf. Förderung der Teamfähigkeit	• Hoher Planungsaufwand • hoher zeitlicher Auswand • schriftliche Anfertigung der Fallstudie • ggf. Über- und Unterforderung der Auszubildenden

Anwendungsbeispiel:

Den auszubildenden Industriekaufleuten sollen im zweiten Ausbildungsjahr nach dem Ausbildungsplan die »Bestelldurchführung – Angebote einholen, prüfen und vergleichen« – praxisorientiert vermittelt werden. Hierfür eignet sich die Fallstudie, auch weil damit auch die Sozialkompetenz gefördert wird.

10 Auswahl und Einsatz von didaktischen Medien

Didaktische Medien sind pädagogische Informationsträger, die den Lehr- und Lernprozess unterstützen und optimieren, die sowohl dem Lernenden das Aneignen von Kenntnissen als auch dem Lehrenden die Vermittlung von Wissen und Fähigkeiten erleichtern sowie die zwischenmenschliche Kommunikation verbessern.

10.1 Lernen mit Medien

Bereits im 17. Jahrhundert haben Didaktiker erkannt, dass wir nicht nur durch Sehen, Sprechen und Hören lernen, sondern ebenso durch das Fühlen, Riechen und Schmecken.

Wir lernen also mit unseren Sinnen, mit den Augen und den Ohren sowie mit dem Geruchs-, Geschmacks- und Tastsinn. Durch diese Erkenntnis wurde ein Grundstein für das didaktische Prinzip der **Anschauung** gelegt.

Durch wissenschaftliche Forschungen wurden folgende **Lern- und Behaltensquoten** ermittelt:

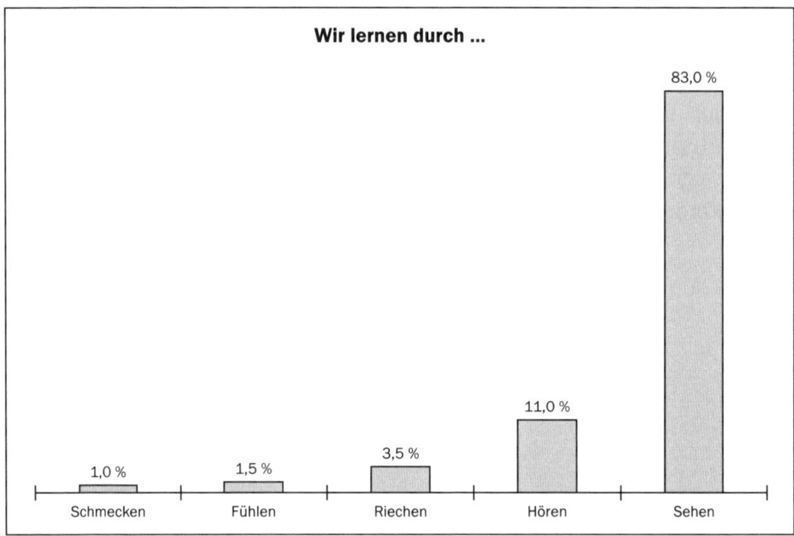

Lernquoten

In dieser und der folgenden Abbildung ist zu erkennen, dass wir am meisten lernen, wenn wir etwas **gesehen** und am besten behalten, wenn wir es selbst **getan** haben. Aufgrund dieser Erkenntnisse werden auch in der betrieblichen Berufsausbildung verschiedene didaktischen Medien eingesetzt.

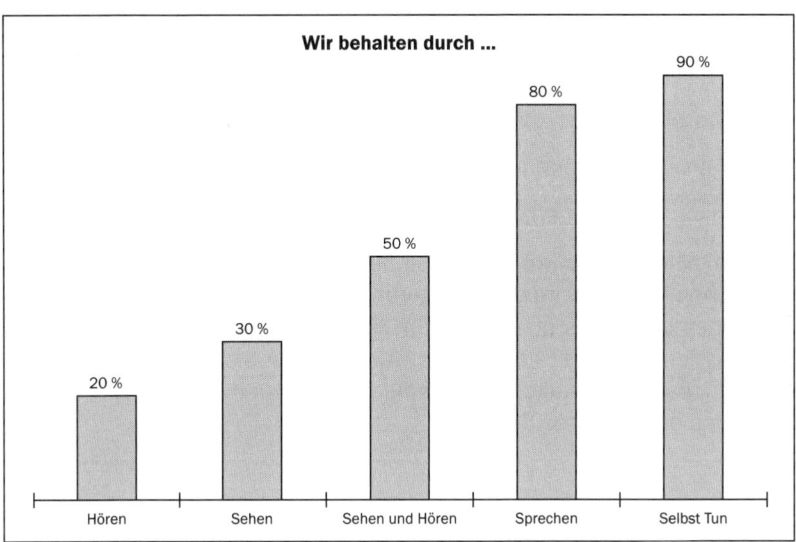

Behaltensquoten

Die wohl bekannteste Definition für didaktische Medien stammt von Günther DOHMEN (1973, S. 5): »Medien sind Träger und/oder Vermittler von Informationen in didaktischen Funktionszusammenhängen«.

Bei den klassischen didaktischen Medien wie Wandtafel (Whiteboard), Schaubild oder Wandkarte sind die Funktionen »Träger« und »Vermittler« oft nicht exakt zu trennen. Dagegen sind bei den modernen elektronischen Medien meist die »Träger« und »Vermittler« von Informationen klar voneinander unterscheidbar. Die Digital Versatile Disc (DVD) ist beispielsweise der »Träger« und der DVD-Player der »Vermittler« von Informationen.

Mit Unterstützung didaktischer Medien können wir Vorgänge und Zusammenhänge besser vor Augen führen, d. h. wir fördern die **Anschaulichkeit.** Dadurch kann auch der Lernprozess insgesamt intensiviert werden. Didaktische Medien sollten aber auch die Lernenden (Auszubildenden) zur Selbsttätigkeit anregen, indem ihnen unterschiedliche Medien für ein

Ausbildungsthema zur Verfügung stehen, um hiermit ihre **Medienkompetenz** zu fördern.

Klassische didaktische Funktionen von Medien sind:

- Darstellung abstrakter Zusammenhänge,
- Feststellung des Lernerfolges,
- Intensivierung des Lerneffektes,
- Motivierung der Auszubildenden,
- Veranschaulichung von Vorgängen,
- Verbesserung des Lernvorgangs insgesamt.

Mit dem **Medienverbund,** einer Kombination von zwei oder mehreren didaktischen Medien, wird eine Steigerung des Lerneffektes bei der Vermittlung eines Lernzieles erreicht. Wenn der Lerneffekt des konventionellen Unterrichtes mit 100 % angesetzt wurde, ergibt sich durch den zusätzlichen Einsatz von didaktischen Medien nach Artur KAISER (1976, S. 136) folgendes modifiziertes Bild:

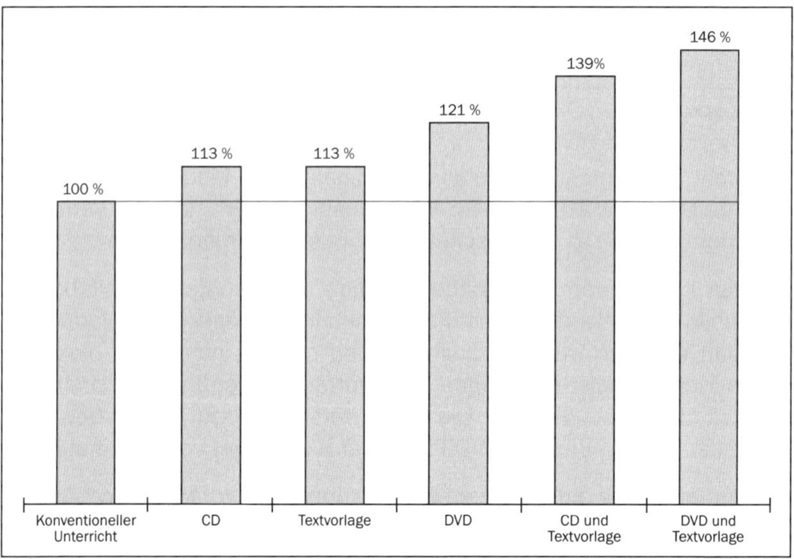

Lerneffekte durch Medieneinsatz (modifiziert nach A. Kaiser)

Die Abbildung zeigt, dass verbundene didaktische Medien z. T. deutlich größere Lerneffekte als einzelne Medien bei Ausbildungsveranstaltungen bewirken. Daher ist es während eines Unterrichtes, einer Unterweisung sowie einer Einzel- oder Gruppenarbeit sinnvoll, verschiedene didaktische Medien einzusetzen; Lern- und Behaltenseffekte bei den Auszubildenden werden erhöht.

10.2 Arten von didaktischen Medien

Wir kennen verschiedene Arten von didaktischen Medien, die in fünf **Simulationsarten** unterteilt werden können.

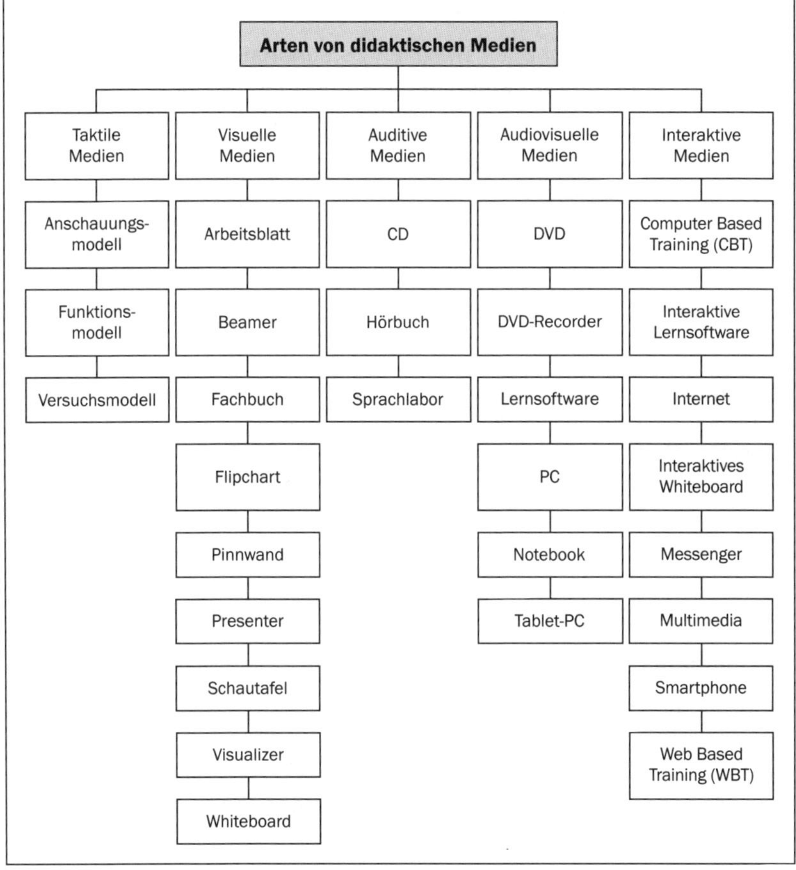

Arten von didaktischen Medien und Beispiele

- **Taktile Medien:** Greifbare (Ausbildungs-)Gegenstände in verkleinerter, vergrößerter oder natürlicher Form.
- **Visuelle Medien:** Bildnerisch (visuell) darstellende technische Geräte, aber auch die dazugehörenden Bildträger.
- **Auditive Medien:** Mit Ton (auditiv) arbeitende elektrotechnische Geräte sowie auch die dazugehörenden Tonträger.
- **Audiovisuelle Medien:** Mit Ton und Bild arbeitende elektrotechnischen Geräte als auch die dazugehörenden Bild- und Tonträger.
- **Interaktive Medien:** Digitale computerbasierte Systeme mit denen der Nutzer Informationen abrufen sowie den Lernprozess individuell auf seine Bedürfnisse und seinen Lernstand anpassen kann.

Wir unterscheiden aber auch zwischen **personalen** Medien, wie Sprache, Mimik, Gestik und **nichtpersonalen** (technischen) Medien, wie z. B. die DVD, die an einen technischen Vermittler, z. B. DVD-Player, gebunden sind.

Vor- und Nachteile des Medieneinsatzes:

Vorteile	Nachteile
• Durch die Ansprache mehrerer Sinne kann man die Anschaulichkeit verbessern • Abstrakte Zusammenhänge kann man bildlich einfacher darstellen • Weniger zugängliche Inhalte kann man (z. B. mit einer DVD) besser veranschaulichen	• Passivität der Teilnehmer droht, wenn sie nicht aktiv mit dem Medium beschäftigt werden • Gefahr der Multi-Media-Show: Verkümmern der Fantasie • Die Bindung an technische Vermittler (z. B. Beamer) • Die Nähe zum persönlichen Vermittler (z. B. Ausbilder) schwindet

Gängige Anwendungsmöglichkeiten von didaktischen Medien:

- Einführung in ein neues Thema,
- Einzellernen (Selbststudium),
- Gruppenlernen (Partner- und Gruppenarbeit),
- Entwicklung eines Rechenweges einer Aufgabe,
- Intensivierung von Informationen,

- naturgetreue Darstellung eines Gegenstandes,
- Zusammenfassung, z. B. eines Vortrags oder Lehrgesprächs.

Entscheidend für den Einsatz von didaktischen Medien in der Berufsausbildung sind die Ausbildungsziele, die während einer Ausbildungsstunde oder eines Ausbildungsabschnittes erreicht werden sollen.

10.3 Arbeiten mit der Wandtafel und dem Whiteboard

Die Wandtafel (Whiteboard) ist zwar ein altes, aber dennoch heute für die Ausbildung unentbehrliches didaktisches Medium zur Darstellung und Verdeutlichung des Ausbildungsstoffes. Sie ist überall verbreitet und dem Ausbilder sowie den Auszubildenden von der Schulzeit vertraut. Auf ihr kann das Tafelbild vor den Augen der Auszubildenden entwickelt werden, wobei sie aktiv am Entstehen des Tafelbildes beteiligt sind.

In der Praxis finden sich in Ausbildungsräumen grüne oder schwarze Kreidetafeln oder weiße (interaktive) Whiteboards zur Darstellung und Verdeutlichung des Ausbildungsstoffes.

Die Arbeit mit der Wandtafel und dem Whiteboard sollte vom Ausbilder ebenso sorgfältig wie die Vorbereitung auf den Unterricht geplant werden. Dabei ist es besonders wichtig, sich vor Beginn der Tafel- und Whiteboard-Arbeit den Platzbedarf genau zu überlegen, damit der Anschrieb übersichtlich wird.

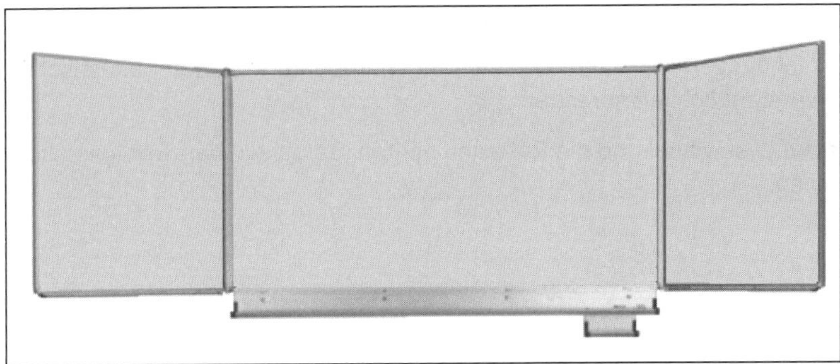

Whiteboard (Foto mit freundlicher Genehmigung durch Lehrmittel-Vierkant)

Wenn die Auszubildenden während des Unterrichts Mitschriften und Notizen anfertigen sollen, dann ist es erforderlich, ihnen die Blatteinteilung (= Wandtafel- bzw. Whiteboardeinteilung) vorher bekannt zu geben. Dabei hat die Arbeit mit der Wandtafel und dem Whiteboard den besonderen Vorteil, dass das Tafel- oder Whiteboardbild vor den Augen der Auszubildenden unter Einbeziehung ihrer Antworten und Anregungen schrittweise entwickelt und angeschrieben werden kann. Dadurch können die Teilnehmer dem Unterrichtsgeschehen besser folgen. Nach der Ausbildungseinheit (z. B. Unterricht) ist den Auszubildenden zum Abschreiben des Tafelbildes entsprechende Zeit zur Verfügung zu stellen.

Beim Aufzeigen von Zusammenhängen ist es von Vorteil, verschiedene Farben zu verwenden. Auf die Kreidetafel wird mit weißer oder bunter Farbe geschrieben. Dabei ist besonders auf die Tafelfarbe zu achten, denn die Farben grün oder braun können auf einer grünen oder schwarzen Tafel nicht verwendet werden, weil sie kaum sichtbar sind. Zum Schreiben und Zeichnen auf Whiteboards sind Board Marker zu verwenden, die nur in den Grundfarben Schwarz (Basisfarbe), Rot, Blau und Grün zur Verfügung stehen. Sie lassen sich trocken oder mit Wasser problemlos abwischen.

Einen größeren Anschrieb, beispielsweise einer Zeichnung, sollte man jedoch vor der Ausbildungsstunde oder Ausbildungseinheit anfertigen, um nicht wertvolle Zeit während der Ausbildung zum Anzeichnen zu verlieren.

Bei der Tafelarbeit bzw. der Whiteboard-Arbeit sollten Ausbilder auf Folgendes achten:

- Nicht auf die nasse Tafel schreiben, denn die Schrift ist dann kaum lesbar;
- nicht den geschriebenen Text verdecken, seitlich stehen;
- nicht gegen die Wandtafel und das Whiteboard wegen der akustischen Verständlichkeit sprechen;
- auf Lesewinkel und die Reflexion achten, damit alle den Text lesen können.

Vor- und Nachteile von Wandtafel und Whiteboard:

Vorteile	Nachteile
• Sie sind jederzeit ohne Gefahr technischer Pannen einsetzbar • Problemlose skizzenhafte Darstellung von Sachverhalten ist möglich • Einbeziehung der Auszubildenden • Angepasstes Arbeitstempo • Geringfügige Korrekturen sind schnell erledigt • Schrittweise Entwicklung der Anschriebe	• Der Ausbilder steht häufig mit dem Rücken zu den Auszubildenden • Bewegungsabläufe sind nicht darstellbar • Grundlegende Änderungen der Anschriebe ist zeitaufwändig • Kreidestaub bei der Wandtafel • Ausgewischtes ist verloren • Zeitaufwändige Übernahme der Anschriebe durch die Auszubildenden

10.4 Arbeiten mit dem interaktiven Whiteboard

Ein interaktives Whiteboard besteht aus einer großen weißen Projektionsfläche, die interaktiv per Finger oder mit einem speziellen Stift bedient werden kann und mit einem Personal Computer (PC) oder Notebook sowie einem Beamer (Videoprojektor) verbunden ist und mit dessen Hilfe der angezeigte Bildschirminhalt auf die Fläche des Whiteboards projiziert wird.

Das Whiteboard eignet sich sowohl für das freie Schreiben und Zeichnen als auch für das Einbinden von digitalen Medien (z. B. Videodateien, Musikclips und Inhalte aus dem Internet) in das Computerbild. Ebenso besteht die Möglichkeit, das Computerbild zu speichern (Screenshot) und es somit zu einem späteren Zeitpunkt erneut zu verwenden – auch zur Erstellung von Lernunterlagen (Handouts oder Skripte). Idealerweise sollten zu einem interaktiven Whiteboard auch ein Drucker, Mikrofon und Lautsprecher gehören.

Interaktives Whiteboard (Foto mit freundlicher Genehmigung durch SMART Technologies)

Vor- und Nachteile des interaktiven Whiteboards:

Vorteile	Nachteile
• Darstellen schwer verständlicher Sachverhalte • Spontan visualisieren • Dynamische Tafelbilder entwickeln • Einfache (digitale) Speicherung der Arbeitsergebnisse, z. B. auf einem USB-Stick • Einfache Erstellung von Lernunterlagen (Handouts) • Hohe Motivation der Teilnehmer • Präsentieren aktueller Inhalte	• Noch zu wenig fertiges Unterrichtsmaterial • Hohe Anschaffungskosten • Schulungskosten der Nutzer • Üben des Handlings • Verdunkeln des Raumes bei Sonneneinstrahlung

10.5 Arbeiten mit dem Flipchart

Das Flipchart ist heute zu einem wichtigen und festen Bestandteil einer Ausbildungsveranstaltung geworden. Der Flipchart-Ständer besteht aus einem auf drei Beinen stehenden leicht transportablen Gestell, mit einem DIN-A1-Block an der Vorderseite, dessen Einzelblätter entweder vor oder auch sukzessive während der Veranstaltung beschriftet werden und abreißbar oder nach hinten umklappbar sind.

Flipchart (Foto mit freundlicher Genehmigung durch Legamaster)

Das Flipchart hat gegenüber der Wandtafel folgende **Vorteile:**

- Die Schreibfläche ist größer als bei der Wandtafel oder dem Whiteborad, da eine fast unbegrenzte Anzahl von Blättern zur Verfügung steht, die großzügig, übersichtlich und thematisch gegliedert beschrieben werden können.
- Weil es leicht transportiert werden kann, besteht jederzeit die Möglichkeit, es in Bereichen einzusetzen, in denen sonst kein anderes didaktische Medium zur Verfügung steht.
- Schrittweise Entwicklung des Themas unter Einbeziehung der Auszubildenden.
- Jedes beschriebene Blatt kann einzeln über die Oberkante auf die Rückseite des Flipcharts geklappt werden und bei Wiederholungen oder Zusammenfassungen des Themas wieder nach vorn geholt werden.

- Die einzelnen Blätter können vom Flipchart-Ständer abgenommen und an die Wand gehängt werden. Dadurch hat der Teilnehmerkreis (Ausbilder, Auszubildenden) das zu behandelnde Thema ständig vor Augen; auch können Teile eines größeren Themenbereiches in Erinnerung gerufen werden.
- Die einzelnen Flipchart-Blätter stellen, besonders wenn sie nebeneinander aufgehängt sind, eine zusammenhängende Ausbildungseinheit übersichtlich dar.
- Vor Beginn einer Ausbildungsveranstaltung können Skizzen und Zeichnungen vorbereitet und bei Bedarf präsentiert werden.
- Vorbereitete Tabellen usw. können während einer Veranstaltung ausgefüllt oder ergänzt werden.
- Das Putzen (wie bei der Wandtafel und dem Whiteboard) erübrigt sich.

Nachteile des Flipcharts gegenüber Wandtafel und Whiteboard:

- Im Gebrauch relativ teuer, weil oft qualitativ hochwertiges Papier verwendet wird,
- begrenzte Einzel-Arbeitsfläche, weil nur im DIN-A1-Format,
- bei großen Ausbildungsgruppen wegen der begrenzten Einzelarbeitsfläche nicht optimal einsetzbar,
- beim Schreiben kein Blickkontakt zu den Auszubildenden,
- zeitaufwändige Übernahme in ein Handout – außer mit einem Fotoprotokoll.

10.6 Arbeiten mit der Pinnwand

Die Pinnwand ist eine ca. 125 x 150 cm große tafelartige Weichfaserplatte, auf der zunächst mit Nadeln (engl.: Pins) zusätzlich ein Bogen Packpapier befestigt wird. Sie ist in einen Metallrahmen eingelassen und an der Wand festmontiert oder mit Füßen oder Rollen versehen, um im Raum frei bewegt werden zu können. Auf ihr lassen sich dann einzelne Elemente (z. B. verschiedenfarbige **Karten, Wolken, Symbole**) aufstecken.

Das braune oder weiße Packpapier wird mit speziellen Filzstiften beschrieben. Somit besteht die Möglichkeit, einzelne Elemente untereinander mit Linien zu verbinden oder einzurahmen.

Die Pinnwand ist mittlerweile **zentrales didaktisches Medium** zur Visualisierung des aktuellen Geschehens und dadurch unerlässlich bei der **Moderation.**

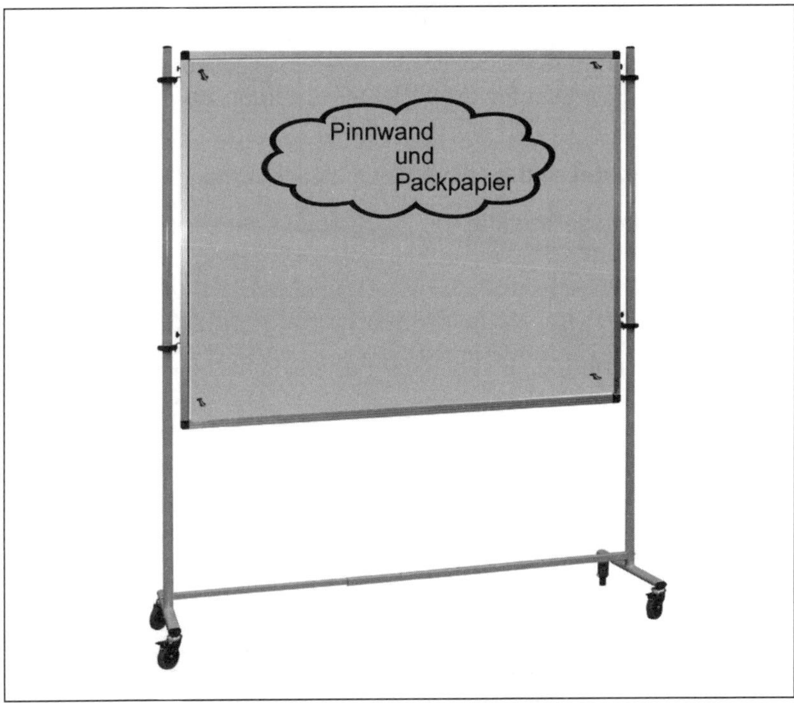

Pinnwand (Foto mit freundlicher Genehmigung durch Wiemann-Lehrmittel)

Für den Umgang mit der Pinnwand sollte folgendes beachtet werden:

- Nicht zu klein schreiben, damit alle Teilnehmer den Text deutlich lesen können;
- die Filzschreiber richtig ansetzen, d.h. die breite Seite für Schrift und die schmale Seite für Linien;
- Groß- und Kleinschreibung wie gewohnt vornehmen, damit die Lesbarkeit des Textes nicht erschwert wird;
- die Auszubildenden aktiv mitwirken lassen, damit alle Beiträge in das Ergebnis einfließen können;

- immer nur eine Aussage auf eine Karte schreiben, um die ausgefüllten Karten problemlos strukturieren (»clustern«) zu können;
- Karten im Querformat beschriften, damit das Wort bzw. der Text möglichst in eine Zeile geschrieben werden kann;
- beim Abräumen darauf achten, dass die übriggebliebenen Nadeln an den äußeren Rand der Pinnwand gesteckt werden, damit sie zu einem späteren Zeitpunkt sofort griffbereit sind.

Folgende **Hilfsmittel** sind für die Arbeit mit der Pinnwand bereitzuhalten:

- Verschiedenfarbige Filzstifte,
- Klebepunkte,
- Klebestifte,
- Moderationskarten, z. B. Rechteck-Karten, Scheiben, Sprechblasen, Wolken,
- Packpapier,
- Papierschere,
- Stecknadeln (pins).

Vor- und Nachteile der Pinnwand:

Vorteile	Nachteile
• Große und leicht zu erweiternde Arbeitsfläche • Präsentation vorbereiteter Darstellungen • begleitende Entwicklung von Inhalten • einfach zu handhaben • flexibel verwendbar • Einbeziehung der Auszubildenden	• Ergebnisse sind schwer zu archivieren – außer mit einem Fotoprotokoll • sehr teuer in der Anschaffung und im Gebrauch (Papier, Elemente) • nur für kleine Gruppen mit maximal 20 Personen

10.7 Arbeiten mit dem Beamer

Beamer (Videoprojektor) ist ein elektrotechnisches Geräte zur Projektion von Informationen auf eine (Lein-)Wand, wobei die Informationen, z. B. Bilder, Grafiken, Tabellen, Texte und Videos normalerweise von einem Personal Computer (PC) oder einem Notebook (Tablet-PC) kommen, um diese einem größeren Zuschauerkreis (Auszubildenden) sichtbar zu machen. Diese lassen sich sehr gut für die Projektion von »Charts« (engl. Chart: Schaubild, Seite) moderner Präsentationsprogramme (z. B. PowerPoint oder OpenOffice Impress) oder eines Ausbildungsvideos in Ausbildungsveranstaltungen (Unterricht, Unterweisung, Selbststudium usw.) einsetzen. Die so erstellten Charts und Präsentationen können zu einem späteren Zeitpunkt problemlos geändert bzw. ergänzt werden, weil sie gespeichert sind. Beamer sind auch in Kombination mit Visualizer (Dokumentenkameras) und interaktiven Whiteboards einsetzbar.

Folgende **Tipps** sollten man bei der Erstellung von Charts beachten:

- Querformat verwenden, weil dieses dem Monitor-Format entspricht und dadurch längere Zeilen ohne Umbrüche zur Verfügung stehen;
- einheitlichen Standardaufbau wählen, z. B. charakteristisches (Firmen-) Logo und eine einheitliche Hintergrundgestaltung;
- mit einem Titelchart beginnen, um Aufmerksamkeit bei den Zuschauern (Auszubildenden) zu wecken;
- den zweiten Chart als Inhaltsübersicht gestalten, um bei längeren Präsentationen zwischendurch hierauf zurückgreifen zu können;
- der Schriftgrad 44 Punkt (pt) ist für Überschriften und 32 pt bzw. 28 pt ist für Unterpunkte zu wählen, so dass von allen Plätzen des Raumes das Lesen der Informationen möglich ist;
- eine häkchenlose Schrift, wie z. B. Arial oder Helvetica, verwenden, weil diese serifenlosen Schriften besser leserlich sind als Serifenschriften wie z. B. Times oder Times New Roman;
- Groß- und Kleinbuchstaben wie gewohnt verwenden, um den Lesefluss nicht zu erschweren;
- pro Kernaussage ein Chart verwenden, um die Aussage zu bekräftigen;
- höchstens sieben Zeilen pro Chart oder eine Grafik/Abbildung, damit diese nicht zu überladen wirken und dadurch dem gewünschten Behaltenseffekt entgegenwirken;

- Stichwörter mit Aufzählungszeichen verwenden, weil dadurch die Zuschauer leichter erkennen, wo ein neuer Gedanke beginnt und dieser sich dadurch besser einprägen lässt;
- kurz und prägnant formulieren (ggf. auf mehrere Charts verteilen), um die Aufmerksamkeit der Zuschauer aufrechtzuerhalten;
- nur dann ganze Sätze formulieren, wenn es auf den genauen Wortlaut ankommt, z. B. bei Definitionen und Zitaten;
- Grafiken und Bilder anstatt Tabellen verwenden, weil diese sich besser einprägen als Fließtext;
- notwendige Tabellen auf höchstens vier Spalten und Zeilen begrenzen, damit diese noch übersichtlich bleiben;
- nur zwei verschiedene Farben verwenden, weil bunte Charts vom wahren Inhalt ablenken;
- wichtige Inhalte fett und/oder farbig hervorheben, um die Aufmerksamkeit zu erhöhen;
- dunkle Schrift, z. B. schwarz, auf hellem Hintergrund bzw. weiß, gelb, orange, hellgrün und hellblau auf dunklem Hintergrund verwenden, weil diese Farbkontraste sehr gut lesbar sind;
- Pastelltöne sowie die Farben gelb und orange sind zu vermeiden, da diese nur schwer lesbar sind;
- die Farbkombination schwarz und rot ist zu vermeiden, weil diese kaum lesbar ist.

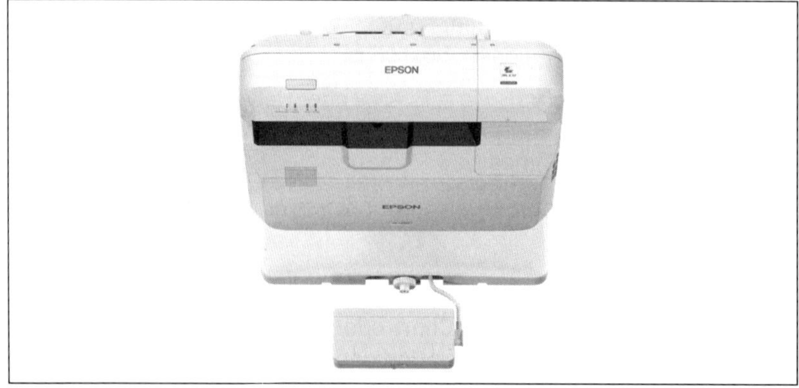

Beamer (Foto mit freundlicher Genehmigung durch Epson Deutschland GmbH)

Zur Steuerung des Personal Computers (PC) oder Notebooks während einer Präsentation sollte ein **Presenter** (Fernbedienung) benutzt werden. Er besteht aus einem Fernbedienungsteil (Sender) und einem Empfangsteil, das über einen USB-Anschluss am Computer angeschlossen wird. Der Presenter enthält Bedienelemente zum steuern der Computerpräsentation (z. B. PowerPoint, OpenOffice Impress) und oft einen **Laserpointer.** Damit kann der Vortragende die mit dem Beamer gezeigte Präsentation steuern und sich innerhalb der Reichweite der Presenters im Raum frei bewegen. Dadurch kann er auf die Zuhörer zugehen und zu ihnen besser Kontakt halten, statt immer am PC, Notebook oder Tablet-PC zu sitzen oder zu stehen. Mit dem integrierten Laserpointer kann die Aufmerksamkeit der Teilnehmer auf wichtige Stellen der dargestellten Charts auf die Projektionswand gerichtet werden.

Während der Präsentation sollten die einzelnen Zeilen eines Charts immer zeilenweise eingeblendet (angezeigt) werden, indem man diese beispielsweise »einblenden« oder »einfliegen« lässt. Dadurch konzentrieren sich die Zuschauer auf diesen Text und werden nicht durch andere Textinhalte abgelenkt.

Beamer sind in Unterrichtsräumen bereits an der Decke angebracht. Handliche Beamer sind in Kombination mit einem Notebook oder Tablet-PC leicht und flexibel einsetzbar, weil diese sich in Taschen transportieren lassen. Der Einsatz eines Beamers hat jedoch den Nachteil, dass beim Ausfall der Lampe oder einem anderen technischen Problem die vorgesehen Präsentation unbrauchbar ist. Deshalb sollte ein »Plan B« vorgesehen werden, z. B. ein ausgedruckter Satz der Präsentation.

Vor- und Nachteile des Beamers:

Vorteile	Nachteile
• Gute Planbarkeit • Flexibler Einsatz bei einer größeren Anzahl von Teilnehmern • Einsatz in großen Räumen • leichtes Vor- und Zurückblättern • stufenweise Entwicklung des Themas • großes Potenzial an Visualisierungsmöglichkeiten • einfache Erstellung von Handouts • komplexe Sachverhalte erhöhen deutlich den Lerneffekt (Merkeffekt) • Methodenvielfalt • Gedächtnisstütze für den Vortragenden (Ausbilder) • Presenter einsetzbar • Blickkontakt zu den Teilnehmern • gute Einbindung von Bildern, Videos und Animationen	• Gute Programmkenntnisse sind unabdingbar • wenig Möglichkeiten der interaktiven Entwicklung der Präsentation • hoher zeitlicher Aufwand für die Erstellung der Präsentation • Präsentationen können ermüden • je nach Stärke der Beamerleuchte ist der Raum abzudunkeln • Gefahr der Monotonie • hohe Anschaffungskosten • Technikabhängigkeit (defekte Beamerlampe etc.)

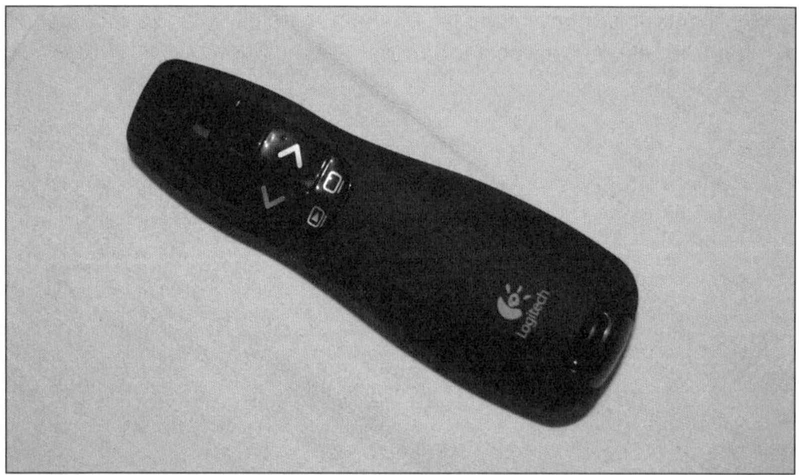

Presenter

10.8 Arbeiten mit dem Visualizer

Ein Visualizer (Dokumentenkamera) ist eine Videokamera, mit dem Dokumente (z. B. Bücher, Fotos, Grafiken, Texte) sowie Tafelbilder, dreidimensionale Gegenstände oder Versuchsaufbauten, auch mit Bewegungen über einen Beamer dargestellt (präsentiert) werden können. Ebenso liefert der Visualizer Bilder für interaktive Whiteboards oder Videokonferenz-Anlagen. Damit hat der Vortragende neben herkömmlichen Präsentationsprogrammen, wie z. B. PowerPoint und OpenOffice Impress, zusätzliche Möglichkeiten zur »Visualisierung« von Objekten. Ebenso können die von der Kamera aufgenommen Bilder digital gespeichert und bei Bedarf als Handout ausgedruckt sowie per E-Mail versendet werden.

Visualizer (Foto mit freundlicher Gehemigung durch SMART Technologies)

Vor- und Nachteile eines Visualizers:

Vorteile	Nachteile
• Flexibler Einsatz bei einer größeren Anzahl von Teilnehmern • Einsatz in großen Ausbildungsräumen • Projektion von Bewegungen • Erfassung dicker Vorlagen • Vergrößerung von kleinen Details • Speicherung des Projektionsbildes • Möglichkeit des Einsatzes ist ohne Computer möglich • Einbindung der Teilnehmer	• Technikabhängigkeit (defekte Visualizerlampe etc.)

10.9 Arbeitsblätter

Mit der Entwicklung moderner Kopiergeräte werden Arbeitsblätter (Handouts) heute als ein neues schriftliches Medium in der betrieblichen Berufsausbildung verstärkt eingesetzt. Die Arbeitsblätter können dann als Ergänzung zu den Lehr- und Fachbüchern während der täglichen Arbeit nach Bedarf eingesetzt werden. Dabei sollte man sie **inhaltlich offen** einsetzen, d. h. als Textvorlagen (z. B. Ausschnitte aus Fachaufsätzen – Urheberrecht beachten –, eigene Ausarbeitungen) sowie für Arbeitsaufgaben, Tabellen, Zeichnungen oder andere Informationen. Arbeitsblätter sollten **speziell** für die Hand der Auszubildenden angefertigt werden, damit man das gewünschte Ausbildungsziel gezielt und schneller erreicht.

Auf Mitschriften der Auszubildenden kann man jedoch nicht ganz verzichten, weil sie aus lernpsychologischen Gründen einen höheren Wert als lediglich abgeheftete Arbeitsblätter haben. Deshalb sollte man vor der Aushändigung von fertigen Arbeitsblättern besonders die Eigenaktivität der Auszubildenden in angemessener und tauglicher Form fördern, indem sie von den Auszubildenden gleichzeitig ausgefüllt bzw. mit ihnen zusammen bearbeitet werden.

Arbeitsblätter können folgende didaktische Funktionen erfüllen als

- Ausbildungsskripte,
- Ergänzung zu Fachbüchern,

- Merkblätter zur Vertiefung und Übung,
- Zusammenfassung einer Ausbildungseinheit,
- Lernerfolgskontrollen.

Folgende **Regeln** und **Empfehlungen** sollten bei der Erstellung von Arbeitsblättern beachtet werden:

- Damit alle Auszubildenden die Arbeitsblätter bearbeiten können, sind diese in ausreichender Anzahl zur Verfügung zu stellen.
- Vor Beginn der Ausbildungseinheit sind die Auszubildenden zu informieren, dass sie die Arbeitsblätter am Ende erhalten, damit sie sich das Mitschreiben ersparen und sich ganz auf die Veranstaltung konzentrieren. Handelt es sich um ein Arbeitsblatt, welches von den Auszubildenden während der Ausbildungseinheit auszufüllen bzw. zu bearbeiten ist, sollte das zum entsprechenden Zeitpunkt verteilt werden.
- Die Aufgabenstellungen sind kurz und prägnant zu formulieren, damit die Auszubildenden sie möglichst auf Anhieb verstehen.
- Bei offenen Fragen ist genügend Raum für die Antworten zu lassen, (z. B. sind Linien oder Punkte vorzusehen), damit die Auszubildenden die Antworten ausführlich abfassen können.
- Der aktuelle Ausbildungsstand ist zu berücksichtigen, um die Selbsttätigkeit bei den Auszubildenden zu fördern und um möglichst eigenständige Lösungen zuzulassen,
- Die Arbeitsblätter sind strukturiert zu gestalten, um bei den Auszubildenden Interesse zu wecken und dadurch einen höheren Lerneffekt zu erzielen.
- Die Arbeitsblätter sind mit der Nennung des Unterrichtsfaches und -themas, einer Quellenangabe, dem Datum und einer Nummerierung zu versehen, damit sie zu einem späteren Zeitpunkt auch noch identifizierbar sind.
- Es sind möglichst gelochte Arbeitsblätter zu verteilen, weil diese höhere Chancen haben, von den Auszubildenden anständig archiviert zu werden.

Vor- und Nachteile der Arbeitsblätter:

Vorteile	Nachteile
• Jeder Auszubildende bekommt die Arbeitsblätter an die Hand und kann damit unabhängig arbeiten • Gut geeignet für kurze stichwortartige Darstellungen komplexer Sachverhalte • Sie können für Partner- und Gruppenarbeiten als Aufgabenstellung dienen • Sie können von den Auszubildenden, z. B. als Ergebnis einer Partner- oder Gruppenarbeit, selbst erstellt werden • Sie sind nach einer Ausbildungseinheit in Eigenarbeit (Selbststudium) verwendbar • Sie können dem eigenen didaktischen Ausbildungskonzept angepasst werden	• Für den Ausbilder meist mit einer hohen Vorbereitungszeit verbunden • Kopierer oder Scanner sind zur Vervielfältigung erforderlich • Als aktives Ausbildungsmittel sind sie relativ zeitaufwändig

Den Umgang mit unterschiedlichen Arbeitsblättern sollten die Auszubildenden während der betrieblichen Berufsausbildung erlernen;

Der Lernprozess wird intensiviert und die Problemlösefähigkeit gefördert; ebenso kann die Lernbereitschaft der Auszubildenden erhöht werden.

10.10 Ausbildungsmittel

Nach dem BBiG hat der Ausbildende den Auszubildenden die Ausbildungsmittel, insbesondere Werkzeuge (z. B. Maschinen, Handwerkszeuge), Werkstoffe und Fachliteratur zur Verfügung zu stellen, die zur Berufsausbildung sowie zum Ablegen der Zwischen- und Abschlussprüfungen erforderlich sind, kostenlos zur Verfügung zu stellen (vgl. § 14 Abs. 1 Nr. 3 BBiG).

Dies gilt auch für Prüfungswiederholungen und für Prüfungen, soweit sie erst nach Beendigung des Berufsausbildungsverhältnisses stattfinden. Stellt der Ausbildungsbetrieb die Ausbildungsmittel zur Verfügung, sind diese den Auszubildenden zumindest für die erforderliche notwendige Benutzung zu leihen.

Zu den Ausbildungsmitteln gehören auch die vorgeschriebenen **Ausbildungsnachweise**, das Zeichen- und Schreibmaterial sowie Fach- und Tabellenbücher. Der Auszubildende ist verpflichtet, die ihm zur Verfügung gestellten Ausbildungsmittel pfleglich zu behandeln. Der Ausbildende muss jedoch nicht für Lernmittel, die schulisch erforderlich sind, aufkommen.

Eine ausgezeichnete Übersicht über aktuelle Ausbildungsmittel erhält man auch auf der jährlich an wechselnden Standorten in Deutschland stattfindenden gemeinsamen Bildungsmesse »Didacta« des Didacta Verbandes e.V. und des Verbandes Bildungsmedien e.V. Nähere Einzelheiten hierüber sind erhältlich bei:

Didacta Verband e.V.
Verband der Bildungswirtschaft
Rheinstraße 94
64295 Darmstadt
Telefon: 0 61 51 / 31 91 41
E-Mail: info@didacta.de
www.didacta-verband.de

Verband Bildungsmedien e.V.
Kurfürstenstraße 49
60468 Frankfurt am Main
Telefon: 0 69 / 98 66 97 6-0
E-Mail: verband@bildungsmedien.de
www.bildungsmedien.de

Ebenso halten verschiedene Verlage aktuelle und didaktisch-methodisch gut aufbereitete Fachliteratur bereit, die direkt oder über den Buchhandel zu beziehen ist. Diese Bücher sind als ausgezeichnete Informations- und Arbeitsgrundlage in der Berufsausbildung zu nutzen.

Sinnvolle Ergänzungen hierzu sind z. B. Tabellenbücher, Formelsammlungen, Fachbücher, Software zur Prüfungsvorbereitung und Sammlungen von Prüfungsaufgaben.

Auch die einschlägigen Lieferanten von Prüfungsmaterialien und -aufgaben halten ein umfangreiches Angebot an Ausbildungsmitteln bereit. Ebenso bieten einige Verbände speziell auf die Berufsausbildung abgestimmte Medien an. Damit übernehmen sie eine Aufgabe, die sonst von besonderen Lehr- und Lernmittelherstellern ausgeübt werden

Ebenso bieten namhafte Hersteller und Lieferanten von Prüfungsmaterialien ausgezeichnete Ausbildungsmittel, z. B. Aufgabensammlungen mit Prüfungsfragen, »verbrauchte« Prüfungsaufgaben, Lehrgänge zur betrieblichen Ausbildung, interaktive Medien, Fachliteratur, Projektarbeiten, Werkzeuge, Prüf- und Messmittel sowie Leitfäden mit Musterprüfungen an.

Entsprechend dem Ausbildungsbedarf sollten Ausbilder immer eine ausreichendende Anzahl von unterschiedlichen Ausbildungsmitteln vorrätig halten und allen Auszubildenden zugänglich machen.

Anwendungsbeispiel:

Sie möchten Ihre Auszubildenden in die Unfallverhütungsvorschriften einweisen. Um dabei den Lernerfolg zu erhöhen, setzen Sie verschiedene didaktische Medien ein.

11 Lernerfolgskontrollen

Lernerfolgskontrollen sollen Auskunft darüber geben, in welcher Quantität und Qualität die kognitiven, affektiven und psychomotorischen Lernziele während einer durchgeführten Ausbildungsmaßnahme von den Auszubildenden erreicht wurden. Ebenso sollen sie Aussagen über die Ausbildungsmethoden liefern, die den bestmöglichen Lernerfolg der Ausbildungsgruppe garantieren. Somit sind Lernerfolgskontrollen ein Feststellen bzw. Messen und Vergleichen von Lernergebnissen, d. h. es erfolgt ein **Ist-Soll-Vergleich.** Lernerfolgskontrollen sind jedoch nur dann pädagogisch sinnvoll und aussagefähig, wenn die Auszubildenden nach einer Ausbildungseinheit kontrolliert werden, ob sie das festgelegte Lernziel erreicht haben. Folglich haben Lernerfolgskontrollen in erster Linie eine diagnostische Funktion für den Ausbilder; sie zeigen aber auch den Auszubildenden ihren derzeitigen Ausbildungsstand und ermöglichen ihnen, ihre individuellen Lernaktivitäten zu überprüfen und zu steuern.

Während der **gesamten** betrieblichen Ausbildung sollten kontinuierlich Lernerfolgskontrollen erfolgen, um Ausbildungsfortschritte der Auszubildenden erkennen zu können. Lernerfolgskontrollen können bei allen Ausbildungsmethoden durchgeführt werden, wobei auch Selbstkontrollen der Auszubildenden vorzusehen sind, um Qualitätsbewusstsein und Selbstständigkeit zu fördern.

Mit Lernerfolgskontrollen können beispielsweise folgende Ziele verfolgt werden:

- Auskunft über die erreichten Lernziele,
- Durchführung von Leistungsbewertungen,
- Feststellung des Ausbildungsstandes,
- Feststellung von Lerndefiziten bzw. Lernzuwächse
- Reflexion des Ausbildungsprozesses,
- Überprüfung der didaktischen Gestaltung der Ausbildung.

Die folgende Abbildung zeigt Formen von Lernerfolgskontrollen, die sich in der Praxis bewährt haben:

Formen von Lernerfolgskontrollen

In den folgenden Abschnitten werden Formen von Lernerfolgskontrollen und deren Instrumente beschrieben, die sich in der täglichen Ausbildungspraxis nachhaltig bewährt haben.

11.1 Schriftliche Lernerfolgskontrollen

Mit Hilfe von schriftlichen Lernerfolgskontrollen können Kenntnisse überprüft werden, wobei zwischen folgenden Aufgabenformen und deren Instrumente unterschieden wird:

- **Ungebundene** oder **freie Aufgaben,** bei denen die Lösung nach eigenem Ermessen frei zu formulieren ist, wie beispielsweise bei
  - **Essays** oder **Kurzaufsätzen:** Auf eine gestellte Frage oder ein gestelltes Thema ist eine kurze Antwort frei zu formulieren;
  - **Fallstudien:** Bearbeiten von komplexen berufstypischen Aufgaben;
  - **Klausuren:** Vorgegebene Aufgaben oder -themen sind ausführlich zu bearbeiten;
  - **Reports:** Anfertigen eines Dokumentes über eine selbstständig durchgeführte Fachaufgabe im Einsatzgebiet als Basis für die Präsentation und das Fachgespräch, dem erläuternde Anlagen und betriebsübliche Unterlagen beizufügen sind;
  - **Situationsaufgaben:** Konkrete berufliche Arbeitsabläufe sind zu rekonstruieren.

- **Halbgebundene Aufgaben,** bei denen die Antwortmöglichkeiten eingeschränkt sind, wie beispielsweise bei
  - **Ergänzungsaufgaben:** Informationslücken sind aus einem vorgegebenen Angebot zu ergänzen;
  - **Lückentext-Aufgaben:** In einen vorgegebenen Text sind fehlende Wörter oder Satzteile in die Textlücken zu schreiben.
- **Gebundene Aufgaben:** Bei dieser Aufgabenform sind die Antwortmöglichkeiten vorgegeben, beispielsweise bei
  - **Alternativ-Aufgaben:** Die Antwortmöglichkeiten sind bereits vorgegeben, z. B. »ja« und »nein«, »richtig« und »falsch« oder »trifft zu« und »trifft nicht zu«;
  - **Mehrfach-Antwortaufgaben (Multiple-Choice-Aufgaben):** Aus mehreren vorgegebenen Antwortalternativen ist die richtige oder beste Antwort bzw. sind die richtigen oder die besten Antworten anzukreuzen;
  - **Reihenfolgeaufgaben:** Vorgegebene Elemente (z. B. Begriffe, Zahlen, Symbole) sind in eine sinnvolle (logische) Reihenfolge zu bringen;
  - **Zahlen-Antwort-Aufgaben:** Die Antworten sind beispielsweise als Zahl zu schreiben.

11.2 Mündliche Lernerfolgskontrollen

Mit mündlichen Lernerfolgskontrollen werden **Kenntnisse** (Wissen) der Auszubildenden überprüft, wobei es folgende Instrumente gibt:

- **Fachgespräche:** Gespräche über eine selbstständig durchgeführte komplexe Fachaufgabe, wobei der ganzheitliche Geschäftsprozess besprochen wird, um zu zeigen, dass die Sachbearbeitung im speziellen Geschäftsfeld vom Auszubildenden beherrscht wird.
- **Fallbeispiele:** Schilderungen von praktischen Fällen, deren Lösungen anschließend besprochen (ausgewertet) werden.
- **Referate:** Vorträge über fachbezogene Themen, die 15–20 Minuten nicht übersteigen sollten, um den mündlichen Ausdruck der Auszubildenden zu fördern. Gleichzeitig können dabei fachliche Missverständnisse sowie Fehler aufgedeckt und korrigiert werden.

- **Rollenspiele:** Einüben und Feststellen kommunikativer Fähigkeiten, z. B. mit Beratungs- oder Verkaufsgesprächen.
- **Wissensfragen:** Abfragen von (Fach-)Kenntnissen.

11.3 Praktische Lernerfolgskontrollen

Mit praktischen Lernerfolgskontrollen werden **Fertigkeiten** überprüft. Hierzu können folgende Instrumente eingesetzt werden:

- **Arbeitsaufgaben:** Praktische Aufgaben vorbereiten, durchführen, nachbereiten und mit aufgabenspezifischen Unterlagen dokumentieren sowie darüber ein begleitendes Fachgespräch führen.
- **Arbeitsaufträge:** Bearbeiten betrieblicher Arbeitsaufträge sowie mit praxisbezogenen Unterlagen dokumentieren und auf der Grundlage der Unterlagen der bearbeiteten Aufträge ein Fachgespräch führen oder praktische Aufgaben vorbereiten, durchführen, nachbereiten und mit aufgabenspezifischen Unterlagen dokumentieren sowie hierüber ein Fachgespräch führen.
- **Arbeitsproben:** Feststellen von fachpraktischen Kenntnissen, Fertigkeiten und Fähigkeiten, indem beispielsweise berufstypische Aufgabenstellungen (z. B. Fehler suchen und beheben, Funktionsprüfungen an Anlagen und Geräten durchführen) bearbeitet werden.
- **Fachaufgaben:** Bearbeitung komplexer Arbeitsaufgaben im Einsatzgebiet einschließlich der Erstellung von Reports als Basis für die Präsentationen und der danach anschließenden Fachgespräche.
- **Fehleranalyse:** Fehlersuche, z. B. Kontrolle einer Rechnung oder an einem elektronischen Gerät.
- **Projekte:** Bearbeitung von praxisrelevanten Aufgaben, bei denen die erforderlichen fachlichen Fertigkeiten, Kenntnisse und Fähigkeiten sowie die arbeitsplatzspezifischen Schlüsselqualifikationen selbstständig anzueignen sind.
- **Übungsstücke:** Anfertigen eines berufstypischen Produktes nach schriftlichen Vorgaben, z. B. Werkzeuge, Metall- oder Holzerzeugnisse.

Elemente von schriftlichen und mündlichen Lernerfolgskontrollen treten bei diesen Kontrollformen naturgemäß hinzu.

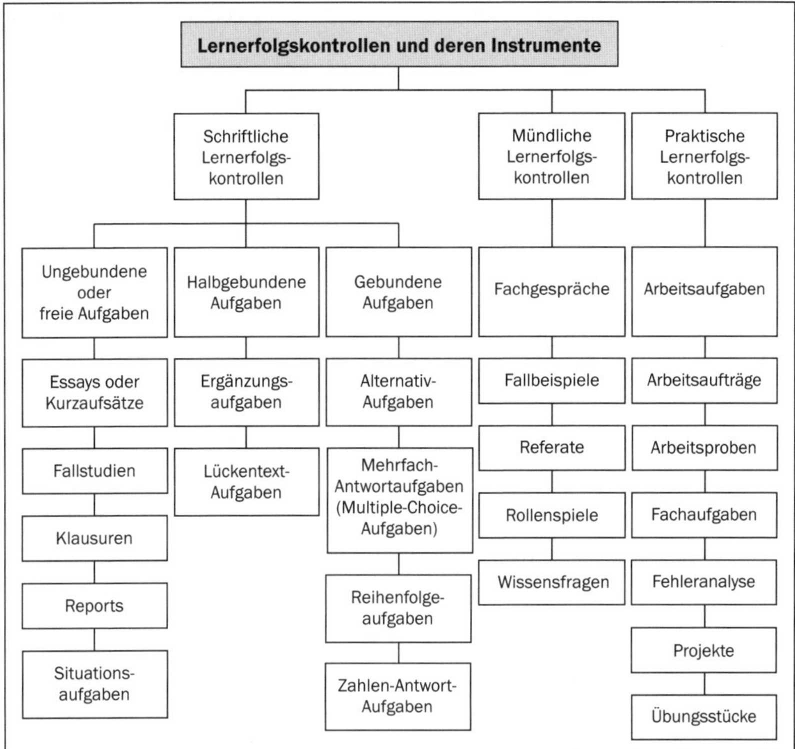

Lernerfolgskontrollen und deren Instrumente

11.4 Lernerfolgskontrollen entwickeln

In diesem Abschnitt werden Möglichkeiten zur Entwicklung von internen schriftlichen, mündlichen und praktischen Lernerfolgskontrollen beschrieben.

11.4.1 Schriftliche Lernerfolgskontrollen

Schriftliche Lernerfolgskontrollen können jedoch nicht besser als die Vorstellung des Ausbilders darüber sein, was die Auszubildenden leisten sollen. Dabei sind jedoch die Lernziele Ausgangspunkt für die Formulierung der Aufgaben und die Musterlösung ist Endpunkt für die Bewertung der Lernerfolgskontrolle.

Bei der **Erstellung** schriftlicher Lernerfolgskontrollen sind folgende Schritte zu beachten:

1. Festlegung der zu prüfenden Lernziele aus dem vorgegebenen Abschnitt des behandelten Ausbildungsstoffes nach dem Ausbildungsplan;
2. Konkretisierung der zugehörigen Lerninhalte;
3. Wahl der geeigneten (sinntragenden, aussagekräftigen) Begriffe und Tätigkeitswörter (Operationalisierung);
4. Präzise, verständliche und eindeutige Formulierung der Aufgaben unter Beachtung eines angemessenen Schwierigkeitsgrades, die den »normalen« beruflichen Anforderungen entsprechen;
5. Sinnvolle Verteilung der Begriffe und Zusammenhänge auf Teilaufgaben;
6. Formulierung des Informationsfeldes, z. B. Angaben zur Bearbeitungszeit und den erlaubten Hilfsmittel;
7. Erstellung des Aufgabenfeldes (Taxonomie beachten! Aufgabenfeld deutlich vom Informationsfeld absetzen!);
8. Schätzung der Bearbeitungszeit (für manuelle Tätigkeiten wie Rechnen und Schreiben ist etwa die zwei- bis zweieinhalbfache Zeit vorzusehen, die der Ausbilder zur Lösung der Aufgaben benötigt);
9. Formulierung einer Musterlösung einschließlich eines differenzierten Punktevorschlags für die Teilaufgaben, für einzelne Begriffe und Zusammenhänge sowie für einzelne Lösungsschritte (außer bei gebundenen Aufgaben);

Eine Aufgabe ist dann **valide** (gültig), wenn sie möglichst treffsicher die Lerninhalte misst, die sie messen soll. Dies erfordert, dass

- die Aufgaben exakt auf die zu prüfenden Lerninhalte abgestimmt sein müssen,
- für die Lösung der Aufgaben Kenntnisse benötigt werden, die auch Gegenstand des Ausbildungsstoffes gewesen sind.

Bei der Aufgabenformulierung ist besonders darauf zu achten, dass die Aufgabenstellung von den Auszubildenden auch richtig verstanden wird, damit sie die Aufgabe auch richtig beantworten (lösen) können.

Deshalb ist es bei der Anfertigung einer schriftlichen Lernerfolgskontrolle wichtig,

- die Aufgabenstellung operational zu formulieren,
- einen einfachen Satzbau zu wählen,
- für die Auszubildenden geläufige Worte und Begriffe zu verwenden,
- klar und übersichtlich zu gliedern,
- weder zu knapp noch zu weitschweifig den Text zu formulieren,
- zwischen dem Informations- und dem Aufgabenteil zu unterscheiden.

Präzise Aufgabenformulierungen ermöglichen relativ objektive Lernerfolgskontrollen, wobei sie jedoch den pädagogischen Freiraum des Ausbilders und die Eigeninitiative der Auszubildenden erheblich eingrenzen. Es ist allerdings nicht immer möglich, eine Aufgabe objektiv zu formulieren, weil jeder Ausbilder seine persönlichen Vorstellungen und Werte in die Aufgabenstellung mit einbringt. Ferner sind die **Voraussetzungen** (Bedingungen) aufzuführen, unter denen die Leistung erbracht werden soll, z. B. innerhalb einer vorgegebenen Bearbeitungszeit von 90 Minuten. Ebenso sind die erlaubten **Hilfsmittel,** z. B. Formelsammlungen, Formulare, Gesetzestexte, Tabellenbücher und Taschenrechner, anzugeben, die bei der Bearbeitung der Aufgaben benutzt werden dürfen. Das ist Teil der Aufgabenformulierung.

Schriftliche Aufgaben, die nicht eindeutig formuliert sind, können

- den Ausbilder unglaubwürdig machen,
- die Auszubildenden frustrieren,
- bei der Bewertung zu Problemen führen,
- zur unverschuldeten Verfehlung der Aufgabenstellung führen.

Nicht eindeutig formulierte Aufgaben entsprechen nicht den Gütekriterien der Objektivität, Reliabilität und Validität für Lernerfolgskontrollen und Prüfungen, weil sie mehrdeutig auszuwerten sind und ungenau messen.

Ergänzende Anforderungen an Multiple-Choice-Aufgaben:

- fünf Antwortmöglichkeiten vorgegeben,
- plausible Distraktoren (Falsch-Antworten),
- voneinander unabhängige Antwortmöglichkeiten,
- keine doppelte Verneinungen.

11.4.2 Mündliche Lernerfolgskontrollen

Bei einer mündlichen Lernerfolgskontrolle findet eine zielgerichtete Kommunikation zwischen dem Ausbilder und Auszubildenden statt, wobei der Ausbilder das Gespräch steuert. Dabei sind die **Fragen** vom Ausbilder so zu formulieren, dass der Auszubildende seine Fachkenntnisse nachweisen und somit seine Gedanken entwickeln kann. Die Fragen sind möglichst anhand von Beispielen aus der Praxis zu formulieren, um festzustellen, ob der Auszubildende die erwarteten Lernziele erreicht hat. Während des Gesprächs sollte jedoch kein Wissen abgefragt werden, das beispielsweise in Tabellenbücher und Formelsammlungen nachgelesen werden kann.

Einen großen Einfluss auf den Verlauf von mündlichen Lernerfolgskontrollen hat die Art der **Fragestellung.**

Bei mündlichen Lernerfolgskontrollen sind möglichst **offene Fragen** zu stellen, weil dadurch keine festen Antwortmöglichkeiten vorgegeben werden. Dies hat den Vorteil, dass sich der Auszubildende zur gestellten Frage frei äußern kann. Dabei richten sich die Fragen ausschließlich an das Ausbildungsziel. Sie beginnen mit einem Fragewort: Was, wer, wie usw. Beispiele: »Welche Vorteile hat eine E-Mail gegenüber einem Brief?« oder »Welche Vorteile haben Akkumulatoren gegenüber Zink-Kohle-Elementen?«

Mit **Ergänzungs- und Folgefragen** kann der Ausbilder einzelne Aspekte aus vorherigen Antworten des Auszubildenden vertiefen und weiterführen. Beispiele: »Welche Nachteile hat trotz der kurzen Laufzeit eine E-Mail?« oder »Für welche Texte setzen wir Medien ein?«

Mit **Sondierungsfragen** können unklare Sachverhalte aufgeklärt werden. Beispiel: »Können Sie das noch etwas genauer sagen, warum man eine vollständige Bewerbung nicht per E-Mail erledigen sollte?«

Die Fragen sind wie folgt zu formulieren:

- Eindeutig,
- verständlich,
- mit kurzen und einfachen Sätzen.

Bei einer mündlichen Lernerfolgskontrolle sind folgende **Fragearten zu vermeiden:**

Kettenfragen sind eine Aneinanderreihung unterschiedlicher Fragen, die den Auszubildenden verwirren und somit eine Beantwortung für ihn fast unmöglich machen. Beispiele: »Wie viel kostet ein Standardbrief und wie lange ist in der Regel seine Laufzeit?« oder »Aus welchen Materialien bestehen Mignon-Batterien, welche Spannung liefern sie und warum ist dies so?«

Bei **Suggestivfragen** wird dem Auszubildenden eine bestimmte Meinung unterstellt. Dadurch wird er manipuliert. Beispiele: »Fahren Sie dieses Jahr nicht in Urlaub?« oder »Sie rauchen doch nicht etwa?«

Rhetorische Fragen beantwortet der Fragende selbst und somit verunsichert er den Auszubildenden. Beispiel: »Wollen Sie die Prüfung nun bestehen oder nicht?«

Fangfragen, sind solche, die den Auszubildenden zu einer falschen Antwort einladen.

11.4.3 Praktische Lernerfolgskontrollen

Praktische Lernerfolgskontrollen, z. B. Arbeitsproben und Projekte, sind aus der betrieblichen Praxis abzuleiten, wobei der Ausbildungstand der Auszubildenden zu berücksichtigen ist. Da die Auszubildenden handlungsorientiert auszubilden sind, sollte bei der Entwicklung von praktischen Lernerfolgskontrollen das Modell der vollständigen Handlung (Informieren, Planen, Entscheiden, Durchführen, Kontrollieren, Bewerten) im Vordergrund stehen. Die praktische Lernerfolgskontrolle sollte aus einer berufstypischen und praxisnahen **Situationsbeschreibung** aus dem betrieblichen Alltag und einem konkreten Arbeitsauftrag bestehen. Hierfür sind auch die benötigten Dokumente, Materialien, z. B. Halbzeuge, Werkzeuge und Maschinen, bereit zu stellen. Ebenso ist bei praktische Lernerfolgskontrollen eine feste Zeitvorgabe anzugeben. Vor Durchführung der Lernerfolgskontrolle ist ein **Bewertungsbogen** mit vorgegebenen **Bewertungskriterien** zu erstellen, anhand dessen das Arbeitsergebnis bewertet (benotet) wird.

11.5 Bewertung von Lernerfolgskontrollen

Bewerten ist das subjektive oder objektive Einstufen von theoretischen und praktischen Lernleistungen. Dabei ist eine objektive Bewertung mit einem im Vorfeld festgelegten einheitlichen und standardisierten Bewertungsmaßstab anzustreben, der unabhängig von den erbrachten mündlichen, schriftlichen und praktischen Leistungen des Auszubildenden ist.

11.5.1 Schriftliche Lernerfolgskontrollen

Für die Bewertung der **ungebundenen Aufgaben** sollte eine vorab erstellte Musterlösung zur Verfügung, die auf den richtigen Lösungsansatz hinweisen und die eine Angabe der maximal erreichbaren Punktzahl enthalten. Für die Bewertung ist allein der fachliche Inhalt der vom Auszubildenden abgegebenen Lösung, unabhängig ob frei formuliert oder in Stichworten, entscheidend. Für die Bewertung der einzelnen Aufgaben ist beispielsweise der **gleitende Bewertungsschlüssel 10 – 0 Punkte** (10 – 9 – 8 – 7 – 6 – 5 – 4 – 3 – 2 – 1 – 0 Punkte) im Hinblick des Gleichbehandlungsgrundsatzes für alle Auszubildenden anzuwenden.

Bei der Korrektur von ungebundenen Lernerfolgskontrollen sind nicht alle Aufgaben des Auszubildenden A und anschließend die Aufgaben des Auszubildenden B usw. zu bewerten, sondern zuerst ist die erste Aufgabe von allen Auszubildenden und danach die zweite Aufgabe usw. zu bewerten, d. h. es ist **aufgabenbezogen** und nicht auszubildendenbezogen zu korrigieren. Dadurch wird vermieden, dass gleiche Ausbildungsleistungen unterschiedlich bewertet und unterschiedliche Leistungen gleich bewertet werden. Der Ausbilder hat bei dieser Vorgehensweise die Lösungshinweise besser im Gedächtnis gespeichert und damit auch keinen erhöhten Korrekturaufwand durch neues Einlesen in den Aufgabensatz.

Gebundene Aufgaben, z. B. Multiple-Choice-Aufgaben, bei denen die Antwortmöglichkeiten vorgegeben werden, sind unter Zuhilfenahme der Lösungsschablone zu korrigieren und entsprechend zu bewerten. Bei einer größeren Anzahl von Lernerfolgskontrollen sind diese nicht auf ein Mal zu korrigieren, sondern es sind vom Ausbilder entsprechende Pausen einzulegen, um sich zu entspannen.

Nachdem alle Aufgabensätze korrigiert sind, ist zu kontrollieren, ob alle Aufgaben bewertet wurden. Anschließend ist für jeden Aufgabensatz die Gesamtpunktzahl zu berechnen und zu benoten.

Mit der Einhaltung der beschriebenen Hinweise wird die Auswerteobjektivität der Lernerfolgskontrollen erhöht.

11.5.2 Mündliche Lernerfolgskontrollen

Mündliche Prüfungsleistungen können mit Hilfe eines strukturierten Beobachtungs- bzw. Bewertungsbogens beispielsweise nach folgenden Kriterien bewertet werden:

- angemessen auf die Frage geantwortet,
- begründete Antwort gegeben,
- konkret auf die Frage eingegangen,
- ohne Hilfe die Frage beantwortet,
- richtige Beantwortung der Frage,
- richtige Darstellung des Lösungsweges,
- selbstständig die Lösung gefunden,
- vollständig die Frage beantwortet,
- sachlich-logische Gesprächsführung, z. B.verkaufsorientiertes Kundenberatungsgespräch.

11.5.3 Praktische Lernerfolgskontrollen

Für praktische Lernerfolgskontrollen sind selbsterstellte standardisierte Bewertungsbogen zu erstellen, die entsprechend auszufüllen und auszuwerten sind, um die von jedem Auszubildenden erreichte Gesamtpunktzahl zu errechnen.

11.6 Benotung von Lernerfolgskontrollen

Bei Lernerfolgskontrollen wird wie bei Prüfungen oft davon ausgegangen, dass das Ergebnis mit den Noten 1 bis 6 mathematischen Gesetzen unterworfen ist. Grundlage hierfür ist die Vorstellung, dass ein objektiver Ausbilder seine Bewertung nach den Gesetzmäßigkeiten der sogenannten **Gauß'schen Normalverteilung** vornimmt. Demnach müsste die Verteilung der vergebenen Noten dem Verlauf der folgenden Kurve unterliegen:

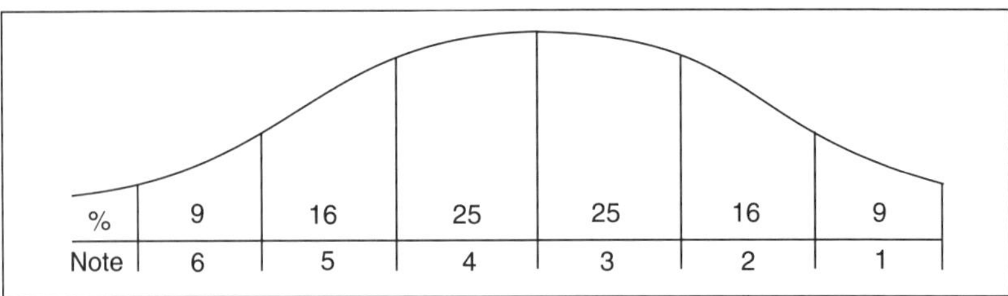

Normalverteilung bei einer Bewertung nach Noten

Die Bewertung von Ausbildungsleistungen, die sich an der Normalverteilung orientieren, sind jedoch pädagogisch unerwünscht, da es in einer Ausbildungsgruppe unterschiedliche Leistungen gibt. Diese Unterschiede sollen sich deshalb auch in der Bewertung, d. h. im **Notenbild,** zeigen. Um dies zu erreichen sind **lernzielorientierte Lernerfolgskontrollen** durchzuführen und entsprechend zu bewerten. Der Sinn einer lernzielorientierten Lernerfolgskontrolle besteht darin, dass sie sich am **Lernziel** orientiert. Dabei legt der Ausbilder nach der Erstellung der Lernerfolgskontrolle und vor deren Durchführung den Bewertungsmaßstab fest, der konsequent einzuhalten ist. Dadurch ist die Note des einzelnen Auszubildenden abhängig von seiner eigenen Leistung und nicht von den Leistungen der anderen Auszubildenden seiner Ausbildungsgruppe. Deshalb ist der Bewertungsmaßstab im Voraus festzulegen.

Lernerfolgskontrollen sollten auf der Grundlage der **Musterprüfungsordnung für die Durchführung von Abschluss- und Umschulungsprüfungen** bewertet (benotet) werden, wie in dem folgenden Bewertungsschlüssel **(100-Punkte-Schlüssel)** dargestellt:

Punkte	Note als Dezimalzahl	Note in Worten	Definition
100 98 und 99 96 und 97 94 und 95 92 und 93	1,0 1,1 1,2 1,3 1,4	sehr gut	eine Leistung, die den Anforderungen in besonderem Maß entspricht
91 90 89 88 87 85 und 86	1,5 1,6 1,7 1,8 1,9 2,0	gut	eine Leistung, die den Anforderungen voll entspricht

Punkte	Note als Dezimalzahl	Note in Worten	Definition
84	2,1		
83	2,2		
82	2,3		
81	2,4		
79 und 80	2,5	befriedigend	eine Leistung, die den Anforderungen im Allgemeinen entspricht
78	2,6		
77	2,7		
75 und 76	2,8		
74	2,9		
72 und 73	3,0		
71	3,1		
70	3,2		
68 und 69	3,6		
67	3,4		
65 und 66	3,5	ausreichend	eine Leistung, die zwar Mängel aufweist, aber im Ganzen den Anforderungen noch entspricht
63 und 64	3,6		
62	3,7		
60 und 61	3,8		
58 und 59	3,9		
56 und 57	4,0		
55	4,1		
53 und 54	4,2		
51 und 52	4,3		
50	4,4		
48 und 49	4,5	mangelhaft	eine Leistung, die den Anforderungen nicht entspricht, jedoch erkennen lässt, dass gewisse Grundkenntnisse noch vorhanden sind
46 und 47	4,6		
44 und 45	4,7		
42 und 43	4,8		
40 und 41	4,9		
38 und 39	5,0		
36 und 37	5,1		
34 und 35	5,2		
32 und 33	5,3		
30 und 31	5,4		
25 bis 29	5,5	ungenügend	eine Leistung, die den Anforderungen nicht entspricht und bei der selbst Grundkenntnisse fehlen
20 bis 24	5,6		
15 bis 19	5,7		
10 bis 14	5,8		
5 bis 9	5,9		
0 bis 4	6,0		

11.7 Schwierigkeitsgrad und Trennschärfe von Aufgaben

Um Aufschluss über die Qualität (Güte) einer Lernerfolgskontrolle zu erhalten, ist anschließend eine Aufgabenanalyse durchzuführen, um den **Schwierigkeitsgrad** zu bestimmen und die **Trennschäfte** der einzelnen Aufgaben zu ermitteln.

Der **Schwierigkeitsgrad** einer Aufgabe $\mathbf{P_A}$ ist der relative Anteil der von allen Auszubildenden richtig gelösten Aufgaben und den von allen Auszubildenden zu bearbeitenden Aufgaben.

$$P_A = \frac{\text{Anzahl der Auszubildenden (Prüflinge) mit richtigen Lösungen}}{\text{Anzahl der Auszubildenden (Prüflinge), die die Aufgabe zu bearbeiten hatten}}$$

Beispiel:

Von 20 Auszubildenden haben 14 Auszubildende die Aufgabe richtig gelöst.

$$P_A = \frac{\text{14 Auszubildende}}{\text{20 Auszubildende}} = 0{,}7$$

Das Ergebnis zeigt, dass 70 % der Auszubildenden die Aufgabe richtig gelöst haben.

Je größer der Schwierigkeitsgrad P_A einer Aufgabe ist, umso leichter ist diese. Ein Schwierigkeitsgrad von 0,85 ist als »leicht«, einer von 0,5 als »mittelschwer« und ein Schwierigkeitsgrad von 0,2 oder weniger ist als »schwer« einzustufen. Aus diesem Grund sind in einem Aufgabensatz neben schweren auch mittelschwere und leichte Aufgaben zu formulieren. Schwere Aufgaben, die von weniger als 10 % (P_A = 0,1) der Auszubildenden gelöst wurden (so genannte Einserbremsen) sollten nicht verwendet werden und deshalb sind sie nachträglich aus der Bewertung zu nehmen.

Um den Rechenaufwand gering zu halten, kann der Schwierigkeitsgrad einer Lernerfolgskontrolle $\mathbf{P_L}$ wie folgt errechnet werden

$$P_L = \frac{\text{erreichte Punktzahl aller Auszubildenden}}{\text{maximal erreichbare Punktzahl aller Auszubildenden}}$$

Beispiel:

In einer Lernerfolgskontrolle haben alle 20 Auszubildenden zusammen 1526 Punkte erreicht, wobei jeder Auszubildende maximal 100 Punkte in der Lernerfolgskontrolle erreichen konnte.

$$P_L = \frac{1526 \text{ Punkte}}{2000 \text{ Punkte}} = 0{,}763$$

Diese Lernerfolgskontrolle ist als leicht einzuschätzen, weil sie von 76,3 % der Auszubildenden richtig gelöst wurde.

Diese Berechnungen beziehen sich jedoch nur auf die Auszubildenden, die an der Lernerfolgskontrolle teilgenommen haben.

Die **Trennschärfe** einer Aufgabe gibt den Zusammenhang (Korrelation) zwischen der Lösung einer Aufgabe und der Gesamtpunktzahl einer Lernerfolgskontrolle an. Der Zusammenhang wird mit dem **Trennschärfenkoeffizienten Tr** bestimmt wird, dessen Wertebereich zwischen -1 und +1 liegt. Der Trennschärfenkoeffizient kann beispielsweise mit dem Tabellenkalkulationsprogramm EXCEL mit der Funktion »KORREL« (Korrelation) berechnet werden.

Die folgende Tabelle zeigt beispielhaft die Ergebnisse einer schriftlichen Lernerfolgskontrolle:

Schriftliche Lernerfolgskontrolle						
Auszubildender	Aufgabe 1	Aufgabe 2	Aufgabe 3	Aufgabe 4	Aufgabe 5	Summe
1	8	8	7	9	10	42
2	7	5	4	6	8	30
3	6	5	3	4	3	21
4	5	10	5	10	7	37
5	6	8	7	7	8	36
6	7	8	7	6	8	36
7	6	7	10	7	8	38
8	3	7	3	0	6	19
9	5	0	7	8	7	27
10	8	7	8	6	5	34
11	8	10	10	8	7	43
12	10	8	7	8	10	43
13	9	5	8	5	8	35
14	10	9	8	7	8	42
15	8	6	7	8	8	37

Schriftliche Lernerfolgskontrolle

Beispielsweise ergibt sich zwischen der Aufgabe 1 und dem Gesamtergebnis der schriftlichen Lernerfolgskontrolle (Summe der erreichten Punkte von allen Auszubildenden [106] und Summe aller Aufgaben von allen Auszubildenden [520]) eine Trennschärfe von Tr = 0,72.

Der Trennschärfenkoeffizient sollte einen Wert von größer als 0,5 haben. Alle Aufgaben mit einem Trennschärfenkoeffizienten unterhalb von 0,3 sind für einen weiteren Einsatz dieser Lernerfolgskontrolle zu überarbeiten, z. B. durch Streichen der betroffenen Aufgaben. Dabei ist jedoch zu beachten, dass Trennschärfenkoeffizienten von kleiner als 0,3 oder größer als 0,8 als zu schwer bzw. als zu leicht betrachten sind.

Deshalb sind in einem Aufgabensatz neben schweren auch leichte Aufgaben zu formulieren, damit sie von guten Auszubildenden besser als von weniger guten beantwortet werden können; andererseits dürfen sie auch nicht so schwer sein, sodass die weniger guten Auszubildenden keine Chance zur Lösung erhalten.

Anwendungsbeispiel:

Sie möchten nach dem Ausbildungsplan eine Ausbildungseinheit (z. B. Unterricht, Unterweisung, praktische Arbeit) planen, mit Ihren Auszubildenden durchführen und anschließend den Lernerfolg anhand der Lernziele feststellen (kontrollieren), d. h. bewerten. Ebenso möchten Sie den Schwierigkeitsgrad der Aufgaben bestimmen sowie deren Trennschäfte ermitteln.

12 Verhaltensbeobachtung

Die Verhaltensbeobachtung ist die Form der wissenschaftlichen Beobachtung, die auf das Verhalten von menschlichen Individuen oder Gruppen von Individuen gerichtet ist. Sie ist eine grundlegende Methode der Pädagogischen Diagnostik, die auch der Ausbilder ständig während seiner täglichen Arbeit einsetzen sollte.

Leider fehlen häufig entsprechende Kenntnisse, was dazu führt, dass angemessene Beurteilungen (siehe Kapitel 13) in Frage stehen oder unterbleiben. Deshalb sind an die Verhaltensbeobachtung hohe Anforderungen zu stellen, weil nur mit ihrer Hilfe verantwortungsvolle pädagogische Beurteilungsaufgaben gelöst werden können. Nachvollziehbare und »gerechte«, d. h. standardisierte Beurteilungen müssten im Bildungswesen eigentlich die Regel sein.

12.1 Naive versus wissenschaftliche Beobachtung

Die **Alltagsbeobachtung** ist eine unsystematische, naive Beobachtung, die eine Speicherung der Ergebnisse nicht vorausplant. Wenn man beispielsweise den Auszubildenden im Maschinenraum begegnet, dann macht man viele Beobachtungen. Anschließend kann man meistens nicht mehr genau sagen, was man alles gesehen hat, denn die Eindrücke waren zu vielseitig und unterschiedlich. Dabei hat man das Problem, dass man sich nicht alles merken kann, was man gesehen hat. Normalerweise kann man sich nur an einzelne Beobachtungen erinnern, weil bei der unsystematischen, naiven Beobachtung im Voraus nicht genau festgelegt wird, welche Beobachtungen gespeichert, z. B. schriftlich aufgezeichnet, werden sollen.

Die **wissenschaftliche Beobachtung** plant dagegen die Speichermöglichkeiten der Beobachtung nicht nur Voraus, sondern es muss eine eigene Sprache (z. B. ein Kategoriensystem) entwickelt werden, die eine exakte Speicherung erlaubt. Hierbei wird im Voraus genau festgelegt, welches beobachtbare Verhalten in Beobachtungseinheiten zerlegt und mit Hilfe der Beobachtungskategorien kodiert und gespeichert wird. Dabei können die Beobachtungsergebnisse beispielsweise in einen strukturierten Beobachtungsbogen vom Beobachter (z. B. Ausbilder) eingetragen werden. Zusätzlich kann die Beobachtung mit technischen Hilfsmitteln, z. B. Videoaufzeichnungsanlagen (rechtlich nicht unbedenklich; deshalb nur mit Einwilligung), unterstützt werden.

Für zuverlässige Ergebnisse scheiden Alltagbeobachtungen wegen ihrer Beiläufigkeit also aus; wissenschaftlich abgesicherte Beobachtungen sind deshalb in der Praxis geboten.

Die Registrierung in Informationseinheiten (das ist im Normalfall die schriftliche Aufzeichnung) kann mehr oder weniger strukturiert sein. Das bedeutet hier, dass die beobachteten Handlungssequenzen, Handlungsteile, Personen oder sonstige Sachverhalte nach vorab festgelegten **Kategorien** sortiert werden. Dabei werden nur die Kategorien aufgezeichnet, die positiv abgedeckt sind; diese können z. B. in einen Beobachtungsbogen eingetragen werden.

12.2 Ziel der Verhaltensbeobachtung

Ziel der wissenschaftlichen Beobachtung ist es, zu **Protokollsätzen** (Aufzeichnungen) zu gelangen, anhand derer Hypothesen überprüft werden können. Als Protokollsätze verstehen wir die Aufzeichnungen des Beobachters (Ausbilders) während eines Beobachtungsvorganges. Bei wissenschaftlichen Beobachtungen muss der Beobachter jedoch vor Beginn der Beobachtung **Hypothesen** aufstellen, die er überprüfen möchte. Will man beispielsweise das Verhalten eines Auszubildenden mit einer gezielten Frage während der praktischen Ausbildung beobachten, dann könnte die Teilfrage folgendermaßen lauten: »Ist der Auszubildende kooperationsfähig?« Konkrete Teilfragen schließen sich an.

Zur Hypothesenprüfung sind die Aufzeichnungen dann geeignet, wenn sie reliabel und valide sind, d. h. wenn sie die Gütekriterien sozialwissenschaftlicher Messungen erfüllen (siehe Kapitel 3):

Reliabilität bedeutet, dass verschiedene Beobachter bei gleicher Problemstellung und gleichen Bedingungen zu gleichen Beobachtungsaufzeichnungen gelangen.

Validität heißt, dass praktisch genau das erfasst wird, was theoretisch (von der Problemstellung her) gemeint ist.

Der erste Schritt einer wissenschaftlichen Beobachtung ist die eindeutige Festlegung der Beobachtungskategorien **(Operationalisierung).** Unter der

Operationalisierung eines Begriffes ist die Angabe derjenigen Vorgehensweisen zu verstehen, mit deren Hilfe entscheidbar wird, ob und in welchem Ausmaß der mit dem Begriff bezeichnete Sachverhalt in der Realität vorliegt.

Werden beispielsweise unter dem Begriff »Kooperationsfähigkeit« die Eigenschaften »nett« und »freundlich« verstanden, ist dies keinesfalls zweifelsfrei, weil jeder Beobachter (Ausbilder) hierunter etwas anderes versteht. Damit würden zwangsläufig verschiedene Beobachter zu unterschiedlichen Ergebnissen kommen. Um dies zu vermeiden, ist der Begriff zu operationalisieren, sodass jeder Ausbilder das gezeigte Verhalten eindeutig beobachten kann.

Der Begriff »Kooperationsfähigkeit« kann beispielsweise folgendermaßen operationalisiert werden:

- Andere ausreden lassen,
- anderen wichtige Informationen geben,
- andere unterstützen,
- andere um deren Meinung bitten,
- auf Kritik konstruktiv reagieren.

Diese Verhaltensweisen sind für **jeden** Beobachter eindeutig bzw. relativ eindeutig beobachtbar und können somit in die entsprechende Kategorie eines vorbereiteten Beobachtungsbogens eingetragen werden.

Um außerdem vergleichbare Beobachtungsergebnisse zu erhalten, versucht man in einem nächsten Schritt diesen Ergebnissen bestimmte Werte zuzuordnen, d. h. zu **quantifizieren.** Um festzustellen, ob ein Auszubildender »kooperationsfähig« ist, kann man genau aufschreiben, **wie häufig** er das Verhalten (andere ausreden lassen usw.) zeigt. Diese Häufigkeitsbeobachtung kann man dann in den Beobachtungsbogen zur entsprechenden Kategorie eintragen:

Dadurch kann das Verhalten des Auszubildenden z. B. mit seinem früheren Verhalten oder mit demjenigen anderer Auszubildender verglichen werden. Somit erhält man verlässliche Hinweise, ob der beobachtete Auszubildende tatsächlich »kooperationsfähiger« als die anderen ist.

Auszubildender: Jannick Müller Fach: Systementwurf Verhalten: Kooperationsfähigkeit des Auszubildenden			Beobachter: Daniel Bende Datum: 9. Oktober 2020 Beobachtungszeit: 9:00–10:00 Uhr Beobachtung Nr.: -1-			
Kategorien	**Mo**	**Di**	**Mi**	**Do**	**Fr**	**Summe**
andere ausreden lassen						
anderen wichtige Infos geben						
andere unterstützen						
andere um ihre Meinung bitten						
auf Kritik konstruktuv reagieren						
Bemerkungen: Ergebnis:						

Beobachtungsbogen

Bei der wissenschaftlichen Beobachtung ist es außerdem wichtig, eine **Verhaltensstichprobe** festzulegen. Das bedeutet, den Zeitraum und die Situation, in der man ein bestimmtes Verhalten beobachten möchte, genau festzusetzen und dass die Beobachtung stets unter den gleichen Rahmenbedingungen stattfinden lassen.

Weil man den Auszubildenden aus diversen, u. a. aus ökonomischen Gründen nicht die ganze Zeit beobachten kann, wird ein bestimmter Zeitpunkt oder Zeitraum festgelegt, in dem man sein Verhalten beobachtet. Dies kann z. B. jeweils nach der täglichen Frühstückspause von 9:00 Uhr bis 10:00 Uhr sein. Man kann die »Kooperationsfähigkeit« von zwei Auszubildenden nämlich schlecht vergleichen, wenn sie zu unterschiedlichen Zeiten beobachtet werden, weil man nicht weiß, inwieweit dieser Umstand auch durch äußere Faktoren, beispielsweise durch andere Ausbilder, beeinflusst wird. Dabei könnten die Auszubildenden ein reaktives Verhalten zeigen, das aber nicht ihren normalen Verhaltensweisen entspricht und somit würde das Beobachtungsergebnis nicht dem tatsächlichen Verhalten entsprechen.

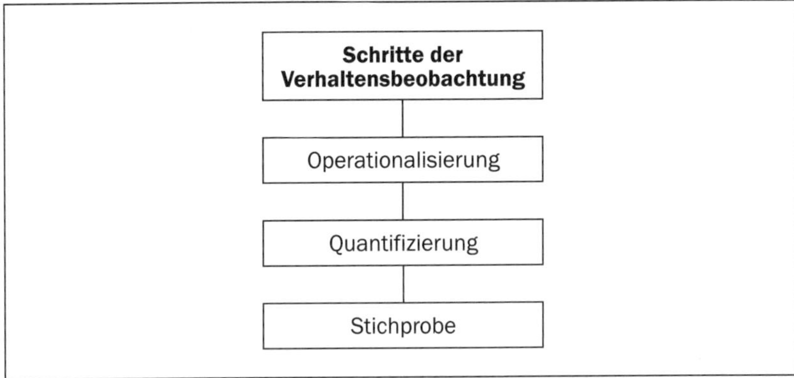

Schritte der Verhaltensbeobachtung

12.3 Arten der Verhaltensbeobachtung

Man unterscheidet einige Arten der Verhaltensbeobachtung, die im Folgenden stichwortartig verglichen werden.

Naive Beobachtung	Wissenschaftliche Beobachtung
• Großer Spielraum des Beobachters (z. B. Ausbilder), • mangelnde Vergleichbarkeit, • keine Kategorien vorgegeben. **Beispiel:** Normaler Alltag, zufällige Beobachtungen während der täglichen Ausbildung.	• Strukturiert, • Aufzeichnung mit Hilfsmitteln (z. B. Beobachtungsbogen, Videoaufzeichnungsanlage). **Beispiel:** Mit einer Hypothese wird das Verhalten der Auszubildenden beim Mittagessen beobachtet. Frage: Verhaltensnormen von Auszubildenden? Teilfrage: Warten die Jungen, bis die Mädchen sitzen?

Unstrukturierte Beobachtung	Strukturierte Beobachtung
• Klassische »Journalisten-Fragen«, • (wer, was, wann, wo, warum?), • wenig nachvollziehbar. Man kann nicht alles beobachten; man braucht immer eine Frage oder eine Hypothese. **Beispiel:** Pauschale Nachzeichnung eines Lehrgesprächs.	• Beobachtbare Handlungsteile, • nach festgelegten Kategorien, • nachvollziehbar. Vorteil: Man muss nicht alles beobachten. Nachteil: Vielleicht wird das Wesentliche nicht erfasst. **Beispiel:** Aufzeichnung einer Gruppenarbeit.

Teilnehmende Beobachtung	Nicht-teilnehmende Beobachtung
Ausbilder ist selbst Teil der sozialen Situation. **Beispiel:** Ausbilder ist als Moderator Gruppenmitglied. Er erklärt den Sinn seiner Arbeit und gibt sich als Beobachter zu erkennen.	• Ausbilder ist nicht Teil der sozialen Situation. **Beispiel:** Ausbilder beobachtet die Auszubildenden anlässlich eines allgemeinen Betriebsfestes.

Offene Beobachtung	Verdeckte Beobachtung
• Auszubildende wissen um Beobachtung, • unerwünschte Verhaltensweisen, • Ausbilder kann die Auszubildenden beeinflussen. **Beispiel:** Beobachtung des Verhaltens der Auszubildenden bei der Gruppenarbeit wird vorher angekündigt/ist offensichtlich.	• Auszubildende wissen nicht um Beobachtung, • keine angepassten Verhaltensweisen, • Ausbilder kann die Auszubildenden nicht beeinflussen, • Ausbilder verletzt die Privatsphäre der Auszubildenden. **Beispiel:** Beobachtung des Verhaltens der Auszubildenden bei der Gruppenarbeit wird nicht angekündigt – unbemerkt –.

Aktiv teilnehmende Beobachtung	Passiv teilnehmende Beobachtung
• Ausbilder ist aktives Gruppenmitglied (zentraler Fachvortrag), • Ausbilder beeinflusst die Gruppenaktivitäten, • Ausbilder nimmt bedeutende Position in der Gruppe ein. **Beispiel:** Ein Ausbilder gestaltet ein Seminar und führt zugleich Beobachtungen durch.	• Ausbilder ist Gruppenmitglied, • Ausbilder beeinflusst das Gruppengeschehen wenig, • Ausbilder verhält sich in der Gruppe gleichrangig. **Beispiel:** Ein Ausbilder nimmt bei einer Gruppenarbeit keine Arbeitsrolle ein, sondern zentraler Zweck ist die Beobachtung.

Direkte Beobachtung	Indirekte Beobachtung
Unmittelbar (reaktiv) **Beispiel:** Beobachtung des Ablaufs des Mittagessens während des gemeinsamen Mittagessens.	Mittelbar (nonreaktiv) **Beispiel:** Ablauf des gemeinsamen Mittagessens wird nachträglich rekonstruiert. Frage: »Wurde während des Essens zu laut gesprochen?«

12.4 Die Rolle des Beobachters

Problematisch ist die offene, teilnehmende Beobachtung; denn bei dieser soll einerseits der Beobachter übergeordneter Teil der Gruppe sein, andererseits soll diese ein möglichst unangepasstes Verhalten zeigen. Dabei soll der Beobachter ein Vertrauensverhältnis zur Ausbildungsgruppe aufbauen, um von ihr akzeptiert zu werden – denn er soll mit der Gruppe interagieren.

Bei der offenen Beobachtung kommen häufig folgende Fehler vor:

- **»going native«:** Hier nimmt der Beobachter das Verhaltensmuster der Akteure im Feld an. Er identifiziert sich zu stark mit der Gruppe und vergisst darüber seine Beobachtungsaufgabe.

  Beispiel: Je stärker der Ausbilder am inoffizellen Gruppenleben seiner Auszubildenden teilnimmt, umso größer ist die Gefahr des »going native«.

- **»Intra-Rollenkonflikt«:** Der Beobachter muss die Waage zwischen der Distanz zum »Untersuchungsfeld« und der Integration seiner eigenen Person halten. Eine zu intensive aktive Teilnahme des Beobachters am Gruppengeschehen verzerrt die Beobachtungsergebnisse.

  Beispiel: Ein Ausbilder greift aktiv während einer Beobachtung in das Gruppengeschehen ein, obwohl er eigentlich ein passiv-unauffälliges Gruppenmitglied sein soll. Er steht in Konflikt zwischen seiner »Neutralität« als Beobachter und seiner »Parteilichkeit« als Ausbilder.

Ein wesentlicher Bestandteil des Gelingens einer Beobachtung ist die intensive Schulung des Ausbildungspersonals, damit Fehler möglichst gering gehalten werden. Häufig sind Rollenspiele und Videoaufzeichnungen taugliche Instrumente, um die Beobachter, die Ausbilder, für Fehler zu sensibilisieren.

12.5 Beobachterfehler

Weil die Qualität einer Beobachtung wesentlich von den Fehlern der Beobachter beeinträchtigt wird, werden in diesem Abschnitt typische Beobachterfehler beschrieben. Diese Fehler während einer Beobachtung werden vom Ausbilder bewusst oder unbewusst gemacht.

Versuchsleiter-Erwartungseffekt (»Rosenthal-Effekt«)

Beim diesem Fehler beeinflusst der Beobachter unbeabsichtigt durch sein verbales oder nonverbales Verhalten die Versuchspersonen im Sinne seiner Erwartungen. Dabei zeigen die Versuchspersonen die Tendenz, sich so zu verhalten, wie es von den Beobachtern erwartet wird. ROSENTHAL und JACOBSEN (1968) gelang der Nachweis, dass die induzierten Erwartungshaltungen von Lehrern das Leistungsverhalten der Schüler nachhaltig bestimmte.

Beispiel (indirekt): Teilt ein Ausbilder bei der Übergabe seiner Ausbildungsgruppe seinem Kollegen mit, dass sich seine Gruppe in den letzten Monaten bei ihm sehr gut geführt habe, wird diese Ausbildungsgruppe wahrscheinlich zukünftig eine sehr gute Führung bescheinigt bekommen, und zwar im Wesentlichen aufgrund der Aussage ihres früheren Ausbilders.

Zu frühe Wertung

Bei ungeübten Beobachtern fällt auf, dass sie Vorgänge in einer Gruppe nicht am Schluss der Arbeiten, sondern häufig »zwischendurch« mit einer Wertung versehen.

Beispiel: Während einer Gruppenarbeit wird über die Aufgabenverteilung diskutiert. Dabei nimmt der Ausbilder bereits über das Verhalten der Auszubildenden eine Bewertung vor, ohne das Ende der gesamten Arbeiten abzuwarten. Er wertet einfach aufgrund seines ersten Eindruckes.

Andorra-Effekt

In dem Schauspiel »Andorra« von Max Frisch geht es um vorgefasste Meinungen, nämlich diejenigen der Leute in Andorra über Andi, der Hauptfigur. Dieser wehrt sich anfangs dagegen, resigniert später und kommt schließlich den Erwartungen seiner Umwelt nach: er verhält sich geizig, feige und faul. Die Leute von Andorra sind zufrieden.

Beispiel: Schätzt ein Ausbilder einen Auszubildenden als begabt und entwicklungsfähig ein, so gibt er ihm vermutlich auch mehr Chancen, diese Einschätzung zu beweisen, als bei einer pessimistischen Bewertung. Nimmt der Auszubildende diese Chance wahr, so bestätigt er das Urteil seines Ausbilders. Diese »sich selbst erfüllende Prophezeiungen« treten dann auf, wenn Urteile gleichzeitig als Erwartungen wirken, denen sich der Auszubildende anpasst.

Halo-Effekt

»Halo« bedeutet »Hof«. Wir kennen den Hof beim Mond, d. h. die Tatsache, dass in bestimmten Situationen das Licht des Mondes auf die umgebende Fläche ausstrahlt. Bei Beobachtungen verstehen wir unter dem Halo-Effekt, dass eine Eigenschaft auf andere, benachbarte Eigenschaften ausstrahlt, die wir als Beobachter dann nicht mehr für sich wahrnehmen.

Beispiel: Ein Auszubildender, der ungepflegt aussieht, wird aufgrund dieser Eigenschaft von einem Ausbilder als faul eingeschätzt. Ein Auszubildender dagegen, der sich ordentlich verhält, wird von einem Ausbilder eher als fleißig eingeschätzt. Oder: ein Auszubildender erhält von seinem Ausbilder eine gute Verhaltensnote, weil er gute Noten in der Berufsschule hat.

Milde-Effekt

Ein Beobachter kategorisiert deswegen verzerrt, weil er bei extremen Beobachtungsresultaten für sich oder andere Personen unangenehme Folgen befürchtet.

Beispiel: Ein Ausbilder beurteilt seine Auszubildenden anders, als es ihren Leistungen entspricht. Entweder ist er überängstlich und möchte sich bei den Auszubildenden »Lieb-Kind« machen. Es kann aber auch sein, dass er nicht Willens ist, schlechte Leistungen der Auszubildenden entsprechend zu benoten, um sich selbst und die Auszubildenden in einem guten Licht zu zeigen.

Unvertrautheit mit der Gruppenstruktur/-kultur

Das Nicht-Kennen der spezifischen Gruppenmerkmale kann den Beobachter dazu verführen, einen Vorgang innerhalb der Gruppe völlig falsch zu deuten.

Beispiel: Ein neuer Ausbilder beobachtet eine heftige Diskussion zwischen zwei Auszubildenden und schließt daraus auf einen Konflikt, ohne zu wissen, wie und warum sich die Diskussion entwickelt hat. Dabei hätte die genaue Kenntnis der Gruppenkultur ergeben können, dass es sich bei den Auszubildenden um besonders temperamentvolle, aber friedliche junge Leute handelt.

Fehlerhafte Aufzeichnungen

Eines der größten Beobachtungsprobleme ist das gleichzeitige Beobachten und Aufzeichnen der Beobachtung.

Beispiel: Ereignet sich in einer Ausbildungsgruppe etwas Unerwartetes, dann kann es passieren, dass der Ausbilder die Aufzeichnung vernachlässigt, weil das Geschehen für ihn besonders interessant ist. Ohne Verzerrung ist es später nicht mehr möglich, diesen Beobachtungsvorgang zu rekonstruieren.

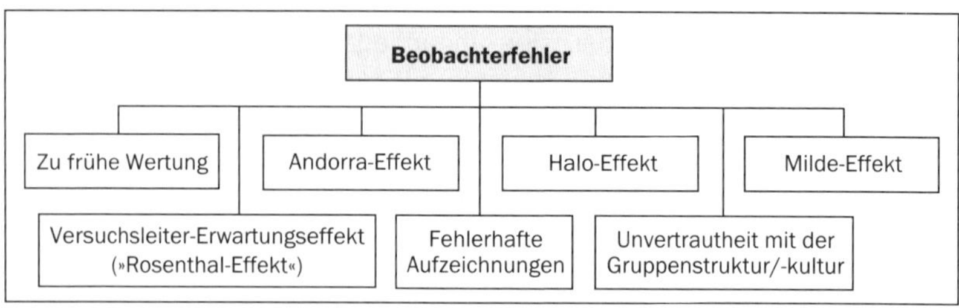

Beobachterfehler

Anwendungsbeispiel:

Die Auszubildenden sollen bei der »Projekt- und transferorientierten Ausbildung (PETRA)« eine Rückmeldung über ihr Lernverhalten bei der Planung, Durchführung und Selbstbewertung einer Arbeitsaufgabe vom Ausbilder erhalten. Die Rückmeldung erfolgt aufgrund einer vorher durchgeführten Gruppenverlaufsbeobachtung. Grundlage für das Rückmeldegespräch ist eine strukturierte Beobachtung des Lernverhaltens der Gruppe während des gesamten Verlaufs der Arbeitsaufgabe.

Dabei ist es wichtig, dass sich Ihre Beobachtungen auf ein tatsächliches, beobachtbares Verhalten der Auszubildenden beziehen und in den Beobachtungsbogen eingetragen werden. Die Beobachtungen können sich z. B. auf die systematische Lernplanung, die benutzte Literatur, die Einhaltung des Arbeitsplanes oder die Einhaltung von Sicherheitsvorschriften beziehen. Hierbei ist zu beachten, dass Sie als Ausbilder den Auszubildenden nur dann eine objektive Rückmeldung geben können, wenn Sie das Lernverhalten konkret beobachtet und schriftlich festgehalten haben.

13 Beurteilungen von Auszubildenden

Die Auszubildenden werden in den meisten Unternehmen während der gesamten Ausbildungsdauer von ihren Ausbildern regelmäßig beurteilt. Dabei beurteilen die Ausbilder zumeist den Umfang und die Qualität der im Ausbildungsrahmenplan festgeschriebenen Fertigkeiten, Kenntnisse und Fähigkeiten (Lernziele) sowie verschiedene Schlüsselqualifikationen, z. B. die Lernbereitschaft, Team- und Integrationsfähigkeit, Zeitmanagement, Analysefähigkeit und Arbeitsqualität, der Auszubildenden.

Alle Qualifikationen, d.h. die Fertigkeiten, Kenntnisse, Fähigkeiten und Verhaltensweisen (z. B. das Leistungs-, Lern- und Sozialverhalten) der Auszubildenden sollten beurteilt werden, weil sie während der Berufsausbildung zur Ausübung einer qualifizierten beruflichen Tätigkeit befähigt werden sollen, die insbesondere das selbstständige Planen, Durchführen und Kontrollieren sowie das Handeln im betrieblichen Gesamtzusammenhang einschließt. Die beschriebene Befähigung ist z. B. auch in den Prüfungen der industriellen Metall- und Elektroberufe nachzuweisen. Somit erfordern sie ein hohes Maß an Selbstständigkeit von den zukünftigen Facharbeitern. Aus diesem Grunde muss bereits während der Berufsausbildung die berufliche Handlungskompetenz einschließlich der darin enthaltenen Schlüsselqualifikationen der Auszubildenden beurteilt werden.

Die Beurteilung wird in der Regel vom zuständigen Ausbilder nach einem standardisierten **Beurteilungssystem** innerhalb des Unternehmens durchgeführt, das der Zustimmung des zuständigen Betriebs- bzw. Personalrates bedarf. In den Beurteilungssystemen sollten neben den Personalien des Auszubildenden auch das Beurteilungsverfahren (z. B. Rangordnungs-, Kennzeichnungs-, Einordnungsverfahren), die einzelnen Beurteilungsmerkmale (z. B. Fachkenntnisse, Zeitmanagement, Eigeninitiative, Integrationsfähigkeit, Anwendungsfähigkeit), die Beurteilungszeiträume und die Form der Beurteilungsformulare festgelegt werden, an die sich die Ausbilder zu halten haben. Über das eingeführte Beurteilungssystem im Unternehmen sollten die Auszubildenden zu Beginn der Berufsausbildung ausführlich informiert werden, damit sie wissen, »woran sie sind«.

13.1 Rechtliche Grundlagen von Beurteilungen

Die Notwendigkeit zur Durchführung von betrieblichen Beurteilungen kann aus dem Berufsbildungsgesetz (BBiG) abgeleitet werden; denn der

Ausbildende hat dafür zu sorgen, dass der Auszubildende charakterlich gefördert sowie sittlich und körperlich nicht gefährdet wird (vgl. § 14 Abs. 1 Nr. 5 BBiG). Die charakterliche Förderung verlangt eine **positive Einflussnahme** auf die seelisch-geistige Entwicklung des Auszubildenden durch den Ausbildenden. Die Förderung des Auszubildenden schließt die Erziehung und Persönlichkeitsbildung ein. Im Rahmen seiner Erziehungspflicht, die sich zwar auf die Tätigkeit im Ausbildungsbetrieb beschränkt, hat der Ausbildende naturgemäß den Fortgang der Ausbildung zu überwachen und muss den Erfolg der Ausbildung mehr oder minder ständig prüfen, d. h. also die Leistungen und das Verhalten seiner Auszubildenden beurteilen. Dies schließt somit die Beurteilung der Schlüsselqualifikationen ein. Zu diesem Bereich gehört übrigens auch die Vermittlung von gesellschaftlichen Normen und Werten.

Im Berufsbildungsgesetz werden ausdrücklich bestimmte Anforderungen an das Verhalten des Auszubildenden während der Berufsausbildung gestellt. Daraus ergeben sich für den Auszubildenden folgende Pflichten, deren Erfüllung oder Nichterfüllung natürlich beurteilt werden muss:

- **Lernpflicht:** Er hat sich zu bemühen, die berufliche Handlungsfähigkeit (berufliche Fertigkeiten, Kenntnisse und Fähigkeiten) zu erwerben, die zur Erreichung des Ausbildungszieles erforderlich ist (vgl. § 13 Satz 1 BBiG). Das bedeutet auch, dass der Auszubildende beispielsweise interessiert und sich selbst aktiv auf die Erreichung des Ausbildungszieles zu konzentrieren hat. Ebenso, dass er ausgeruht und pünktlich in der Ausbildungsstätte und Berufsschule erscheint, ggf. in einer entsprechenden, ordentlichen Kleidung. Er muss unter optimaler Annäherung seiner geistigen und körperlichen Kräfte das Berufsziel anstreben. Die Lernpflicht umfasst auch den Unterricht in der Berufsschule, die auch die Freizeit mit einschließt.

- **Sorgfaltspflicht:** Er ist verpflichtet, die ihm im Rahmen seiner Berufsausbildung aufgetragenen Aufgaben sorgfältig auszuführen (vgl. § 13 Ziff. 1 BBiG). Hierzu gehört z. B. das gewissenhafte Führen des schriftlichen oder elektronischen Ausbildungsnachweises, wobei er sich selbst aktiv um die Vollständigkeit des Ausbildungsnachweises zu bemühen hat. Ferner hat der Auszubildende die vom Ausbildenden zur Verfügung gestellten Ausbildungsmittel, z. B. Fachliteratur, Zeichenausstattung, Werkzeuge, Halbzeuge, sorgfältig zu behandeln und vor Verlust zu schützen.

- **Teilnahmepflicht:** Er hat an Ausbildungsmaßmaßnahmen teilzunehmen für die er vom Ausbildenden freigestellt wird (vgl. § 13 Abs. 1 Ziff. 2 BBiG). Hierzu gehört die Teilnahme am Berufsschulunterricht sowie an Prüfungen (z. B. Zwischen- und Abschlussprüfung) und Ausbildungsmaßnahmen, die auf Grund öffentlich-rechtlicher oder vertraglicher Bestimmungen außerhalb der Ausbildungsstätte durchzuführen sind (vgl. § 15 Abs. 1 Ziff. 4 BBiG); z. B. überbetriebliche Ausbildung, Besichtigungsfahrten.

- **Gehorsamspflicht:** Er ist hat den Weisungen zu folgen, die ihm im Rahmen der Berufsausbildung vom Ausbildenden, von Ausbildern oder von anderen weisungsberechtigten Personen erteilt werden (vgl. § 13 Abs. 3 BBiG). Andere weisungsberechtigte Personen können z. B. der zuständige Sachbearbeiter oder Meister, die Fachkraft für Arbeitssicherheit oder der Magazinwart im Rahmen seines Arbeitsgebietes sein. Die Weisungen müssen jedoch dem Ausbildungszweck dienen und die Maßnahmen müssen den körperlichen Kräften des Auszubildenden angemessen sein und dass sie nur gegenüber den Personen gilt, die als weisungsberechtigt bekannt gemacht worden sind. Der Auszubildende kann auch dazu verpflichtet werden, Hausaufgaben im Rahmen der zulässigen Arbeitszeitbegrenzung anzufertigen.

- **Ordnungspflicht:** Er hat die für die Ausbildungsstätte geltende Ordnung zu beachten (vgl. § 13 Abs. 4 BBiG). Hierzu gehört u. a. die Einhaltung der Hausordnung, der Betriebsvereinbarungen und der Unfallverhütungsvorschriften. Ebenso kann er verpflichtet sein, Erkrankungen innerhalb bestimmter Fristen dem Ausbildenden anzuzeigen sowie das Tragen der vorgeschriebenen Schutzbekleidung; ggf. kann es auch die Kleiderordnung betreffen.

- **Pflegepflicht:** Er hat die Werkzeuge, Maschinen und sonstige Einrichtungen pfleglich zu behandeln (vgl. § 13 Abs. 5 BBiG). Hierzu gehören alle Verrichtungen während der Ausbildungsdauer, die beispielsweise mit der Reinigung des eigenen Arbeitsplatzes und der Pflege von Werkzeugen, Maschinen, Geräten, Waren usw. zusammenhängen, soweit der Auszubildende damit persönlich umzugehen hat. Ebenso hat er die vom Ausbildenden zur Verfügung gestellten Ausbildungsmittel, z. B. Fachliteratur, Zeichenausstattung, Halbzeuge, pfleglich zu behandeln und vor Verlust zu schützen.

- **Treuepflicht:** Er hat über alle Betriebs- und Geschäftsgeheimnisse Stillschweigen zu wahren (vgl. § 13 Abs. 1 Ziff. 6 BBiG). Das sind alle

Tatsachen, die im Zusammenhang mit dem technischen Betrieb oder der wirtschaftlichen Betätigung des Unternehmens stehen und nur einem eng begrenzten Personenkreis zugänglich und nicht offenkundig sind. Das sind z. B. Informationen über Kunden, Preise und Lieferanten, die beispielswese der Konkurrenz nicht bekannt werden dürfen und eindeutig als Betriebsgeheimnis zu erkennen sind.

- **Ausbildungsnachweisführung:** Er hat einen schriftlichen oder elektronischen Ausbildungsnachweis zu führen (vgl. § 13 Abs. 1 Ziff. 7 BBiG). Hierzu gehört das ordnungsgemäße führen das Ausbildungsnachweises und diesen regelmäßig dem Ausbildenden bzw. dem Ausbilder zur Durchsicht vorlegen.

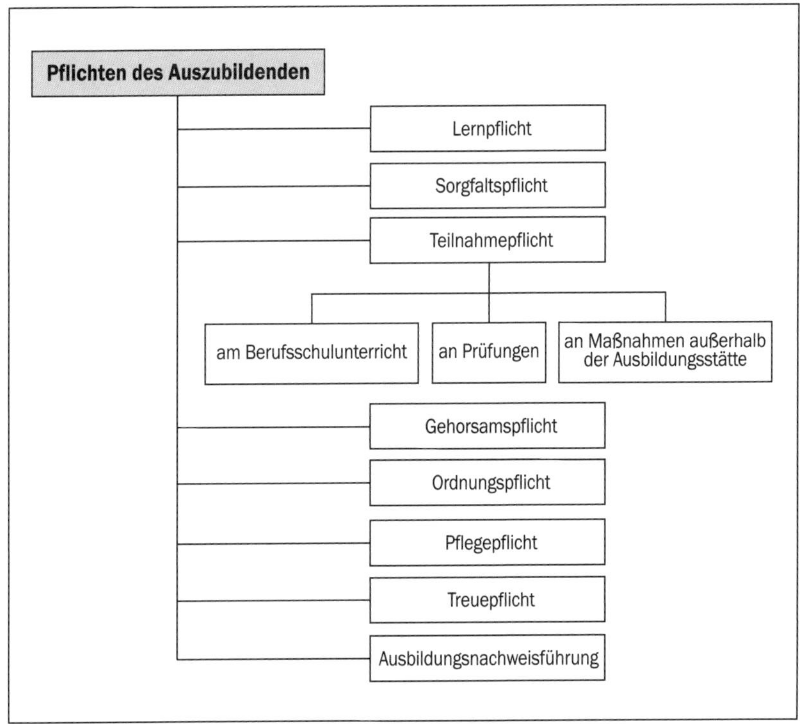

Pflichten des Auszubildenden

Diese Pflichten muss der Auszubildende während der gesamten Berufsausbildung erfüllen; er hat dementsprechend auch ein Recht auf fortlaufende Beurteilungen. Nur wenn er während der gesamten Ausbildungsdauer von seinen Ausbildern regelmäßig und umfassend beurteilt wird, kann er die nötigen Schlüsse ziehen und mögliches Fehlverhalten entsprechend ändern.

Der Ausbildende hat bei Beendigung des Berufsausbildungsverhältnisses dem Auszubildenden ein schriftliches **Zeugnis** auszustellen (vgl. § 16 Abs. 1 BBiG). Auf Verlangen des Auszubildenden sind auch Angaben über Verhalten und Leistung in das Zeugnis aufzunehmen (vgl. § 16 Abs. 2 Satz 2 BBiG). Dadurch sind im so genannten qualifizierten Zeugnis (siehe hierzu noch Kapitel 14) zusätzliche Aussagen über das Verhalten und die Leistung des Auszubildenden zu treffen. Das heißt: Alle benötigten Angaben zur Erstellung eines qualifizierten Zeugnisses können und sollen auf der Grundlage von Beurteilungen getroffen werden. Auch hieraus muss geschlossen werden, dass betriebliche Beurteilungen von Auszubildenden zu den ständigen Pflichten des Ausbildenden gehören.

Für die Aufstellung allgemeiner **Beurteilungsgrundsätze** ist nach dem Betriebsverfassungsgesetz (BetrVG) die Zustimmung des Betriebsrates erforderlich (vgl. § 94 Abs. 2 BetrVG). Beurteilungsgrundsätze sind Richtlinien, die eine Bewertung des Verhaltens oder der Leistung der Auszubildenden objektivieren sollen, um Beurteilungserkenntnisse miteinander vergleichen zu können. Dieses Zustimmungsbedürfnis betrifft sowohl die erstmalige Einführung als auch die Änderung eines bereits bestehenden Beurteilungssystems für Auszubildende. Um also die Auszubildenden systematisch beurteilen zu dürfen, ist eine Einigung zwischen Ausbildungsbetrieb und Betriebsrat zu erzielen, und zwar in Form einer Betriebsvereinbarung (vgl. § 77 BetrVG). Kommt eine Einigung nicht zu Stande, so entscheidet die Einigungsstelle, deren Spruch die Einigung zwischen Arbeitgeber und Betriebsrat ersetzt.

Der Auszubildende kann verlangen, dass die Beurteilung seiner Leistungen mit ihm **erörtert** wird. Hierzu kann er ein Mitglied des Betriebsrates hinzuziehen (vgl. § 82 Abs. 2 BetrVG). Ebenso ist der Auszubildende berechtigt, Stellung zu seiner Beurteilung zu nehmen (vgl. § 82 Abs. 1 BetrVG). Diese **Stellungnahme** ist der Beurteilung beizufügen. Die Erörterung der Beurteilung kann als Beurteilungs- und Fördergespräches durch den Ausbilder erfolgen. Um jedoch dabei Missverständnisse zu vermeiden, sollten solche Gespräche in Form einer Aktennotiz dokumentiert werden, von der auch der Auszubildende ein Exemplar erhält.

Soweit eine gesetzliche oder tarifliche Regelung nicht besteht, hat auch der Personalrat nach dem Bundespersonalvertretungsgesetz (BPersVG) – gegebenenfalls durch Abschluss einer Dienstvereinbarung – über die Aufstellung von Beurteilungsrichtlinien für Arbeitnehmer mitzubestimmen (vgl. § 75 Abs. 3 Ziff. 9 BPersVG). Dabei wird in den Beurteilungsrichtlinien festgelegt, wann und wie die Leistungen und das Verhalten der Beschäftigten beurteilt werden sollen. Somit kann der Personalrat bei der Erstellung von Beurteilungsrichtlinien direkten Einfluss auf die Beurteilungskriterien nehmen, und zwar auch für Auszubildenden (vgl. § 4 Abs. 1 BPersVG).

13.2 Funktionen von Beurteilungen

Betriebliche Beurteilungen von Auszubildenden erfüllen während der Ausbildungsdauer verschiedene Funktionen, die im Folgenden erklärt werden.

Die Vielfalt der Funktionen zeigt die Bedeutung von Beurteilungen und gebietet gleichzeitig große Sorgfalt bei der Erstellung.

13.2.1 Pädagogische Funktion

Beurteilungen von Auszubildenden müssen sich am Ziel der betrieblichen Berufsausbildung ausrichten, d. h. an der Ertüchtigung der Auszubildenden zur Ausübung einer qualifizierten beruflichen Tätigkeit, die nach den Ausbildungsrahmenplänen insbesondere selbstständiges Planen, Durchführen und Kontrollieren einschließt. Dabei ist, wie schon gesagt, ein regelmäßiges Feststellen des Ausbildungsfortschrittes und eine möglichst objektive Rückmeldung in Form einer planmäßigen und systematischen Beurteilung durch den Ausbilder erforderlich. Die Beurteilung soll allen an der Berufsausbildung Beteiligten den Ausbildungsfortschritt der Auszubildenden, auch in der charakterlichen Entwicklung, dokumentieren und überprüfbar machen. Ebenso sollten bei erkannten Schwächen den Auszubildenden **pädagogische Hilfen** von den Ausbildern aufgezeigt werden, damit sie diese Schwächen ausgleichen können. Somit ist eine ständige Kontrolle des Ausbildungsstandes in Form einer schriftlichen Beurteilung der Auszubildenden und eine danach als notwendig erkannte persönliche Förderung als pädagogische Mittel zur Durchführung einer optimalen Berufsausbildung unverzichtbar. Dabei können die Auszubildenden ihre Leistungen nur verbessern und ihr Verhalten positiv ändern, wenn sie von ihren Ausbildern **konkrete Rückmeldungen** über ihren Ausbildungsstand und ihr Verhalten bekommen.

Beurteilungen werden von den meisten Auszubildenden gewünscht und erfüllen somit legitime Erwartungen. An erster Stelle sind die personale und soziale **Anerkennungsfunktion** zu nennen; denn die Rückmeldungen zeigen den Auszubildenden die Akzeptanz (oder Ablehnung) ihres Verhaltens durch den Ausbilder. Die Auszubildenden können ihr Verhalten im Sinne der Ausbildererwartungen aber nur ändern, wenn ihnen die Beurteilungen anhand konkreter Beispiele sachlich erläutert werden und ihnen dadurch die gewünschten Verhaltensweisen einsichtig erscheinen. In dem Gespräch hierüber erwarten sie **konstruktive Kritik** über ihre praktischen Arbeiten und ihre sonstigen Leistungen während der Ausbildung. Die Rückmeldungen sollten auch detaillierte Hinweise auf Lernweg und Lernprozess der Auszubildenden enthalten. Damit kann die betriebliche Beurteilung – z. B. in Verbindung mit einem ausführlichen Beurteilungsgespräch zwischen Auszubildenden und Ausbildern – zur Entwicklung der gesamten Persönlichkeit der Auszubildenden beitragen.

Gespräche sind behutsam zu führen: Wird das Beurteilungsgespräch von den Ausbildern nicht sachlich, sondern verletzend geführt, kann dies die Auszubildenden demotivieren, sodass die gewünschten Verhaltensweisen sich bei ihnen nicht einstellen. Dadurch besteht sogar die Gefahr einer negativen Verhaltensänderung, d. h. die Auszubildenden ändern ihr Verhalten gegensätzlich im Sinne der Ausbildererwartung. Es kann zu »Trotzreaktionen« der Auszubildenden kommen, die sehr schwer von den Ausbildern korrigiert werden können. Diese Reaktionen können so weit führen, dass sich die Auszubildenden zukünftigen Gesprächen innerlich ganz verschließen und somit wirkliche Kommunikation mit den Ausbildern nicht mehr stattfindet.

13.2.2 Informationsfunktion

Die betrieblichen Beurteilungen von Auszubildenden haben für alle an der Berufsausbildung Beteiligten auch eine Informationsfunktion. Sie geben allen Mitwirkenden eine Rückmeldung über die erbrachten Leistungen und über das gezeigte Verhalten der Auszubildenden während des Beurteilungszeitraumes in der Ausbildungsstätte.

Die vorliegenden betrieblichen Beurteilungen, die normalerweise auf Verhaltensbeobachtungen und Lernerfolgskontrollen während der gesamten Ausbildungsdauer beruhen, sind auch brauchbare Unterlagen für die Erstellung eines qualifizierten Ausbildungszeugnisses bei Beendigung des Berufsausbildungsverhältnisses (siehe Abschnitt 13.1 und Kapitel 14).

Schließlich erwarten die **Erziehungsberechtigten** bei minderjährigen Auszubildenden von einem Ausbilder eine nutzbringende Rückmeldung zur Entwicklung ihres Kindes, was besonders verständlich erscheint, weil die Erziehungsberechtigten einen Teil ihrer Verantwortung an den Ausbilder abgegeben haben. Dies gilt zumindest für die Zeit, in der sich die Auszubildenden im Ausbildungsbetrieb aufhalten, aber mittelbar auch für den Schulbetrieb, den der Ausbilder häufig gut kennt. Mit der Rückmeldung sollte nicht nur die fachliche, sondern auch die persönliche Entwicklung der Auszubildenden aufgezeigt werden; denn die Ausbilder haben ja einen Erziehungsauftrag, der auch die charakterliche Förderung der Auszubildenden einschließt. Bei Bedarf können die Erziehungsberechtigten anhand der schriftlichen Beurteilung und nach Rücksprache mit dem Ausbilder zusätzlich auf ihre Kinder einwirken, damit die gewünschte Leistungs- und/oder Verhaltensänderung eintritt.

13.2.3 Motivationsfunktion

Mit den Beurteilungen erhalten die Auszubildenden eine umfassende Rückmeldung (Feedback) über ihre Ausbildungsleistungen und ihr Verhalten im vergangenen Beurteilungszeitraum. Damit werden ihnen die erbrachten Leistungen und ihr gezeigtes Verhalten aufgezeigt. Dadurch lösen sie eine nachhaltige Wirkung auf den vorangegangen Lernprozess auf sie aus. Gleichzeitig werden die Auszubildenden veranlasst, negative Aspekte zu verbessern. Es wird von ihnen erwartet, dass die Beurteilungen sie motivieren, weiterhin die an sie gestellten Anforderungen über die gesamte Dauer ihrer Berufsausbildung zu erfüllen; ihre Leistungen zu steigern und ihr Verhalten positiv ändern.

13.2.4 Selektionsfunktion

Beurteilungen haben eine Selektionsfunktion, weil sie für verschiedene Entscheidungen während der gesamten Ausbildungsdauer herangezogen werden können. Aufgrund von betrieblichen Beurteilungen kann beispielsweise über das erfolgreiche Ableisten der Probezeit, die Teilnahme an Fördermaßnahmen, die Verlängerung oder die Verkürzung der Ausbildungsdauer, die vorzeitige Zulassung zur Abschlussprüfung und die Übernahme in ein befristetes oder unbefristetes Beschäftigungsverhältnis nach Beendigung des Berufsausbildungsverhältnisses entschieden werden. Im Einzelnen:

Bestehen der Probezeit

Entscheidungen des Ausbildenden über die Fortsetzung oder die vorzeitige Beendigung eines Berufsausbildungsverhältnisses während der Probezeit können sicherer mit Hilfe von vorliegenden Beurteilungen getroffen werden, als »aus dem Bauch heraus«. Dabei dürfte, neben den fachlichen Leistungen, auch das Verhalten der Auszubildenden eine beachtliche Rolle spielen. Innerhalb der Probezeit ist eine Kündigung des Ausbildungsverhältnisses durch den Ausbildenden ohne Angaben von Gründen jederzeit möglich. Ebenso können die Auszubildenden bzw. deren Erziehungsberechtigten aufgrund der vorhandenen Beurteilungen das Ausbildungsverhältnis ohne Begründung lösen.

Teilnahme an Fördermaßnahmen

Anhand von betrieblichen Beurteilungen können alle an der Berufsausbildung Beteiligten etwa vorhandene Ausbildungsmängel des Auszubildenden feststellen. Dadurch erhalten sie die Möglichkeit – jeder aus seiner Sicht –, darüber mit zu entscheiden, an welchen internen und/oder externen Fördermaßnahmen (z. B. zusätzlicher innerbetrieblicher Unterricht, ausbildungsbegleitenden Hilfen) der Auszubildende teilnehmen sollte, um seine Schwächen auszugleichen.

Abkürzung und Verlängerung der Ausbildungsdauer

Beurteilungen können auch gut zur Entscheidung herangezogen werden, ob die Ausbildungsdauer aufgrund hervorragender Leistungen des Auszubildenden verkürzt wird. Die zuständige Stelle hat auf gemeinsamen Antrag des Auszubildenden und Ausbildenden die Ausbildungsdauer zu kürzen, wenn zu erwarten ist, dass das Ausbildungsziel in der gekürzten Dauer erreicht wird (vgl. § 8 Abs. 1 BBiG). Die Ausbildungsdauer ist zu kürzen, wenn zu erwarten ist, dass der Auszubildende - aufgrund persönlicher Voraussetzungen (z. B. einen höheren Schulabschluss) oder während der Ausbildungsdauer gezeigter individuellen Leistungen – das Ausbildungsziel in der gekürzten Dauer erreicht wird. Dabei ist jedoch zu beachten, dass nach der Antragstellung noch ein gewisser Zeitraum verbleibt, um eine erfolgreiche Ausbildung des Auszubildenden zu gewährleisten.

Auf Antrag des Auszubildenden kann die zuständige Stelle in Ausnahmefällen die Ausbildungsdauer aber auch verlängern, wenn diese erforderlich ist, um das Ausbildungsziel zu erreichen. Vor der Entscheidung über die Verlängerung ist der Ausbildende zu hören (vgl. § 8 Abs. 2 BBiG). Ein

Auszubildender wird in der Regel dann die Verlängerung der Ausbildungsdauer beantragen, wenn er erkennbare schwere Ausbildungsmängel, z. B. wegen längerer Krankheit, feststellt.

Vorzeitige Zulassung zur Abschlussprüfung

Ein Auszubildender kann nach Anhörung des Ausbildenden und der Berufsschule vor Ablauf der Ausbildungszeit zur Abschlussprüfung zugelassen werden, wenn seine Leistungen dies rechtfertigen (vgl. § 45 Abs. 1 BBiG). Der vorzeitigen Zulassung zur Abschlussprüfung ist von der zuständigen Stelle dann statt zu geben, wenn bei der Antragstellung überdurchschnittliche betriebliche und schulische Leistungen (Durchschnittsnote aller prüfungsrelevanter Fächer oder Lernfelder) vorliegen. Überdurchschnittliche Leistungen liegen dann vor, wenn das letzte Zeugnis der Berufsschule in den prüfungsrelevanten Fächern oder Lernfeldern einen Notendurchschnitt besser als 2,49 enthält und die praktischen Ausbildungsleistungen als überdurchschnittlich bzw. besser als 2,49 bewertet werden. Anhand der vorliegenden Beurteilungen kann der Ausbildende dem Auszubildenden dessen betrieblichen Leistungen ohne Schwierigkeiten bestätigen und ggf. eine vorzeitige Zulassung zur Abschlussprüfung mit sicherer Grundlage befürworten. Auch hier zeigt sich wieder die Notwenigkeit laufender und dokumentierter betrieblicher Beurteilungen.

Übernahme nach Beendigung der Ausbildung

Die betrieblichen Beurteilungen können von den Ausbildungsbetrieben als hervorragende Grundlage zur Entscheidung darüber herangezogen werden, ob ein Auszubildender nach Beendigung seiner Berufsausbildung in ein befristetes oder sogar unbefristetes Beschäftigungsverhältnis übernommen wird. Anhand der Beurteilungen können die Verantwortlichen im Unternehmen (z. B. Personalchef, Abteilungsleiter) die bisher gezeigten Leistungen sowie das Verhalten mit hoher Sicherheit einschätzen. Dadurch können sie feststellen, ob ein Auszubildender das Anforderungsprofil einer neu zu schaffenden Stelle erfüllt, oder bereits vorhandene, freie Arbeitsplätze von ihm besetzt werden können. Sie können bei diesen Entscheidungen besonders gut persönliche Eignungen und Neigungen des vorgesehenen Auszubildenden berücksichtigen, die ja »aktenkundig« sind.

13.2.5 Beweisfunktion

Betriebliche Beurteilungen von Auszubildenden können weiter für den Fall außergerichtlicher oder gerichtlicher Auseinandersetzungen als Beweismaterial verwendet werden. Häufig gibt es unterschiedliche Ansichten zwischen Auszubildenden und Ausbildenden über die Bewertungen »unterm Strich«, die eben aus der Anzahl von Einzelakten zustande kamen. Das Entsprechende gilt erst recht für Arbeitsrechtstreitigkeiten, bei denen der Arbeitgeber die Fakten bekanntlich genau und nicht pauschal darlegen und beweisen muss.

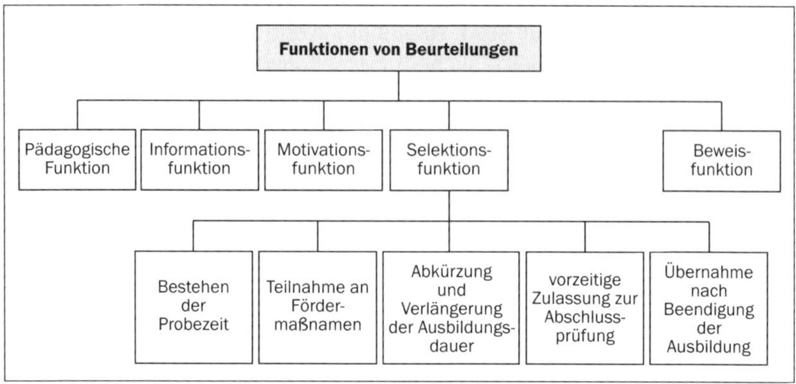

Funktionen von Beurteilungen

13.3 Beurteilungsverfahren

In der Fachliteratur und der Praxis werden eine Reihe von Beurteilungsverfahren unterschieden, die hier beispielhaft aufgeführt und nur kurz erläutert werden.

Alle Beurteilungsverfahren setzen die **Schriftform** voraus.

Rangordnungsverfahren

Beim Rangordnungsverfahren ordnet der Ausbilder dem zu beurteilenden Auszubildenden hinsichtlich bestimmter Merkmale (z. B. Genauigkeit, Verantwortungsbewusstsein, Pünktlichkeit) einer Rangordnung zu. Bei der Technik des Paarvergleiches wird jeder zu beurteilende Auszubildende mit allen anderen Auszubildenden verglichen. Aus der Summe der Vergleiche ergibt sich sein Rang, aus dem Gesamtbild eine Rangordnung.

Kennzeichnungsverfahren

Bei diesem Verfahren werden dem beurteilenden Ausbilder auf einer Checkliste bestimmte Kennzeichnungen (Merkmale) vorgegeben. Auf der Checkliste sind all die Merkmale anzukreuzen, die auf den zu beurteilenden Auszubildenden zutreffenden, wobei über den Intensitätsgrad der Merkmale keine Aussage erfolgt. Die Kennzeichnungen können hinsichtlich der Anzahl vom Ausbilder frei vorgenommen werden. Es können aber auch Wahlzwänge vorgegeben werden, wenn z. B. gefragt wird, welche fünf Merkmale auf den Auszubildenden besonders zutreffen oder welche besonders wenig.

Einstufungsverfahren

Hier wird bei dem zu beurteilenden Auszubildenden die Intensität eines Beurteilungsmerkmals auf einer Skala (»Ratingskala«) festgehalten. Dabei wird der Ausbilder durch die Frageformulierung in unterschiedlich starkem Maße dazu aufgefordert, ganz konkrete Verhaltensweisen des Auszubildenden zu beurteilen. Dadurch erhält man, ähnlich wie bei dem Schulnotensystem, eine Differenzierung, wobei die Vergleiche durch die verwendeten Skalenarten (Nominal-, Ordinal- oder Intervallskala) gekennzeichnet sind. Da Skalenwerte gut zu berechnen sind, kommt dem Einstufungsverfahren eine besondere Bedeutung in der Praxis zu.

Schriftliches Gutachten

Beim schriftlichen Gutachten (»Freien Beurteilung«) werden dem Ausbilder keine Merkmale vorgegeben. Hier wird die Beurteilung ohne Verwendung eines Vordruckes oder Schemas in Form eines schriftlichen Gutachtens frei formuliert. Bei diesem Verfahren ist eine sehr differenzierte, individuelle Beurteilung des Auszubildenden möglich, wobei sie jedoch mit anderen schriftlichen Gutachten oder Beurteilungen schwer zu vergleichen ist. Dieses Beurteilungsverfahren setzt außerdem ein hohes Können der Beobachtung und eine große Erfahrung des Beurteilers voraus.

In zwei vom Verfasser vorgelegten empirischen Untersuchungen konnten sich die Auszubildenden u. a. auch über die Form der betrieblichen Beurteilung äußeren. Dabei gaben im Jahre 1985 mehr als zwei Drittel (67,3 %) an, dass sie durch ein schriftliches Gutachten, d. h. die Freie Beurteilung, beurteilt werden möchten. Die zweite Untersuchung (1998) ergab, dass fast die Hälfte (43,5 %) der Befragungsteilnehmer eine Beurteilung in Freier Form wünschte.

In einer weiteren empirischen Untersuchung von GARRELTS und SANUDO (2017) fallen die Ergebnisse zur Beurteilungsform mit einer Zustimmung von der Hälfte der befragten Auszubildenden zugunsten der Kombination eines Beurteilungsbogens und eines Beurteilungsgesprächs aus.

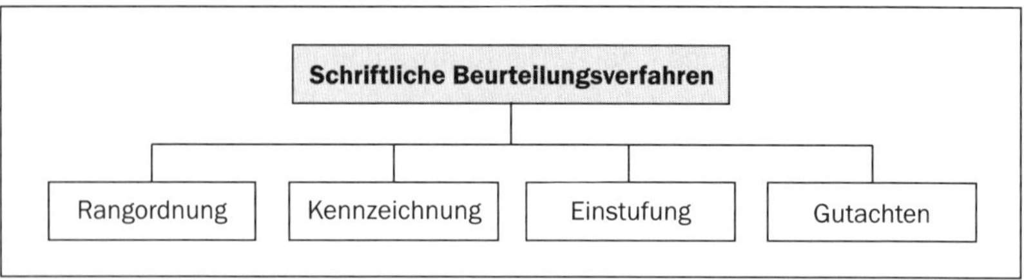

Schriftliche Beurteilungsverfahren

13.4 Beurteilungsgespräch

Der beurteilende Ausbilder bzw. Ausbildungsbeauftragte ist für die Durchführung des regelmäßig durchzuführenden Beurteilungsgesprächs zuständig, das von ihm gut vorzubereiten ist. Der Zeitpunkt des Gespräches einschließlich der Tendenz der Bekanntgabe der Beurteilung sollte den Auszubildenden rechtzeitig mitgeteilt werden, damit sie sich auf das Gespräch einstellen können. Das Gespräch selbst darf nicht unter Zeitdruck stehen.

Das Beurteilungsgespräch ist für Jugendliche von besonderer Bedeutung; denn sie sollen während der gesamten Ausbildungsdauer in ihrer persönlichen Entwicklung gefördert werden. Der Ausbilder sollte dem Auszubildenden in einem **Vier-Augen-Gespräch** die gezeigten Stärken und Schwächen während des Beurteilungszeitraumes anhand konkreter Beispiele in einem ruhigen und sachlichen Ton aufzeigen. In dem Gespräch sollte auch der Auszubildende seine Meinung in einer Selbsteinschätzung frei äußern können. Diese Meinung ist vom Ausbilder ernst zu nehmen und muss eventuell zu einer Änderung der Beurteilung führen.

Die vom Auszubildenden im Beurteilungszeitraum (z. B. Ausbildungsabschnitt) erbrachten Leistungen und das gezeigte Verhalten müssen während des Gespräches in Ruhe reflektiert werden. Hierbei braucht der Ausbilder nicht mit Lob und Anerkennung geizen, wenn der Auszubildenden gute Leistungen erbracht und die gewünschten Verhaltensweisen gezeigt hat. Dies kann seinen weiteren Ausbildungserfolg besonders fördern. Im Beurteilungsgespräch muss aber auch über die zukünftigen Verhaltensweisen und geforderten Leistungen des Auszubildenden gesprochen werden, natürlich besonders dann, wenn Anlass zu Kritik besteht. Übrigens: Nur wenn der Auszubildende die abgegebene Beurteilung als zutreffend und gerecht empfindet, haben Beurteilungsgespräch und schriftliche Beurteilung ihr pädagogisches Ziel erreicht!

Das Beurteilungsgespräch muss in einem besonderen Raum (z. B. Ausbilderbüro) an einem kleinen Tisch durchgeführt werden, in dem sich keine anderen Personen befinden, die das Gespräch mithören und stören können. Der Beurteiler muss sicherstellen, dass das Gespräch auch nicht durch Telefonanrufe o. ä. gestört wird.

Ablauf eines Beurteilungsgesprächs

- Begrüßung
  - Auf den Auszubildenden zugehen, ihn höflich und freundlich begrüßen.
  - Einen persönlichen Kontakt herstellen.
  - Das Gespräch an einem runden oder quadratischen Tisch führen, um eine entspannte und angstfreie Atmosphäre zu schaffen.
  - Alkoholfreie Getränke bereitstellen.
- Gesprächsanlass darstellen
  - Gesprächsanlass und -ziele nennen.
  - Vorgesehen Zeitrahmen nennen.
- Erläuterung der Beurteilung
  - Möglichst mit einem positiven Aspekt beginnen, z. B. zum Verhalten oder der Gesamtleistung.
  - Beurteilung anhand des Beurteilungsbogens ausführlich und sachlich erläutern.
  - Erfolge besonders herausstellen.
  - Bei evtl. Misserfolgen Lösungsmöglichkeiten aufzeigen.
- Sichtweise des Auszubildenden
  - Ausführlich Gelegenheit geben lassen.
  - Für Argumente des Auszubildenden offen sein.
  - Ggf. bei stichhaltigen Argumenten die Beurteilung korrigieren.

- Zielvereinbarung
  - Fördermöglichkeiten besprechen.
  - Neue Ziele besprechen.
  - Fördermöglichkeiten und neue Ziele vereinbaren.
- Gesprächsabschluss
  - Wichtigste Gesprächspunkte kurz zusammenfassen.
  - Gesprächsergebnis und Beurteilung auf dem Beurteilungsbogen bestätigen lassen.
  - Kopie des Gesprächsergebnises und den Beurteilungsbogen einschl. Zielvereinbarung dem Auszubildenden aushändigen.
  - Gespräch positiv und wertschätzend abschließen.

Ein sorgfältig durchgeführtes Beurteilungsgespräch kann dem Beurteiler (Ausbilder) helfen, zu einer gerechten Einschätzung des Auszubildenden während der gesamten betrieblichen Berufsausbildung zu kommen. Damit erfüllt die Beurteilung nicht nur betriebliche Belange, sondern auch und grade eine pädagogische Funktion, bei der die Interessen der Jugendlichen und Heranwachsenden im Mittelpunkt stehen.

Beobachterfehler, die Beurteilungen verzerren können, wurden bereits im Kapitel 12.5 beschrieben. Es ist nochmals darauf hinzuweisen, dass eine richtige und gerechte Beurteilung ohne fundierte und korrekte Beobachtung kaum möglich ist.

13.5 Beurteilungsbogen

In diesem Kapitel wird ein zeitmäßiger »**Berichts- und Förderbogen für Auszubildende**« der Fraport AG angeboten und kurz erläutert. Dieser Bogen hat den Vorteil, dass er sowohl für kaufmännische als auch für gewerblich-technische Auszubildenden eingesetzt werden kann. Somit sind keine unterschiedlichen Beurteilungsbögen für einzelne Berufsgruppen im Unternehmen zu entwickeln und einzuführen.

Berichts- und Förderbogen für Auszubildende

Persönliche Daten/Ausbildungsdaten

Name, Vorname	Personalnummer	Alter
Ausbildungsberuf	Ausbildungsjahr 1. ☐ 2. ☐ 3. ☐ 4. ☐	
Einsatzbereich und Organisationseinheit	Ausbilder/-in bzw. Unterweiser/-in	

Einsatzzeitraum	Tatsächliche Anwesenheit Arbeitstage	Datum des Rückmeldegesprächs

Die wesentlichen Aufgaben im Berichtszeitraum:

-
-
-
-
-
-

Grundlage der Rückmeldung:

Zusammenarbeit mit der/dem Auszubildenden: täglich ☐ häufig ☐ selten ☐

Weitere Beteiligte an der Einschätzung: ______________________

____

Die Leistungen der/des Auszubildenden...

1 Punkt	...weisen erhebliche Schwächen auf und entsprechen nur in einigen Fällen den Anforderungen, die an eine/n Auszubildende/n in diesem Beruf gestellt werden.
2 Punkte	...entsprechen in den meisten Fällen den Anforderungen, die an eine/n Auszubildende/n in diesem Beruf gestellt werden. Die Leistungen weisen einige Schwächen auf, sind aber ausbaufähig.
3 Punkte	...entsprechen in jeder Hinsicht den Anforderungen, die an eine/n Auszubildende/n in diesem Beruf gestellt werden. Die Erwartungen werden voll und ganz erfüllt.
4 Punkte	...liegen über den Anforderungen, die an eine/n Auszubildende/n in diesem Beruf gestellt werden. Die Erwartungen werden in der Regel übertroffen.
5 Punkte	...liegen sehr deutlich über den Anforderungen, die an eine/n Auszubildende/n in diesem Beruf gestellt werden. Die Erwartungen werden grundsätzlich übertroffen.

Berichts- und Förderbogen, Seite 1 von 4

Berichts- und Förderbogen für Auszubildende (Mit freundlicher Genehmigung der Fraport AG)

Fraport

FACHLICHE KOMPETENZ	**1**	**2**	**3**	**4**	**5**	**Nicht relevant**
Fachkenntnisse	☐	☐	☐	☐	☐	☐
• Verfügt über technologisches bzw. kaufmännisches Grundwissen • Kennt die wichtigsten Aufgaben, Abläufe und Methoden in der Einsatzabteilung/im Fachgebiet • Hat die Lernziele des Ausbildungsabschnitts erreicht • Besitzt die für das Aufgabengebiet relevanten Unternehmenskenntnisse						
EDV-Kenntnisse	☐	☐	☐	☐	☐	☐
• Verfügt über grundlegende Kenntnisse von Word, PowerPoint und Excel • Bearbeitet klar definierte Aufgabenstellungen nach Anleitung • **Für höhere Ausbildungsjahre**: Verfügt über grundlegende Kenntnisse der fachrelevanten IT-Unterstützungen, z.B. SAP R/3, Remedy, Camasy, EBP						
Handwerkliches Geschick	☐	☐	☐	☐	☐	☐
• Führt Hand- und Fingerbewegungen koordiniert aus, so dass Objekte zielgerichtet und effektiv bearbeitet werden • Bearbeitet Material exakt und mit angemessenen Krafteinsatz • Arbeitet in angemessenem Tempo						
Arbeitsqualität	☐	☐	☐	☐	☐	☐
• Arbeitet effizient und konzentriert, schließt die Aufgaben erfolgreich ab • Erfüllt seine/ihre Arbeit sorgfältig und erledigt Aufgaben mit beständiger Qualität • Führt zugeteilte Aufgaben fachgerecht aus • Setzt seine/ihre Kenntnisse in die Praxis um • Zeigt Ausdauer und gibt auch bei Schwierigkeiten nicht sofort auf						
Bemerkungen/Beispiele/Erläuterungen						

METHODENKOMPETENZ/ARBEITSORGANISATION	**1**	**2**	**3**	**4**	**5**	**Nicht relevant**
Zeitmanagement/Selbstorganisation	☐	☐	☐	☐	☐	☐
• Geht systematisch und strukturiert vor, kennt den Stand seiner Arbeit • Nutzt Informationsquellen und Arbeitsunterlagen effektiv • Erledigt seine/ihre Aufgaben termingerecht und reagiert in einer angemessenen Zeitspanne • Hält seinen/ihren Arbeitsplatz/seine/ihre Arbeitsunterlagen in Ordnung						
Flexibilität	☐	☐	☐	☐	☐	☐
• Stellt sich auf neue oder veränderte Bedingungen ein • Findet sich in neuen Situationen schnell zurecht und kommt mit wechselnden Anforderungen gut klar • Ist offen für neue Aufgaben und kann sich leicht von einer auf die andere Arbeit umstellen						
Auffassungsgabe	☐	☐	☐	☐	☐	☐
• Versteht Hintergründe und erkennt Zusammenhänge • Versteht Erklärungen und Einweisungen und erfasst das Wesentliche • Begreift Lerninhalte schnell und kann diese auf ähnliche Problemstellungen übertragen						
Bemerkungen/Beispiele/Erläuterungen						

Berichts- und Förderbogen, Seite 2 von 4

Fraport

PERSÖNLICHE KOMPETENZ	1	2	3	4	5	Nicht relevant
Lernbereitschaft	☐	☐	☐	☐	☐	☐
• Ist motiviert neue Aufgaben zu übernehmen und zeigt Interesse, das Gelernte bzw. die Fähigkeiten in der Praxis einzusetzen • Will seine/ihre Kenntnisse erweitern und ist aufgeschlossen gegenüber Neuem • Fragt nach Hintergründen und Zusammenhängen • Lernt aus Fehlern						
Verantwortungsbewusstsein	☐	☐	☐	☐	☐	☐
• Hält Absprachen und Richtlinien ein und beachtet die relevanten Arbeitssicherheitsvorschriften • Kontrolliert seine/ihre Ergebnisse und gibt Rückmeldung • Steht zu seinen/ihren Fehlern • Schätzt die Folgen seines/ihres Tun ab						
Selbständigkeit/Eigeninitiative	☐	☐	☐	☐	☐	☐
• Erledigt Aufgaben nach Einweisung selbständig • Beschäftigt sich eigenständig mit einem Thema • Nimmt notwendige Zuarbeiten ohne Aufforderungen in Angriff • Bringt eigene Ideen mit ein und besorgt sich selbständig Informationen • Bringt Anforderungen/Erwartungen durch Fragen in Erfahrung						
Auftreten	☐	☐	☐	☐	☐	☐
• Geht offen auf andere zu und gibt qualifiziert Auskunft • Ist Dritten gegenüber hilfsbereit und aufgeschlossen • Tritt selbstbewusst und sicher auf						
Bemerkungen/Beispiele/Erläuterungen						

SOZIALKOMPETENZ

Team- und Integrationsfähigkeit	☐	☐	☐	☐	☐	☐
• Arbeitet mit anderen zusammen und wird von ihnen geschätzt • Integriert sich in das Team und unterstützt andere Teammitglieder • Ist kompromissbereit, vertritt aber auch die eigene Meinung • Nutzt die Erfahrungen der Kollegen und trägt seinen/ihren Teil zur Realisierung des Teamerfolgs bei						
Kommunikationsfähigkeit	☐	☐	☐	☐	☐	☐
• Drückt sich schriftlich und mündlich – auch per Telefon – treffend und verständlich aus • Verwendet entsprechendes Fachvokabular • Benutzt eine dem jeweiligen Gegenüber angemessene Ausdrucksweise • Gibt Feedback und ist bereit, Feedback entgegen zu nehmen • Hört zu und zeigt seinen/ihren Kommunikationspartnern gegenüber Wertschätzung						
Bemerkungen/Beispiele/Erläuterungen						

Berichts- und Förderbogen, Seite 3 von 4

Fraport

Hinweise

(z. B. auf besondere Fähigkeiten des/der Auszubildenden, während des Ausbildungsabschnitts übertragene besondere Aufgaben, Anregungen für spezielle Fördermaßnahmen)

Der B + F-Bogen wurde mit der/dem Auszubildenden besprochen: ja ☐ nein ☐

Stellungnahme der/des Auszubildenden:

Berichts- und Förderbogen erstellt durch		Kenntnisnahme durch den/die Ausbildungskoordinator/in	**Der Berichts- und Förderbogen wurde mit dem Auszubildenden besprochen und wird unter Beachtung der BV 29 verarbeitet**
Datum, Unterschrift Ausbilder/in	Datum, Unterschrift Auszubildende/r	Datum, Unterschrift	Datum, Unterschrift Ausbildungsverantwortliche/r bei PSL-PB1/-PB2

Berichts- und Förderbogen, Seite 4 von 4

Der »**Berichts- und Förderbogen für Auszubildende**« enthält zunächst persönliche Daten/Ausbildungsdaten, wie z. B. Name, Ausbildungsberuf, Ausbildungsjahr, Einsatzzeitraum und die tatsächliche Anwesenheit (Arbeitstage) sowie eine Rubrik »wesentlichen Aufgaben im Berichtszeitraum des Auszubildenden« die »Grundlage der Rückmeldung«, z. B. über die Zusammenarbeit mit der/dem Auszubildenden und weitere Beteiligte an der Einschätzung.

Der Berichts- und Förderbogen enthält Beschreibungen der Bewertungsstufen über die »Leistungen der/des Auszubildenden«.

Der Bogen enthält folgende **Beurteilungsmerkmale:**

- Fachliche Kompetenz
- Methodenkompetenz/Arbeitsorganisation
- Persönliche Kompetenz
- Sozialkompetenz

Jedes Beurteilungsmerkmal enthält verschiedene **Bewertungskriterien,** z. B. »Fachkenntnisse, Zeitmanagement/Selbstorganisation, Lernbereitschaft sowie Team- und Integrationsfähigkeit« mit jeweils fünf **Bewertungsstufen** sowie eine Rubrik »Nicht relevant«, die der Beurteilende (Ausbilder) anzukreuzen hat. Zusätzlich können bei jedem Beurteilungsmerkmal frei formulierte »Bemerkungen, Beispiele und Erläuterungen« eingetragen werden

Unter »**Hinweise**« können z. B. »besondere Fähigkeiten des/der Auszubildenden, während des Ausbildungsabschnitts übertragene besondere Aufgaben« und »Anregungen für spezielle Fördermaßnahmen«, angegeben werden.

Im Berichts- und Förderbogen ist anzukreuzen, ob dieser mit der/dem Auszubildenden besprochen wurde. Zusätzlich besteht die Möglichkeit zur »**Stellungnahme der/des Auszubildenden**« zur Beurteilung.

Der Ausbilder hat den von ihm erstellten »Berichts- und Förderbogen« zu unterschreiben. Ebenfalls unterschreibt der Auszubildende den Bogen und mit seiner Unterschrift bestätigt der Ausbildungskoordinator die Kenntnisnahme. Ebenso bestätigt der Ausbildungsverantwortliche mit seiner Unterschrift u. a., dass der »Berichts- und Förderbogen« mit dem Auszubildenden besprochen wurde.

Anwendungsbeispiel:

Sie möchten Ihren Auszubildenden vor Beendigung der Probezeit eine schriftliche Rückmeldung über ihre Kompetenzen geben. Gleichzeitig möchten Sie auch allen an der betrieblichen Berufsausbildung beteiligten Personen den derzeitigen Ausbildungsstand Ihrer Auszubildenden aufzeigen. Hierfür ist ein standardisierter Beurteilungsbogen das geeignetste Instrument.

14 Ausbildungszeugnis

Bei Beendigung des Berufsausbildungsverhältnisses hat der Ausbildende dem Auszubildenden ein schriftliches Zeugnis auszustellen, wobei die elektronische Form ausgeschlossen ist (vgl. § 16 Abs. 1 BBiG). Dabei kommt es nicht auf den Grund der Beendigung des Ausbildungsverhältnisses an: Es ist z. B. auch auszustellen, wenn das Ausbildungsverhältnis z. B. nach der Probezeit ohne Ablegen der Abschlussprüfung endet.

Die Pflicht zur Zeugniserstellung besteht übrigens auch dann, wenn der Auszubildende es nicht ausdrücklich verlangt. Sie kann vertraglich **nicht ausgeschlossen** werden.

Der Normalfall ist die Zeugniserteilung bei Beendigung des Berufsausbildungsverhältnisses. Hat der Ausbildende die Berufsausbildung nicht selbst durchgeführt, so soll auch der verantwortliche Ausbilder das Zeugnis unterschreiben (vgl. § 16 Abs. 1 BBiG). Damit soll sichergestellt werden, dass derjenige für den Inhalt des Zeugnisses Mitverantwortung trägt, der die Ausbildung tatsächlich durchgeführt hat.

Es wird zwischen einem **einfachen** und einem **qualifizierten** Zeugnis unterschieden. Das einfache Zeugnis muss Angaben enthalten über Art, Dauer und Ziel der Berufsausbildung sowie über die erworbenen beruflichen Fertigkeiten, Kenntnisse und Fähigkeiten des Auszubildenden während der gesamten Ausbildungsdauer (vgl. § 16 Abs. 2 Satz 1 BBiG). Im Zeugnis sind der Name mit Geburtsdatum des Auszubildenden, die Firma mit Anschrift, der Beginn und das Ende der Ausbildungszeit sowie der erlernte Ausbildungsberuf anzugeben.

Auf Verlangen des Auszubildenden ist ihm ein qualifiziertes Zeugnis bei Beendigung des Berufsausbildungsverhältnisses auszustellen, das auch Angaben über Verhalten und Leistung (vgl. § 16 Abs. 2 Satz 2 BBiG) enthält. Gegen den Willen des Auszubildenden darf jedoch kein qualifiziertes Zeugnis erstellt werden. Im qualifizierten Zeugnis sind zusätzlich Angaben über die Verhalten (Kooperation, Motivation, Zuverlässigkeit, Verantwortungsbewusstsein, Lerninteresse, Lernaktivität usw.) zu machen. Ebenso sind Aussagen über die Leistung (besonderes Engagement, enormer Fleiß, hohes Können usw.) des Auszubildenden zu treffen.

Um gewissenhafte Angaben über das Verhalten und die Leistung für ein qualifiziertes Zeugnis machen zu können, ist der Auszubildende zu beobachten. Je mehr Einzelbeobachtungen im Laufe der Ausbildungsdauer zusammengetragen und beispielsweise in betrieblichen Beurteilungen (siehe Kapitel 13) festgehalten werden, umso gerechter und objektiver sind die Aussagen im Zeugnis. Bei der Zeugniserstellung sollte hauptsächlich das gezeigte Verhalten und die erbrachte Leistung des letzten Ausbildungsjahres beschrieben werden, weil die Auszubildenden sich noch im Entwicklungsprozess befinden.

Das qualifizierte Ausbildungszeugnis als »Zertifikat« des Ausbildungsbetriebes hat ergänzenden Charakter zu den anderen Zeugnissen (z. B. Berufsschulzeugnis und Prüfungszeugnis): zum Berufsschulzeugnis, weil es sich über den außerschulischen »Ernstfall« verhält, zum Prüfungszeugnis, weil es auf eine externe und punktuell durchgeführte Prüfung beruht.

Das qualifizierte Ausbildungszeugnis kann für den soeben geprüften Auszubildenden, aber auch für den späteren Facharbeiter oder Angestellten besonders bei der Suche nach einem neuen Arbeitsplatz von großer Bedeutung sein. Es dient allen als Leistungszeugnis, auf das die Personalchefs großen Wert legen, weil es auch Angaben über das gezeigte Verhalten und die erbrachte Leistung während der Ausbildungszeit einschließt. Ist den Bewerbungsunterlagen kein qualifiziertes Zeugnis beigefügt, können negative Rückschlüsse auf die erbrachten Leistungen und das gezeigte Verhalten des Bewerbers während seiner betrieblichen Berufsausbildung durch die Personalverantwortlichen gezogen werden. »Gute Auszubildende« lassen sich daher auf jeden Fall in der Regel ein qualifiziertes Zeugnis bei Beendigung des Berufsausbildungsverhältnisses ausstellen!

Es ist Sache des Ausbildenden, wie er das qualifizierte Zeugnis im Einzelnen formuliert. Dabei kann er sich aber grundsätzlich nicht über einmal vorgenommene betriebliche Beurteilungen hinwegsetzen.

Das Zeugnis muss außerdem **wahrheitsgetreu** sein, d. h. es soll alle wesentlichen Tatsachen enthalten, die für die gesamte Beurteilung des Auszubildenden wichtig sind. Beispielsweise sollten Unterbrechungen der Ausbildungsdauer, z. B. längere Krankheit oder Elternzeit, jedoch erwähnt werden, weil sie erklären, warum die Berufsausbildung länger gedauert hat. Das schließt auch ein, dass negative Aussagen getroffen werden können. Dabei dürfen aber einmalige unwesentliche Vorkommnisse, wie z. B. gelegentliche Unpünktlichkeit oder einmaliges Fehlverhalten nicht aufgenommen werden. Dagegen dürfen Straftaten und Strafverfahren im Zeugnis erwähnt werden, wenn sie mit dem Ausbildungsverhältnis direkt in Zusammenhang stehen und die Straftat durch eine Gerichtsentscheidung nachgewiesen ist.

Das Zeugnis muss – gerade bei Auszubildenden – stets **Wohlwollend** getragen sein, d. h. es darf das berufliche Fortkommen des Auszubildenden nicht grundlos erschweren. Bei der Erstellung des Zeugnisses ist zu bedenken, dass das einmal erstellten Zeugnis den Auszubildende sein Leben lang begleitet und ein gutes Zeugnis auch für den Einstieg ins Berufsleben existentiell wichtig ist.

In der folgenden Tabelle sind codierte Formulierungen, die sich an den Schulnoten orientieren, für eine Gesamtbeurteilung der erbrachten Leistung und ihre Bedeutung zusammengestellt (der besseren Lesbarkeit halber nur in männlicher Form):

Formulierung	Bedeutung
Er hat die ihm übertragenen Aufgaben stets zu unserer vollsten Zufriedenheit erledigt	sehr gut
Er hat die ihm übertragenen Aufgaben stets zu unserer vollen Zufriedenheit erledigt	gut
Er hat die ihm übertragenen Aufgaben zu unseren vollen Zufriedenheit erledigt	befriedigend
Er hat die ihm übertragenen Aufgaben zu unserer Zufriedenheit erledigt	ausreichend
Er hat die ihm übertragenen Aufgaben im Wesentlichen zu unserer Zufriedenheit erledigt	mangelhaft

Codierte Formulierungen und ihre Bedeutung

Ist auf Wunsch des Auszubildenden bereits ein qualifiziertes Zeugnis erstellt, kann er nicht ohne weiteres nachträglich (und zusätzlich) ein einfaches Zeugnis verlangen, weil das bereits erstellte z. B. nicht seinen Erwartungen entspricht.

Die Zeugniserteilungspflicht des Ausbildenden erlischt mit der Übergabe des richtigen, geschriebenen Zeugnisses. Sind im Zeugnis allerdings unrichtige Angaben enthalten, kann der Auszubildende eine Berichtigung fordern.

Es folgen die Muster für ein einfaches und ein qualifiziertes Ausbildungszeugnis nach vollständig durchgeführter Ausbildung »mit erfolgreichem Prüfungsabschluss«.

Schön Elektronik GmbH
Maxburgring 1
76887 Bad Bergzabern

AUSBILDUNGSZEUGNIS

Frau **Lisa Sommer,**

geboren am 2. Oktober 1998 in Landau/Pfalz, ist in der Zeit vom 1. September 2016 bis 14. Februar 2020 in dem staatlich anerkannten Ausbildungsberuf

Elektronikerin für
Geräte und Systeme

im Einsatzgebiet **»Informations- und Kommunikationstechnische Geräte«** ausgebildet worden.

Frau Sommer hat alle nach dem Ausbildungsberufsbild (§ 19 Abs. 1 und 2 Ziff. 1 der Ausbildungsordnung) vorgeschriebenen Fertigkeiten, Kenntnisse und Fähigkeiten in unserem Betrieb erworben.

Bad Bergzabern, 14.02.2020

Groß (Ausbildungsleiter)	Schön (Geschäftsführer)

Einfaches Zeugnis

Schön Elektronik GmbH
Maxburgring 1
76887 Bad Bergzabern

AUSBILDUNGSZEUGNIS

Frau **Helene Winter,**

geboren am 2. Oktober 1998 in Landau/Pfalz, ist in der Zeit vom 1. September 2016 bis 14. August 2019 in dem staatlich anerkannten Ausbildungsberuf

Elektronikerin für
Geräte und Systeme

im Einsatzgebiet »**Informations- und Kommunikationstechnische Geräte**« ausgebildet worden.

Frau Winter hat alle nach dem Ausbildungsberufsbild (§ 19 Abs. 1 und 2 Ziff. 1 der Ausbildungsordnung) vorgeschriebenen Fertigkeiten, Kenntnisse und Fähigkeiten in unserem Betrieb erworben.

Frau Winter ist eine interessierte, fleißige und zuverlässige Mitarbeiterin. Sie hat die ihr übertragenen Aufgaben stets zu unserer vollsten Zufriedenheit erledigt. Für Anregungen ist sie sehr aufgeschlossen und arbeitet bei gemeinsam zu lösenden Aufgaben sehr gut mit, wobei sie Eigeninitiative entwickelt.

Ihr Verhalten gegenüber ihren Vorgesetzten ist stets loyal und korrekt. Zu ihren Kollegen pflegt Frau Winter gute Beziehungen.

Als Zusatzqualifikation hat sie die »Fachhochschulreife« erworben.

Aufgrund ihrer sehr guten Leistungen in der Berufsschule und im Betrieb hat sie ihre Abschlussprüfung vor einem Prüfungsausschuss der Industrie- und Handelskammer für die Pfalz mit sehr gutem Erfolg vorzeitig abgelegt.

Frau Winter verlässt unser Unternehmen auf eigenen Wunsch, um ein Studium der Elektro- und Informationstechnik zu beginnen. So sehr wir das bedauern, wünschen wir ihr für die Zukunft alles Gute!

Bad Bergzabern, 14.08.2019

Groß (Ausbildungsleiter)	Schön (Geschäftsführer)

Qualifiziertes Zeugnis

Aufbau von Ausbildungszeugnissen	
Einfaches Zeugnis	**Qualifiziertes Zeugnis**
• Briefkopf des Ausbildungsbetriebes • persönliche Angaben zum Auszubildenden • Beginn und Ende der Berufsausbildung • Angaben zur Art der Berufsausbildung • erworbene Fertigkeiten, Kenntnisse und Fähigkeiten • Ort und Datum der Zeugnisausstellung • Name und Unterschrift des Ausbilders und Ausbildenden oder nur • Name und Unterschrift des Ausbildenden	• Briefkopf der Ausbildungsbetriebes • persönliche Angaben zum Auszubildenden • Beginn und Ende der Berufsausbildung • Angaben zur Art der Berufsausbildung • erworbene Fertigkeiten, Kenntnisse und Fähigkeiten • **Angaben über die erbrachte Leistung** • **Angaben über das gezeigte Verhalten** • Ort und Datum der Zeugnisausstellung • Name und Unterschrift des Ausbilders und Ausbildenden oder nur • Name und Unterschrift des Ausbildenden

Aufbau von Ausbildungszeugnissen

Anwendungsbeispiel:

Die Auszubildende Lisa Sommer wünscht von Ihnen bei Beendigung des Berufsausbildungsverhältnisses ein Zeugnis, in dem »alles enthalten ist«, d. h ein qualifiziertes Ausbildungszeugnis.

15 Anhang

15.1 Sachliche und zeitliche Gliederung der Berufsausbildung

Empfehlung des Bundesausschusses für Berufsbildung vom 28./29. März 1972.

Der Bundesausschuss für Berufsbildung, der gem. § 51 Abs. 2 Nr. 3 BBiG Vorschläge für die Ordnung, den Ausbau und die Förderung der Berufsausbildung zu erarbeiten hat, hat die nachfolgenden Grundsätze für die sachliche und zeitliche Gliederung der Berufsausbildung beschlossen. Er erwartet, dass diese Grundsätze bei der Abfassung von Berufsausbildungsverträgen zugrunde gelegt werden.

I. Vorbemerkungen

Die Niederschrift des Berufsausbildungsvertrages muss nach § 4 BBiG Angaben zur sachlichen und zeitlichen Gliederung (Ausbildungsplan) enthalten; sie sind Bestandteil des Berufsausbildungsvertrages und der Niederschrift als Anlage beizufügen.

Berufsausbildungsverträge ohne diese Angaben entsprechen nicht den Anforderungen des Berufsbildungsgesetzes und dürfen nicht in das Verzeichnis der Berufsausbildungsverhältnisse eingetragen werden.

Der Ausbildende hat unter Zugrundelegung des Ausbildungsrahmenplanes gemäß § 25 BBiG bzw. § 25 HwO einen den betrieblichen und individuellen Gegebenheiten angepassten Ausbildungsplan zu erstellen, der sowohl den sachlichen Aufbau als auch die zeitliche Folge der Berufsausbildung ausweist. Sofern eine Ausbildungsordnung nach § 25 BBIG / § 25 HwO vorliegt, kann auch der Inhalt des Ausbildungsrahmenplans als Ausbildungsplan zugrunde gelegt werden, wenn dieser den Erfordernissen im Einzelfall entspricht. Wenn noch keine Ausbildungsordnung nach § 25 BBiG / 25 HwO vorliegt, sind die weiter anzuwendenden Berufsbilder, Berufsbildungspläne (§ 108 BBiG), die Fachlichen Vorschriften (§ 122 HwO) usw. zugrunde zu legen.

Die sachliche und zeitliche Gliederung soll möglichst zusammengefasst werden, indem den Sachgebieten die entsprechenden Zeitangaben zugeordnet werden.

II. Kriterien

Bei der Erstellung der sachlichen und zeitlichen Gliederung durch die Ausbildungsstätten und bei ihrer Überprüfung durch die zuständigen Stellen ist folgendes zu beachten:

1. Sachliche Gliederung

1.1 Die sachliche Gliederung muss alle im Ausbildungsrahmenplan bzw. in dem weiter anzuwendenden Berufsbild, Berufsbildungsplan und in den Fachlichen Vorschriften aufgeführten Fertigkeiten und Kenntnisse enthalten.

1.2 Bei Ordnungsmitteln, die keine Berufsbildungspläne, sondern nur Berufsbilder enthalten, müssen die einzelnen Ausbildungsinhalte näher beschrieben werden.

1.3 Die Probezeit ist inhaltlich so zu gestalten, dass ihr Zweck erfüllt wird und Aussagen über Eignung und Neigung des Auszubildenden möglich sind.

1.4 Fertigkeiten und Kenntnisse sollen so zusammengefasst und gegliedert werden, dass Ausbildungseinheiten entstehen, die bestimmten Funktionen (z. B. Verkauf, Rechnungswesen, Montage) oder bestimmten Abteilungen der Ausbildungsstätte (z. B. Buchhaltung, Lehrwerkstätte, Modellbau) zugeordnet werden können.

1.5 Die Ausbildungseinheiten sollen überschaubar sein. Bei größeren zusammenhängenden Ausbildungsabschnitten sollen – soweit erforderlich – sachlich gerechtfertigte Unterabschnitte gebildet werden.

1.6 Die sachliche Gliederung muss auf die Anforderungen in den Zwischen- und Abschlussprüfungen abgestellt sein.

1.7 Sofern einzelne Ausbildungseinheiten lehrgangsmäßig oder durch Maßnahmen außerhalb der Ausbildungsstätte vermittelt werden, müssen sie so angeordnet sein, dass betriebliche und außerbetriebliche Maßnahmen sinnvoll ineinander greifen und aufeinander aufbauen.

1.8 Die sachliche Gliederung der Ausbildung soll insgesamt, aber auch innerhalb jeder Ausbildungseinheit den Grundsatz beachten, dass erst nach Vermittlung einer möglichst breiten Grundlage die spezielle Anwendung und die Festigung der vermittelten Fertigkeiten und Kenntnisse erfolgen soll.

2. Zeitliche Gliederung

2.1 Sofern die Ausbildungsordnung eine zeitliche Folge zwingend vorschreibt, muss diese eingehalten werden (z. B. in den ersten beiden Monaten, im ersten Halbjahr, im ersten Ausbildungsjahr).

2.2 Die zeitliche Folge muss unter dem Gesichtspunkt der Reihenfolge der Prüfungen gegliedert werden.

2.3 Die zeitliche Gliederung ist nach sachlogischen und pädagogischen Gesichtspunkten zu ordnen.

2.4 Sind für die Vermittlung von Fertigkeiten und Kenntnissen zeitliche Richtwerte vorgesehen, so kann innerhalb dieses Rahmens je nach den betrieblichen Gegebenheiten eine flexible Regelung getroffen werden.

2.5 Jede zeitliche Gliederung soll entsprechend dem Ausbildungsinhalt überschaubare Abschnitte vorsehen und den Urlaub berücksichtigen.

Als überschaubar sind Abschnitte von höchstens 6 Monaten anzusehen.

Wenn möglich und je nach Ausbildungsberuf und Ausbildungsjahr geboten, sind Unterabschnitte, etwa nach Monaten oder Wochen, anzugeben.

2.6 Die zeitliche Gliederung ist auf einen Ausbildungsablauf im Rahmen der vertraglichen Ausbildungszeit abzustellen.

Die Dauer der Ausbildungsabschnitte und ihre zeitliche Folge können nach den Fähigkeiten des Auszubildenden und den Besonderheiten der Ausbildungsstätte variiert werden, soweit die Teilziele und das Gesamtziel der Ausbildung nicht beeinträchtigt werden.

Die einzelnen Ausbildungsabschnitte sollen bei besonderen Leistungen gekürzt werden, bei besonderen Schwächen können sie unter Beachtung der vertraglichen Ausbildungszeit verlängert werden.

2.7 Zeitliche Verschiebungen und Umstellungen innerhalb der Ausbildungsabschnitte sind möglich, wenn sie unter Beachtung der vorstehenden Grundsätze vorgenommen werden.

3. In begründeten Ausnahmefällen kann in begrenztem Umfang von der Gliederung abgewichen werden, wenn dadurch die Teilziele und das Gesamtziel nicht beeinträchtigt werden. Die Ausbildungsstätte hat die Abweichung mit Begründung festzuhalten und der zuständigen Stelle anzuzeigen.

III. Ausbildungsplätze und

Ausbildungsmittel

In der sachlichen und zeitlichen Gliederung sollen Ausbildungsplätze und Ausbildungsmittel aufgeführt werden.

15.2 Abkürzung und Verlängerung der Ausbildungszeit zur Teilzeitberufsausbildung (§ 8 BBiG/§ 27 HwO) sowie zur vorzeitigen Zulassung zur Abschlussprüfung (§ 45 Abs. 1 BBiG/§ 37 Abs. 1 HwO)

Empfehlung des Hauptausschusses des Bundesinstituts für Berufsbildung vom 27. Juni 2008

Übersicht

A. Grundsätze

B. Abkürzung der Ausbildungszeit und Teilzeitausbildung gem. § 8 Abs. 1 BBiG/ § 27b Abs. 1 HwO

C. Vorzeitige Zulassung zur Abschluss-/ Gesellenprüfung gem. § 45 Abs. 1 BBiG/ § 37 Abs. 1 HwO

D. Mindestdauer der Ausbildung

E. Verlängerung der Ausbildungszeit gem. § 8 Abs. 2 BBiG/§ 27b Abs. 2 HwO

A. Grundsätze

(1) Die nachstehende Empfehlung soll die Auslegung der gesetzlichen Vorschriften über die Abkürzung der Ausbildungszeit gem. § 8 Abs. 1 S. 1 und 2 Berufsbildungsgesetz (BBiG)/§ 27b Abs. 1 S. 1 und 2 Handwerksordnung (HwO) konkretisieren. Die Abkürzung beinhaltet auch die Teilzeitberufsausbildung, die insbesondere Alleinerziehenden und jungen Eltern durch die Verkürzung der täglichen und wöchentlichen Ausbildungszeit die Möglichkeit gibt, Berufsausbildung und Familie zu vereinbaren. Darüber hinaus werden Empfehlungen über die vorzeitige Zulassung zur Abschluss-/Gesellenprüfung gem. § 45 Abs. 1 BBiG i.V. m. § 21 Abs. 2 BBiG/§ 37 Abs. 1 HwO i.V.m. § 21 Abs. 2 BBiG und über die Verlängerung der Ausbildungszeit gem. § 8 Abs. 2 BBiG/ § 27b Abs. 2 HwO formuliert.

(2) Die Empfehlungen enthalten Maßstäbe für die Entscheidungen der zuständigen Stellen.

(3) Im Einzelfall können besondere Gesichtspunkte eine abweichende Beurteilung erfordern.

B. Abkürzung der Ausbildungszeit und Teilzeitausbildung gem. § 8 Abs. 1 BBiG/§ 27b Abs. 1 HwO

B.1 Grundsatz und allgemeine Voraussetzungen der Antragstellung

(1) Auf gemeinsamen Antrag des Ausbildenden (Betrieb) und des Auszubildenden[1] hat die zuständige Stelle die Ausbildungszeit gem. § 8 Abs. 1 BBiG/§ 27b Abs.1 HwO zu kürzen, wenn zu erwarten ist, dass das Ausbildungsziel in der gekürzten Zeit erreicht wird.

(2) Die Kürzung der Ausbildungszeit soll möglichst bei Vertragsschluss, spätestens jedoch so rechtzeitig beantragt werden, dass noch mindestens ein Jahr Ausbildungszeit verbleibt.

(3) Der Antrag muss gemeinsam von beiden Vertragsparteien (Ausbildender und Auszubildender) schriftlich bei der zuständigen Stelle gestellt werden. Bei Minderjährigen ist die entsprechende Zustimmung der gesetzlichen Vertreter erforderlich.

---

[1] Zur besseren Lesbarkeit wird generell auf weibliche Bezeichnungen verzichtet; mit männlichen Wortformen sind männliche und weibliche Personen in gleicher Weise gemeint.

(4) Die Antragsteller müssen glaubhaft machen, dass das Ausbildungsziel in der gekürzten Zeit erreicht werden kann, z. B. durch Vorlage von (Berufs-)Schul- und Prüfungszeugnissen, Leistungsbeurteilungen, Berufsausbildungsverträgen und betrieblichen Ausbildungsplänen.

B.2 Abkürzungsgründe bei Vertragsabschluss gem. § 8 Abs. 1 S. 1 BBiG/ § 27b Abs.1 S. 1 HwO

(1) Nachfolgende Gründe können zu einer Verkürzung in dem angegebenen Zeitrahmen führen:

– Fachoberschulreife oder gleichwertiger Abschluss	bis zu 6 Monate
– Nachweis der Fachhochschulreife oder – allgemeine Hochschulreife oder – abgeschlossene Berufsausbildung	bis zu 12 Monate

(2) Im Einzelfall kann die Ausbildungszeit auch wegen eines Lebensalters von mehr als 21 Jahren um bis zu 12 Monaten verkürzt werden.

(3) Darüber hinaus kann bei Nachweis einer einschlägigen beruflichen Grundbildung oder einschlägigen Berufstätigkeit oder Arbeitserfahrung im Berufsfeld diese angemessen berücksichtigt werden.

(4) Bei Fortsetzung der Berufsausbildung in demselben Beruf kann die zurückgelegte Ausbildungszeit ganz oder teilweise für eine Kürzung berücksichtigt werden.

(5) Soweit festgestellt wird, dass nach Abschluss des ersten Ausbildungsjahres bei einem Berufswechsel die Grundausbildung des Erstberufes im Wesentlichen identisch ist mit der Grundausbildung des neuen Ausbildungsberufes, so kann diese in vollem Umfang (12 Monate) berücksichtigt werden.

B.3 Abkürzung während der Berufsausbildung gem. § 8 Abs. 1 S. 1 BBiG/§ 27b Abs. 1 S. 1 HwO

(1) Die Kürzung der Ausbildungszeit während der laufenden Berufsausbildung ist möglich, wenn Verkürzungsgründe nach B.1 vorliegen, das Ausbildungsziel in der verkürzten Zeit erreicht werden kann und die Ausbildungsinhalte vermittelt werden können.

(2) Wird der Antrag erst im Laufe der letzten 12 Monate der Ausbildungszeit gestellt, so soll dieser vorrangig als Antrag auf vorzeitige Zulassung zur Abschluss-/ Gesellenprüfung behandelt werden (siehe C. Vorzeitige Zulassung zur Abschluss-/ Gesellenprüfung).

B.4 Zusammentreffen mehrerer Verkürzungsgründe

Mehrere Verkürzungsgründe können nebeneinander berücksichtigt werden. Eine vorzeitige Zulassung zur Prüfung (siehe unter C.) ist auch bei verkürzter Ausbildungsdauer gem. § 45 Abs. 1 BBiG / § 37 Abs. 1 HwO möglich, wenn dadurch die unter D. vorgegebene Mindestausbildungsdauer nicht unterschritten wird.

B.5 Abkürzung der täglichen oder wöchentlichen Ausbildungszeit gem. § 8 Abs. 1 S. 2 BBiG/§ 27b Abs. 1 S. 2 HwO (Teilzeitberufsausbildung)

(1) Bei berechtigtem Interesse ist auf gemeinsamen Antrag des Auszubildenden und Ausbildenden die Ausbildungszeit auch in Form einer täglichen oder wöchentlichen Reduzierung der Arbeitszeit zu kürzen (§ 8 Abs. 1 S. 2 BBiG/§ 27b Abs. 1 S. 2 HwO). Ein berechtigtes Interesse ist z.B. dann gegeben, wenn der Auszubildende ein eigenes Kind oder einen pflegebedürftigen Angehörigen zu betreuen hat oder vergleichbar schwerwiegende Gründe vorliegen.

(2) Das berechtigte Interesse ist durch Vorlage geeigneter Belege nachzuweisen.

(3) Da das Berufsbildungsgesetz für die Abkürzung der Ausbildungszeit keine anteilige Untergrenze festlegt, ist jeweils im Einzelfall zu prüfen, ob die Auszubildenden auch bei einer täglichen oder wöchentlichen Reduzierung der betrieblichen Ausbildungszeiten noch wirklichkeitsnah mit den wesentlichen Betriebsabläufen vertraut gemacht werden kön-

nen und in dem für die Ausbildung erforderlichen Maß in die betriebliche Praxis eingebunden werden können. Als Richtschnur soll eine wöchentliche Mindestausbildungszeit von 25 Stunden nicht unterschritten werden.

(4) Die Teilzeitberufsausbildung führt grundsätzlich nicht zu einer Verlängerung der kalendarischen Gesamtausbildungsdauer.

(5) Im Einzelfall kann eine verkürzte tägliche oder wöchentliche Arbeitszeit aber mit einer Verlängerung der kalendarischen Ausbildungsdauer verbunden werden (§ 8 Abs. 2 BBiG, siehe unter E.), wenn die Verlängerung erforderlich ist, um das Ausbildungsziel zu erreichen.

(6) Die Entscheidung über die Verlängerung kann bei noch unsicherer Prognose oder bei veränderten Rahmenbedingungen auch später getroffen werden.

C. Vorzeitige Zulassung zur Abschluss-/Gesellenprüfung gem. § 45 Abs. 1 BBiG/§ 37 Abs. 1 HwO

C.1 Grundsatz und allgemeine Voraussetzungen der Antragstellung

(1) Der Auszubildende kann nach Anhörung des Ausbildenden (Betrieb) und der Berufsschule vor Ablauf seiner Ausbildungszeit zur Abschluss-/Gesellenprüfung zugelassen werden, wenn seine Leistungen dies rechtfertigen (§ 45 Abs. 1 BBiG/§ 37 Abs. 1 HwO).

(2) Der Antrag ist schriftlich bei der zuständigen Stelle zu stellen, im Falle der vorzeitigen Zulassung zur Gesellenprüfung bei der Geschäftsstelle des Prüfungsausschusses.

(3) Dem Antrag sind die nach der geltenden Prüfungsordnung erforderlichen Anmeldeunterlagen beizufügen.

C.2 Zulassungsvoraussetzungen

(1) Eine vorzeitige Zulassung ist gerechtfertigt, wenn der Auszubildende sowohl in der Praxis (Betrieb) als auch in der Berufsschule (Durchschnittsnote aller prüfungsrelevanten Fächer oder Lernfelder) überdurchschnittliche Leistungen nachweist.

(2) Überdurchschnittliche Leistungen liegen in der Regel vor, wenn das letzte Zeugnis der Berufsschule in den prüfungsrelevanten Fächern oder Lernfeldern einen Notendurchschnitt besser als 2,49 enthält und die praktischen Ausbildungsleistungen als überdurchschnittlich bzw. besser als 2,49 bewertet werden.

(3) Neben dem Zeugnis der Berufsschule sind für den Nachweis das Leistungszeugnis oder eine entsprechende Bescheinigung des ausbildenden Betriebs und die Vorlage der Zwischenprüfungsbescheinigung erforderlich. Der ordnungsgem. geführte Ausbildungsnachweis ist vorzulegen oder das ordnungsgem.e Führen des Ausbildungsnachweises vom Betrieb und vom Auszubildenden schriftlich zu bestätigen.

C.3 Zulassungsentscheidung

(1) Bei Abschlussprüfungen trifft die zuständige Stelle die Zulassungsentscheidung. Hält sie die Zulassungsvoraussetzungen für nicht gegeben, entscheidet der Prüfungsausschuss (§ 46 Abs.1 BBiG).

(2) Bei Gesellenprüfungen trifft der Vorsitzende des Prüfungsausschusses die Zulassungsentscheidung. Hält er die Zulassungsvoraussetzungen für nicht gegeben, entscheidet der gesamte Prüfungsausschuss (§ 37a Abs.1 HwO).

(3) Die vorgezogene Prüfung soll nicht mehr als 6 Monate vor dem ursprünglichen Prüfungstermin stattfinden. Darüber hinausgehende Anträge sollen von den zuständigen Stellen als Antrag auf Abkürzung der Ausbildungszeit nach §§ 8 Abs. 1 BBiG/27b Abs. 1 HwO behandelt werden (siehe unter B.).

D. Mindestdauer der Ausbildung

Die Ausbildungsvertragsdauer soll in der Regel folgende Mindestzeiten, insbesondere beim Zusammentreffen mehrerer Verkürzungsgründe bzw. bei vorzeitiger Zulassung, nicht unterschreiten:

Regelausbildungszeit	Mindestzeit der Ausbildung
3 1/2 Jahre	24 Monate
3 Jahre	18 Monate
2 Jahre	12 Monate

E. Verlängerung der Ausbildungszeit gem. § 8 Abs. 2 BBiG und § 27b Abs. 2 HwO

E.1 Grundsatz

(1) In Ausnahmefällen kann die zuständige Stelle auf Antrag des Auszubildenden die Ausbildungszeit verlängern, wenn die Verlängerung erforderlich ist, um das Ausbildungsziel zu erreichen (§ 8 Abs. 2 BBiG/ § 27b Abs. 2 HwO). § 21 Abs. 3 BBiG bleibt unberührt.

(2) Inhaltlich verknüpfte Anträge auf Verkürzung der täglichen oder wöchentlichen Ausbildungszeit und auf Verlängerung der kalendarischen Gesamtausbildungsdauer sollen im Sinne förderlicher Bedingungen für die Vereinbarkeit von Berufsausbildung und Familie entschieden werden.

E.2 Allgemeine Voraussetzungen der Antragstellung

(1) Der Antrag ist vom Auszubildenden schriftlich bei der zuständige Stelle zu stellen. Bei Minderjährigen ist die entsprechende Zustimmung der gesetzlichen Vertreter erforderlich.

(2) Der Antrag soll rechtzeitig vor Ablauf des Berufsausbildungsverhältnisses gestellt werden.

(3) Vor der Entscheidung über den Antrag ist der Ausbildende (Betrieb) zu hören (§ 8 Abs. 2 BBiG/§ 27b Abs. 2 HwO). Die Berufsschule kann gehört werden.

(4) Der Auszubildende muss glaubhaft machen, dass die Verlängerung erforderlich ist, um das Ausbildungsziel zu erreichen. Eine Verlängerung nach § 8 Abs. 2 BBiG/§ 27 a Abs. 2 HwO soll nur ausnahmsweise bei Vorliegen besonderer Gründe gewährt werden.

E.3 Verlängerungsgründe

(1) Nachfolgende Gründe können eine Verlängerung erforderlich machen:

- erkennbare schwere Mängel in der Ausbildung,
- Nichterreichen des Leistungszieles der Berufsschulklasse,
- längere vom Auszubildenden nicht zu vertretende Ausfallzeiten (z.B. infolge Krankheit),
- körperliche, geistige und seelische Behinderung des Auszubildenden, die dazu führen, dass das Ausbildungsziel nicht in der vereinbarten Ausbildungszeit erreicht werden kann,
- Betreuung des eigenen Kindes oder von pflegebedürftigen Angehörigen,
- verkürzte tägliche oder wöchentliche Ausbildungszeit (§ 8 Abs. 1 S. 2 BBiG/ § 27b Abs. 1 S. 2 HwO).

(2) Bei Festlegung der Verlängerungszeit sind die Prüfungstermine zu berücksichtigen.

15.3 Muster eines betrieblichen Ausbildungsplans

Abdruck mit freundlicher Genehmigung der IHK Trier

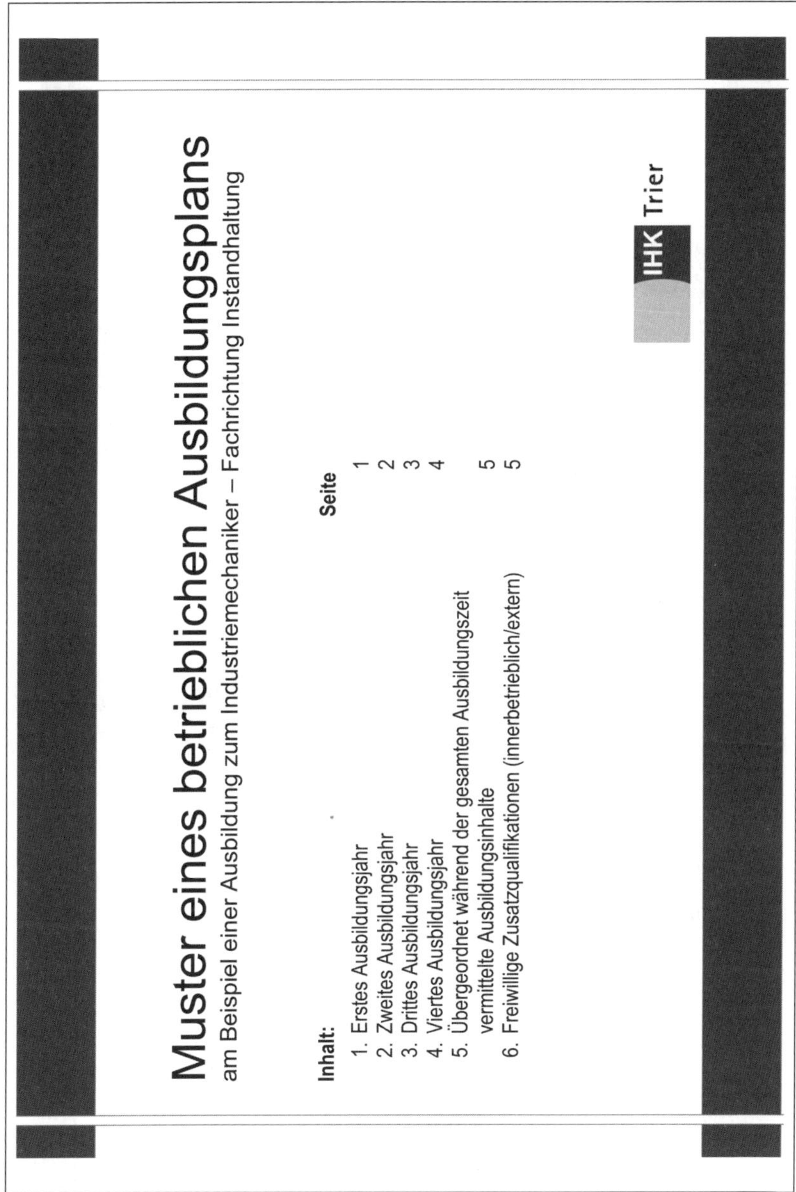

Muster eines betrieblichen Ausbildungsplans

am Beispiel einer Ausbildung zum Industriemechaniker – Fachrichtung Instandhaltung

Inhalt: **Seite**

Anlage zum Berufsausbildungsvertrag gemäß § 4 Abs. 1 Ziff. 1 BBiG
Sachliche und zeitliche Gliederung der Berufsausbildung (betrieblicher Ausbildungsplan)

Ausbildungsbetrieb:	**Auszubildender**
A B C Muster-Blechtechnologie-GmbH Musterstraße 22b 12345 Musterstadt	Piedro Muster Musterstraße 210 12345 Musterstadt
	Ausbildungsberuf
	Industriemechaniker der Fachrichtung Instandhaltung

1. Ausbildungsjahr

Abteilung bzw. Ausbildungsbereich (z. B. Wareneingang oder Werkzeugmaschinen)	**Ausbilder (Vor- Nachname)**	**Zeit in Monaten oder von ….. bis ….**	**Zu vermittelnde Fertigkeiten und Kenntnisse in den einzelnen Ausbildungsbereichen (bitte untereinander schreiben)**	Ich versichere, dass ich die hier beschriebenen Fertigkeiten und Kenntnisse vermittelt habe. **Datum und Unterschrift des Ausbilders**	Ich bestätige, dass mir die hier beschriebenen Fertigkeiten und Kenntnisse vermittelt wurden. **Datum und Unterschrift des Auszubildenden**
Extern: Industrielehrwerkstatt (ILW) Trier		3 Monate	· Grundlehrgang Metall nach Bundesinstitut für Berufsbildung (BBiG)		
Instandsetzungswerkstatt		2 Monate	· Weiterführende fachbezogene Ausbildung		
Instandsetzungswerkstatt		4 Monate	· Anfertigung von Einzelteilen für die Produktion		
Produktion		2 Monate	· Überwachungsarbeiten an Produktions- und Betriebsanlagen		
./.		1 Monat	· Urlaub		

2. Ausbildungsjahr

Abteilung bzw. Ausbildungsbereich (z. B. Wareneingang oder Werkzeugmaschinen)	**Ausbilder (Vor- und Nachname)**	**Zeit in Monaten oder von ..... bis ....**	**Zu vermittelnde Fertigkeiten und Kenntnisse in den einzelnen Ausbildungsbereichen (bitte untereinander schreiben)**	Ich versichere, dass ich die hier beschriebenen Fertigkeiten und Kenntnisse vermittelt habe. **Datum und Unterschrift des Ausbilders**	Ich bestätige, dass mir die hier beschriebenen Fertigkeiten und Kenntnisse vermittelt wurden. **Datum und Unterschrift des Auszubildenden**
Extern: Industrielehrwerkstatt (ILW) Trier		1 Monat	· Pneumatik- und Elektro-Pneumatik-Lehrgang inklusive Prüfungsvorbereitung		
Maschinenraum - Drehmaschinen		1,5 Monate	· Werkstücke drehen bis Qualität H7, Gewindeschneiden, Kegeldrehen, Formdrehen, Rändeln		
Maschinenraum - Fräsmaschinen		1,5 Monate	· Werkstücke fräsen bis Qualität H 8		
Instandsetzungswerkstatt		4 Monate	· Anfertigen von Einzelteilen für Vorrichtungen, Produktion, Kundendienst und Reparatur		
Instandsetzungswerkstatt		1 Monat	· Reparatur und Scharfschleifen von Werkzeugen		
Produktion		2 Monate	· Überwachungs- und Wartungsarbeiten an Produktions- und Betriebsanlagen		
		1 Monat	· Urlaub		

3. Ausbildungsjahr					
Abteilung bzw. Ausbildungsbereich (z. B. Wareneingang oder Werkzeugmaschinen)	**Zeit in Monaten oder von ..... bis ....**		**Zu vermittelnde Fertigkeiten und Kenntnisse in den einzelnen Ausbildungsbereichen (bitte untereinander schreiben)**	Ich versichere, dass ich die hier beschriebenen Fertigkeiten und Kenntnisse vermittelt habe. **Datum und Unterschrift des Ausbilders**	Ich bestätige, dass mir die hier beschriebenen Fertigkeiten und Kenntnisse vermittelt wurden. **Datum und Unterschrift des Auszubildenden**
Instandsetzungswerkstatt – Schweißraum		2 Monate	· WIG, MIG und MAG-Schweißen von unterschiedlichen Materialien an Übungs- und Produktionsteilen		
Instandsetzungswerkstatt – Schweißraum		1 Monat	· Komplettbearbeitung: Informieren, Konstruieren, Planen, Ausführen, Kontrollieren und Bewerten von Heft-, Schweiß-, Bohr- und Aufspannungsvorrichtungen		
Produktion		1 Monat	· Überwachungs-, Wartungs- und Reparaturarbeiten an Produktions- und Betriebsanlagen		
Instandsetzungswerkstatt		3 Monate	· Erweitern der maschinenbezogenen Kenntnisse, Werkstücke zerspanen, Prüfen, Abläufe korrigieren und optimieren		
Instandsetzungswerkstatt		2 Monate	· Fügen unter Anwendung der Grundfertigkeiten		
Instandsetzungswerkstatt		2 Monate	· Anfertigen von Produktionsteilen		
		1 Monat	· Urlaub		

4. Ausbildungsjahr					
Abteilung bzw. Ausbildungsbereich (z. B. Wareneingang oder Werkzeugmaschinen)	**Zeit in Monaten oder von ..... bis ....**		**Zu vermittelnde Fertigkeiten und Kenntnisse in den einzelnen Ausbildungsbereichen (bitte untereinander schreiben)**	Ich versichere, dass ich die hier beschriebenen Fertigkeiten und Kenntnisse vermittelt habe. **Datum und Unterschrift des Ausbilders**	Ich bestätige, dass mir die hier beschriebenen Fertigkeiten und Kenntnisse vermittelt wurden. **Datum und Unterschrift des Auszubildenden**
Instandsetzungswerkstatt		1 Monat	• Entwickeln, Konstruieren und Fertigen von Vorrichtungen für die unterschiedlichen Fertigungsbereiche		
Instandsetzungswerkstatt		3,5 Monate	• Anfertigung von Produktionsteilen		
Industrie- und Lehrwerkstatt (ILW) Trier		1 Monat	• Pneumatik- und Elektro-Pneumatik-Lehrgang inklusive Prüfungsvorbereitung		
		0,5 Monate	• Urlaub		

Während der gesamten Ausbildungszeit werden übergeordnet folgende Punkte vermittelt:					
Abteilung bzw. Ausbildungsbereich (z. B. Wareneingang oder Werkzeugmaschinen)	**Ausbilder Vor- und Nachname**	**Zeit in Monaten oder von ..... bis ....**	**Zu vermittelnde Fertigkeiten und Kenntnisse in den einzelnen Ausbildungsbereichen (bitte untereinander schreiben)**	Ich versichere, dass ich die hier beschriebenen Fertigkeiten und Kenntnisse vermittelt habe. **Datum und Unterschrift des Ausbilders**	Ich bestätige, dass mir die hier beschriebenen Fertigkeiten und Kenntnisse vermittelt wurden. **Datum und Unterschrift des Auszubildenden**
			· Berufsbildung, Arbeits- und Tarifrecht		
			· Aufbau und Organisation des Ausbildungsbetriebs		
			· Sicherheit und Gesundheitsschutz bei der Arbeit		
			· Umweltschutz und rationale Energieversorgung		

Freiwillige Zusatzqualifikationen (innerbetrieblich / extern)				
Institution / Unternehmen	**Datum (von ..... bis ....)**	**Vermittelte Zusatzqualifikation**	**Datum und Unterschrift des Ausbilders**	**Datum und Unterschrift des Auszubildenden**

15.4 Beispiel eines Leittextes

HOESCH
Hoesch Stahl AG Dortmund

Technische Berufsbildung
Berufsbildungsplanung

Stand	Blatt-Nr.	Anzahl Blätter

Auftragsbearbeitung — Auftragsbezogener Leittext

Wer bearbeitet den Auftrag? Datum *08. 10.*

Namen *Scherer*
Schneider

Benennung / Auftragstext *Bremsuntersatz Teil (1)*

Auftrags-Nr. *98 64 26* Zeichnungs-Nr. *L 1604 - 02*

Um welchen Typ von Arbeitsauftrag handelt es sich?

Passen und Fügen
- ☐ von Rohrformstücken und Rohrleitungsteilen
- ☒ von Brennteilen zu Stahlbaukonstruktionen (Schweißkonstruktionen)
- ☐ von Rahmen, Gittern, Rosten, Gestellen usw. (Bauschlosserarbeiten)
- ☐ und Sichern von Teilen mit Schrauben, Muttern, Bolzen, Stiften usw.

- ☐ Fertigen von Einzelteilen durch manuelles und maschinelles Zerspanen
- ☐ Bearbeiten von Blechen
- ☐ Umformen von Rohren und Stabstählen
- ☐ Montage / Demontage von Wellen, Lagern usw.
- ☐ Instandsetzen von Maschinen, Geräten und Baugruppen
- ☐ ______________________

Nach welcher Vorlage wird gearbeitet bzw. welche Unterlagen sind vorhanden?

- ☒ Zeichnung
- ☒ Werkstattverrechnungsschein mit Arbeitsgangfolge und Materialkarte
- ☐ Muster
- ☐ Skizze
- ☐ Skizze selber angefertigt
- ☐ ______________________

Welche Leittexte werden ergänzend zu diesem Faltblatt bearbeitet?

Lesen einer Gruppenzeichnung

____

Leittext Hoesch Stahl AG – Auftragsbearbeitung

Welche Aufgabe und welche Funktion hat das Teil bzw. die Baugruppe?

Der Bremsuntersatz dient zur Aufnahme der beiden Backenhebel und des Eldro-Gerätes.
Diese Teile werden durch Bolzen mit dem Bremsuntersatz verbunden

Wie lautet der Arbeitsauftrag für die Schlosserei?
(Siehe Werkstattverrechnungsschein)

Verputzen, Anpassen und Heften der Teile 2-10
Sägen, Bohren, Gewindeschneiden, Anzeichnen, Entgraten der Teile 5, 6, 7
Richten und Verputzen nach dem Schweißen

Leittext Hoesch Stahl AG – Auftragsbearbeitung

Müssen Teile des Auftrages in anderen Fertigungsabteilungen bearbeitet werden?
Wenn ja, in welchen?

Hoblerei → Teil 4
Schweißerei → verschweißen der Einzelteile
Schmiede → glühen
Dreherei → Bohrwerk

Muß beim Bearbeiten etwas besonders beachtet werden?
Wenn ja, was?

Die Nocken Teil 10 müssen vor dem Heften des Untersatzes mit dem Lagersteg Teil 3 geschweißt werden.

Erstellen Sie je nach Aufgabe einen Arbeitsplan (z.B. Fertigen eines Einzelteils, Montage einer Maschine usw.).

Tragen Sie auf dem Vordruck ein, welche Maschinen, Hilfsmittel, Werkzeuge usw. zur Durchführung des Auftrages benötigt werden.

Legen Sie auf dem Kontrollbogen die funktionsbestimmenden Kriterien fest (z.B. Maße, Oberflächengüte, Leichtgängigkeit eines sich bewegenden Teils usw.

Leittext Hoesch Stahl AG – Auftragsbearbeitung

HOESCH
Hoesch Stahl AG · Dortmund

Technische Berufsbildung
Berufsbildungsplanung

Stand	Blatt-Nr.	Anzahl Blätter
05/85	1	2

Modellversuch — Auftragsbezogener Leittext

Arbeitsplan

☒ Montage ☐ Demontage
☐ Einzelteil ☐ ____________________

Auftragstext/
Benennung/ Teil-Nr.: Bremsuntersatz Teil ①

1. Angelieferte Roh-und Brennteile überprüfen, ggf. richten und verputzen.
2. Die Schrägen von Teil 4 (2St. Stege) hobeln lassen.
3. An den Stegen Teil 5+7 die Schrägen (10×45°) anreißen, sägen, feilen und entgraten.
4. Stege Teil 3 anreißen (Lage der Nocken), Nocken anpassen, heften und schweißen.
5. Die Lage der Teile 3-9 auf der Grundplatte Teil 2 anreißen, anschließend ausrichten und heften.
6. Nach dem Heften nochmals die Maßhaltigkeit und Winkligkeit kontrollieren.
7. Den Bremsuntersatz zur Schweißerei bringen.
8. Den geschweißten Untersatz im Gasschmiedeofen glühen, anschließend richten und verputzen.
9. Den Bremsuntersatz zum Bohrwerk bringen. Am Bohrwerk die Auflagestücke Teil 9 planfräsen und die Löcher für die Einspannbuchsen bohren und reiben.
10. Durchgangslöcher auf der Grundplatte und Grundlöcher für Gewinde M20/70 in Teil 6 anreißen und körnen.

Leittext Hoesch Stahl AG – Arbeitsplan

HOESCH
Hoesch Stahl AG · Dortmund

Technische Berufsbildung
Berufsbildungsplanung

Stand	Blatt-Nr.	Anzahl Blätter
05/85	2	2

Modellversuch — Auftragsbezogener Leittext

Arbeitsplan

☒ Montage ☐ Demontage
☐ Einzelteil ☐ ____________________

Auftragstext/ Benennung/ Teil-Nr.: Bremsuntersatz Teil ①

11. Durchgangslöcher in Teil 2 ⌀ 5mm vorbohren, anschließend fertigbohren auf ⌀ 20mm und ⌀ 22mm, beidseitig entgraten.
12. Grundlöcher für Gewindekernloch ⌀ 4mm vorbohren, auf den Kerndurchmesser ⌀17,5mm aufbohren, senken (120°) und Gewinde M20 schneiden.
13. Einspannbuchsen einpressen.

Leittext Hoesch Stahl AG – Arbeitsplan

HOESCH Hoesch Stahl AG · Dortmund
Technische Berufsbildung

Maschinen, Werkzeuge, Hilfsmittel und Verbrauchsmaterialien, die zur Durchführung des Auftrags benötigt werden

Maschinen Gruppenwerkzeug	Verbrauchsmaterialien Hilfsmittel	Eigene Werkzeugschublade	Abnahme (Prüfgeräte) Werkzeugausgabe
Bohrmaschine	Elektroden	Anschlagwinkel 90° x 150	Winkelmesser
Spindelpresse	Bohremulsion	Reißnadel, Körner	Gewindebohrer M20
Schweißgerät	Schmiermittel	Hammer, Streichmaß,	Windeisen
Schweißtisch	Distanzstücke	Zirkel, Feilen, Säge,	Bohrer:
Höhenreißer und		Gliedermaßstab,	∅ 22; ∅ 17,5; ∅ 20;
Anreißtisch		Meßschieber	∅ 5; ∅ 4
Schweißerschürze			Kegelsenker:
Schutzschild			∅ 10 x 90°
Schutzhandschuhe			∅ 28 x 90°
aus Leder			∅ 22 x 120°
Elektroschweißhammer			Schraubzwingen
Drahtbürste			

Sonstiges:

Leittext Hoesch Stahl AG – Arbeitsmittelverzeichnis

HOESCH
Hoesch Stahl AG · Dortmund

Technische Berufsbildung
Berufsbildungsplanung

Stand	Blatt-Nr.	Anzahl Blätter
01.10.	1	1

Kontrollbogen

Auftragsbezogener Leittext

Auftragstext	Auftrags-Nr.	Zeichnungs-Nr.
Bremsuntersatz Teil ①	986426	L 1604 - 02

Maßkontrolle

Name / Gruppe: Scherer, Schneider

Teil-Nr.	lfd. Nr.	Beurteilte Stelle	Zeichn.-Maß	Abmaße	Istmaße Selbst-kontrolle	Istmaße Fremd-kontrolle
①	1	Abst. Gewindelöcher T.6. M20	800	± 0,8		
	2	Lage d. Gew.-löcher zur Mittel.		± 0,5		
	3	Durchgangl. T. 2 (Breite)	130	± 0,5		
	4	" " " "	130	± 0,5		
	5	Durchgangl. T. 2 (Länge)	650	± 0,8		
	6	" " " "	650	± 0,8		

Andere Kontrollkriterien, Fehlerursachen, Bemerkungen

Beurteilung der ausgeführten Arbeit

durch den Auszubildenden

☐ Fachgerechte Ausführung ohne Mängel
☐ Leichte Mängel in der fachlichen Ausführung
☐ Schwere Mängel in der fachlichen Ausführung

☐ ☐ ☐

durch den Ausbilder

Bei Abweichung schriftliche Begründung

Leittext Hoesch Stahl AG – Kontrollbogen

15.5 Gruppenarbeit nach PETRA

Leitfragen/Leithinweise zur Gruppenarbeit (GRA)

Bearbeiten Sie die einzelnen Punkte schriftlich.

Informieren:

1. Erarbeiten Sie in der Gruppe die Inhalte, Schwerpunkte und Ziele der Aufgabenstellung.

   Erstellen Sie eine Funktionsbeschreibung!

2. Welche Kenntnisse bzw. Fertigkeiten fehlen Ihnen, um die Übungsaufgabe zu bearbeiten?

   Was ist Ihnen nicht vollständig bekannt oder was ist Ihnen neu?

3. Welche Erfahrungen aus anderen Übungsaufgaben können Sie verwenden?

4. Wie können Sie das fehlende Wissen am besten erarbeiten?

   Woher können Sie sich die fehlenden Informationen beschaffen?

5. Markieren Sie alle wichtigen Maße und Angaben auf der Zeichnung/dem Schaltplan.

Planen:

6. Wie kann die Aufgabe gleichmäßig auf alle Gruppenmitglieder aufgeteilt werden?

   Tragen Sie die Aufteilung in das Arbeitsblatt „Aufgabenverteilung" ein.

7. Legen Sie fest, welche Maße, Schnittstellen oder sonstige Kriterien Ihres Teiles/Ihrer Teile mit dem Ihrer/Ihres Kollegen abgestimmt werden müssen.

   Notieren Sie diese Absprachen zusätzlich auf Ihrem Arbeitsplan.

8. An welchen Stellen müssen Qualitätskontrollen eingebaut werden?

9. Welche Arbeitsschritte und Arbeitsmittel sind zur Bearbeitung der Aufgabe notwendig?

   Erstellen Sie auf dem Formblatt „Arbeitsplanung" die Arbeitspläne für das (die) Einzelteil(e) und gegebenenfalls deren Zusammenbau.

10. Worauf muß geachtet werden, damit Unfälle und Sachschäden beim Einsatz von Werkzeugen, Werkstoffen und Maschinen vermieden werden?

Leitfragen/Leithinweise zur GRA (Quelle: Klein 1990, S. 143f.; Abdruck mit freundlicher Genehmigung durch Publicis Pixelpark Erlangen)

11. Was müssen Sie vorbereiten, wenn Sie an einem anderen Arbeitsplatz arbeiten?

Im Metallbereich	Im Elektrobereich
z.B. – Meßplatz	z.B. – Meßlabor
– Maschinenarbeitsplatz	– Maschinenarbeit
– Schweißplatz	– Installationswand

12. Erstellen Sie gemeinsam einen Belegungsplan für Arbeitsplätze, die von mehreren Lernenden benutzt werden müssen, z.B. einen Maschinenbelegungsplan.

13. Entwickeln Sie für Ihre Übungsaufgabe die Bewertung. Verwenden Sie dazu das Formblatt „Bewertungsbogen". Orientieren Sie sich an folgenden Begriffen, z. B. Funktionskontrolle, Sichtkontrolle, Maßkontrolle mit Schwerpunkt Funktionsbewertungsstellen, Schaltungskontrolle.

Entscheiden:

14. Besprechen Sie Ihre Antworten auf die Fragen 1 bis 13 mit Ihrem Ausbilder, bevor Sie mit der Arbeit beginnen!

Ausführen:

Zu beachten während der Arbeitsausführung!
Wurde eine Bewertungsstelle, **die für den Zusammenbau bzw. die Funktion bedeutend ist,** nicht eingehalten, dann sprechen Sie sich mit dem zuständigen Kollegen, gegebenenfalls mit dem Ausbilder, über **„Sofortmaßnahmen"** ab!

Bewerten:

Überprüfen Sie Ihr Arbeitsergebnis entsprechend den nachfolgenden Leithinweisen!

15. Selbstkontrolle bzw. Kontrolle Ihrer Teilaufgabe durch einen Kollegen!
    a) Tragen Sie in den Bewertungsbogen die Bewertung für Funktion und Sichtkontrolle (einschließlich Zusammenbau) nach dem vorgegebenen Schlüssel ein.
    b) Tragen Sie für alle meßbaren Bewertungsstellen die „Istmaße" ein.
    c) Vergleichen Sie die „Nennmaße und deren Abmaße" mit den „Istmaßen" (Absprachen aus Frage 7 beachten!)

16. Überlegen Sie (gemeinsam), ob und wie nicht erlaubte Abweichungen durch Nacharbeit beseitigt werden können.

17. Sprechen Sie mit Ihrem Ausbilder über das fachliche Ergebnis Ihrer Arbeit.

15.6 Beispiel einer Gruppenarbeit nach PETRA

SIEMENS Gewerbliche Berufsbildung — **Arbeitsplanung** — Standort: Augsburg — Datum: 16.10. — Blatt: 1

Name: Könige, Bauer, Zeisberger, Lerbinger, Werther — Vorname: ______ — Ausbildungsberuf: Kommunikationselektroniker — Fachrichtung: Informationstechnik — Ausbildungshalbjahr: 3

Übungsaufgabe: Aufbau einer Verkehrsampelsteuerung — Zeichnungs-Nr.: LE 21139-15 — Stückzahl: 1

Arbeitsschritte	Zeitplanung	Werkzeugmaschinen, Werkzeuge und Hilfsmittel	Prüfmittel	Arbeitssicherheit	Hinweise
1. Funktionseinheiten festlegen	30′				
2. Schnittstellen bestimmen	3 h				
und kennzeichnen					
3. Stromlaufpläne, Leiter-	3 h	Zeichenplatte, Tuschefüller,			
platten- und Bestückungs-		Schablone			
pläne erstellen					
4. Bestücken und verdrahten	6 h	Justierzange, Seitenschneider,			
der Platine		Lötkolben, Lötzinn, Absaugpumpe			
5. Bus-Platine bohren	30′	Bohrmaschine, Bohrer, Senker	Meßschieber	Haarnetz, Schutzbrille	
6. Zusammenbau auf der Bus-	30′	Lötkolben, Lötzinn			
Platine und Beschriftung					
7. Prüfen der Funktion	3,5 h	Netzgerät, Oszilloskop		Netzspannung!	Oszilloskop justieren
8. Funktionsbeschreibung	3,5 h	Schaltplan,			
erstellen		Stromlaufplan			
9. Selbstbewertung	1 h	Bewertungsbogen			

Arbeitsplanung (Quelle: Klein 1990, S. 146; Abdruck mit freundlicher Genehmigung durch Publicis Pixelpark Erlangen)

SIEMENS Gewerbliche Berufsbildung	**Aufgabenverteilung**	Standort: Augsburg	Datum: 16.10.	
		Ausbilder:	Blatt: 1	
Ausbildungs-beruf: Kommunikations-elektroniker		Fach-richtung: Informations-technik	Ausbildungs-halbjahr: 3	
Übungsaufgabe: Aufbau einer Verkehrsampel-steuerung		Zeichnungs-Nr.: LE 21139-15	gepl. Zeit	Ist-Zeit
Name: Frank Könige	UND-Glied und Bus-Platine, Zusammenbau, Funktionsprüfung, Selbstbewertung		25h	24,5h
Name: Elmar Bauer, Wolfgang Zeisberger	Bistabile Kippstufe, Funktionsprüfung, Selbstbewertung		25h	26h
Name: Jutta Werther Susanne Lerbinger	Astabile Kippstufe, Funktionsprüfung, Selbstbewertung		25,5h	24h
Name:				
Name:				
Name:				

Aufgabenverteilung (Quelle: Klein 1990, S. 147; Abdruck mit freundlicher Genehmigung durch Publicis Pixelpark Erlangen)

SIEMENS Gewerbliche Berufsbildung	**Bewertungsbogen**	Datum: 17. 10. / Blatt: 1
Name: Bauer	Vorname: Elmar	Ausbilder: Höß
Ausbildungsberuf: Kommunikationselektroniker	Fachrichtung: Informationstechnik	Ausbildungshalbjahr: 3
Übungsaufgabe: Aufbau einer Verkehrsampelsteuerung	Zeichnungs-Nr.: LE 21139-15	
Funktions- und Sichtkontrolle – Bewertung: 10-9-7-5-0 Punkte	Maßkontrolle, Schaltungskontrolle – Bewertung: 10-0 Punkte	

Lfd. Nr.	Teil	Bewertungsstellen (Nennmaß)	Abmaß	Istmaß	Selbstbewertung	Fremdbewertung
		Sichtkontrolle				
1		Teilzeichnung			9	7
2		Bestückungsplan			10	10
3		Verdrahtungsplan			10	10
4		Bauteilelage			10	9
5		Verdrahtung			7	9
6		Gesamteindruck			10	10
		Schaltungskontrolle				
7		Funktion der einzelnen				
		Module (je 10 Punkte)			30	30
					Σ 86 Pkte	Σ 85 Pkte

Bewertungsbogen (Quelle: Klein 1990, S. 148; Abdruck mit freundlicher Genehmigung durch Publicis Pixelpark Erlangen)

15.7 Ausbilder-Eignungsverordnung

Ausbilder-Eignungsverordnung vom 21. Januar 2009 (BGBl. I S. 88)

Eingangsformel

Auf Grund des § 30 Absatz 5 des Berufsbildungsgesetzes vom 23. März 2005 (BGBl. I S. 931) verordnet das Bundesministerium für Bildung und Forschung nach Anhörung des Hauptausschusses des Bundesinstituts für Berufsbildung:

§ 1 Geltungsbereich

Ausbilder und Ausbilderinnen haben für die Ausbildung in anerkannten Ausbildungsberufen nach dem Berufsbildungsgesetz den Erwerb der berufs- und arbeitspädagogischen Fertigkeiten, Kenntnisse und Fähigkeiten nach dieser Verordnung nachzuweisen. Dies gilt nicht für die Ausbildung im Bereich der Angehörigen der freien Berufe.

§ 2 Berufs- und arbeitspädagogische Eignung

Die berufs- und arbeitspädagogische Eignung umfasst die Kompetenz zum selbstständigen Planen, Durchführen und Kontrollieren der Berufsausbildung in den Handlungsfeldern:

1. Ausbildungsvoraussetzungen prüfen und Ausbildung planen,
2. Ausbildung vorbereiten und bei der Einstellung von Auszubildenden mitwirken,
3. Ausbildung durchführen und
4. Ausbildung abschließen.

§ 3 Handlungsfelder

(1) Das Handlungsfeld nach § 2 Nummer 1 umfasst die berufs- und arbeitspädagogische Eignung, Ausbildungsvoraussetzungen zu prüfen und Ausbildung zu planen. Die Ausbilder und Ausbilderinnen sind dabei in der Lage,

1. die Vorteile und den Nutzen betrieblicher Ausbildung darstellen und begründen zu können,
2. bei den Planungen und Entscheidungen hinsichtlich des betrieblichen Ausbildungsbedarfs auf der Grundlage der rechtlichen, tarifvertraglichen und betrieblichen Rahmenbedingungen mitzuwirken,
3. die Strukturen des Berufsbildungssystems und seine Schnittstellen darzustellen,
4. Ausbildungsberufe für den Betrieb auszuwählen und dies zu begründen,
5. die Eignung des Betriebes für die Ausbildung in dem angestrebten Ausbildungsberuf zu prüfen sowie, ob und inwieweit Ausbildungsinhalte durch Maßnahmen außerhalb der Ausbildungsstätte, insbesondere Ausbildung im Verbund, überbetriebliche und außerbetriebliche Ausbildung, vermittelt werden können,
6. die Möglichkeiten des Einsatzes von auf die Berufsausbildung vorbereitenden Maßnahmen einzuschätzen sowie
7. im Betrieb die Aufgaben der an der Ausbildung Mitwirkenden unter Berücksichtigung ihrer Funktionen und Qualifikationen abzustimmen.

(2) Das Handlungsfeld nach § 2 Nummer 2 umfasst die berufs- und arbeitspädagogische Eignung, die Ausbildung unter Berücksichtigung organisatorischer sowie rechtlicher Aspekte vorzubereiten. Die Ausbilder und Ausbilderinnen sind dabei in der Lage,

1. auf der Grundlage einer Ausbildungsordnung einen betrieblichen Ausbildungsplan zu erstellen, der sich insbesondere an berufstypischen Arbeits- und Geschäftsprozessen orientiert,
2. die Möglichkeiten der Mitwirkung und Mitbestimmung der betrieblichen Interessenvertretungen in der Berufsbildung zu berücksichtigen,
3. den Kooperationsbedarf zu ermitteln und sich inhaltlich sowie organisatorisch mit den Kooperationspartnern, insbesondere der Berufsschule, abzustimmen,
4. Kriterien und Verfahren zur Auswahl von Auszubildenden auch unter Berücksichtigung ihrer Verschiedenartigkeit anzuwenden,

5. den Berufsausbildungsvertrag vorzubereiten und die Eintragung des Vertrages bei der zuständigen Stelle zu veranlassen sowie
6. die Möglichkeiten zu prüfen, ob Teile der Berufsausbildung im Ausland durchgeführt werden können.

(3) Das Handlungsfeld nach § 2 Nummer 3 umfasst die berufs- und arbeitspädagogische Eignung, selbstständiges Lernen in berufstypischen Arbeits- und Geschäftprozessen handlungsorientiert zu fördern. Die Ausbilder und Ausbilderinnen sind dabei in der Lage,

1. lernförderliche Bedingungen und eine motivierende Lernkultur zu schaffen, Rückmeldungen zu geben und zu empfangen,
2. die Probezeit zu organisieren, zu gestalten und zu bewerten,
3. aus dem betrieblichen Ausbildungsplan und den berufstypischen Arbeits- und Geschäftsprozessen betriebliche Lern- und Arbeitsaufgaben zu entwickeln und zu gestalten,
4. Ausbildungsmethoden und -medien zielgruppengerecht auszuwählen und situationsspezifisch einzusetzen,
5. Auszubildende bei Lernschwierigkeiten durch individuelle Gestaltung der Ausbildung und Lernberatung zu unterstützen, bei Bedarf ausbildungsunterstützende Hilfen einzusetzen und die Möglichkeit zur Verlängerung der Ausbildungszeit zu prüfen,
6. Auszubildenden zusätzliche Ausbildungsangebote, insbesondere in Form von Zusatzqualifikationen, zu machen und die Möglichkeit der Verkürzung der Ausbildungsdauer und die der vorzeitigen Zulassung zur Abschlussprüfung zu prüfen,
7. die soziale und persönliche Entwicklung von Auszubildenden zu fördern, Probleme und Konflikte rechtzeitig zu erkennen sowie auf eine Lösung hinzuwirken,
8. Leistungen festzustellen und zu bewerten, Leistungsbeurteilungen Dritter und Prüfungsergebnisse auszuwerten, Beurteilungsgespräche zu führen, Rückschlüsse für den weiteren Ausbildungsverlauf zu ziehen sowie
9. interkulturelle Kompetenzen zu fördern.

(4) Das Handlungsfeld nach § 2 Nummer 4 umfasst die berufs- und arbeitspädagogische Eignung, die Ausbildung zu einem erfolgreichen Abschluss zu führen und dem Auszubildenden Perspektiven für seine berufliche Weiterentwicklung aufzuzeigen. Die Ausbilder und Ausbilderinnen sind dabei in der Lage,

1. Auszubildende auf die Abschluss- oder Gesellenprüfung unter Berücksichtigung der Prüfungstermine vorzubereiten und die Ausbildung zu einem erfolgreichen Abschluss zu führen,
2. für die Anmeldung der Auszubildenden zu Prüfungen bei der zuständigen Stelle zu sorgen und diese auf durchführungsrelevante Besonderheiten hinzuweisen,
3. an der Erstellung eines schriftlichen Zeugnisses auf der Grundlage von Leistungsbeurteilungen mitzuwirken sowie
4. Auszubildende über betriebliche Entwicklungswege und berufliche Weiterbildungsmöglichkeiten zu informieren und zu beraten.

§ 4 Nachweis der Eignung

(1) Die Eignung nach § 2 ist in einer Prüfung nachzuweisen. Die Prüfung besteht aus einem schriftlichen und einem praktischen Teil. Die Prüfung ist bestanden, wenn jeder Prüfungsteil mit mindestens „ausreichend“ bewertet wurde. Innerhalb eines Prüfungsverfahrens kann eine nicht bestandene Prüfung zweimal wiederholt werden. Ein bestandener Prüfungsteil kann dabei angerechnet werden.

(2) Im schriftlichen Teil der Prüfung sind fallbezogene Aufgaben aus allen Handlungsfeldern zu bearbeiten. Die schriftliche Prüfung soll drei Stunden dauern.

(3) Der praktische Teil der Prüfung besteht aus der Präsentation einer Ausbildungssituation und einem Fachgespräch mit einer Dauer von insgesamt höchstens 30 Minuten. Hierfür wählt der Prüfungsteilnehmer eine berufstypische Ausbildungssituation aus. Die Präsentation soll 15 Minuten nicht überschreiten. Die Auswahl und Gestaltung der Ausbildungssituation sind im Fachgespräch zu erläutern. Anstelle der Präsentation kann eine Ausbildungssituation auch praktisch durchgeführt werden.

(4) Im Bereich der Landwirtschaft und im Bereich der Hauswirtschaft besteht der praktische Teil aus der Durchführung einer vom Prüfungsteilnehmer in Abstimmung mit dem Prüfungsausschuss auszuwählenden Ausbildungssituation und einem Fachgespräch, in dem die Auswahl und Gestaltung der Ausbildungssituation zu begründen sind. Die Prüfung im praktischen Teil soll höchstens 60 Minuten dauern.

(5) Für die Abnahme der Prüfung errichtet die zuständige Stelle einen Prüfungsausschuss. § 37 Absatz 2 und 3, § 39 Absatz 1 Satz 2, die §§ 40 bis 42, 46 und 47 des Berufsbildungsgesetzes gelten entsprechend.

§ 5 Zeugnis

Über die bestandene Prüfung ist jeweils ein Zeugnis nach den Anlagen 1 und 2 auszustellen.

§ 6 Andere Nachweise

(1) Wer die Prüfung nach einer vor Inkrafttreten dieser Verordnung geltenden Ausbilder-Eignungsverordnung bestanden hat, die auf Grund des Berufsbildungsgesetzes erlassen worden ist, gilt für die Berufsausbildung als im Sinne dieser Verordnung berufs- und arbeitspädagogisch geeignet.

(2) Wer durch eine Meisterprüfung oder eine andere Prüfung der beruflichen Fortbildung nach der Handwerksordnung oder dem Berufsbildungsgesetz eine berufs- und arbeitspädagogische Eignung nachgewiesen hat, gilt für die Berufsausbildung als im Sinne dieser Verordnung berufs- und arbeitspädagogisch geeignet.

(3) Wer eine sonstige staatliche, staatlich anerkannte oder von einer öffentlich-rechtlichen Körperschaft abgenommene Prüfung bestanden hat, deren Inhalt den in § 3 genannten Anforderungen ganz oder teilweise entspricht, kann von der zuständigen Stelle auf Antrag ganz oder teilweise von der Prüfung nach § 4 befreit werden. Die zuständige Stelle erteilt darüber eine Bescheinigung.

(4) Die zuständige Stelle kann von der Vorlage des Nachweises über den Erwerb der berufs- und arbeitspädagogischen Fertigkeiten, Kenntnisse und Fähigkeiten auf Antrag befreien, wenn das Vorliegen berufs- und arbeitspädagogischer Eignung auf andere Weise glaubhaft gemacht wird und die ordnungsgemäße Ausbildung sichergestellt ist. Die zuständige Stelle kann Auflagen erteilen. Auf Antrag erteilt die zuständige Stelle hierüber eine Bescheinigung.

§ 7 Fortführen der Ausbildertätigkeit

Wer vor dem 1. August 2009 als Ausbilder im Sinne des § 28 Absatz 1 Satz 2 des Berufsbildungsgesetzes tätig war, ist vom Nachweis nach den §§ 5 und 6 dieser Verordnung befreit, es sei denn, dass die bisherige Ausbildertätigkeit zu Beanstandungen mit einer Aufforderung zur Mängelbeseitigung durch die zuständige Stelle geführt hat. Sind nach Aufforderung die Mängel beseitigt worden und Gefährdungen für eine ordnungsgemäße Ausbildung nicht zu erwarten, kann die zuständige Stelle vom Nachweis nach den §§ 5 und 6 befreien; sie kann dabei Auflagen erteilen.

§ 8 Übergangsregelung

Begonnene Prüfungsverfahren können bis zum Ablauf des 31. Juli 2010 nach den bisherigen Vorschriften zu Ende geführt werden. Die zuständige Stelle kann auf Antrag des Prüfungsteilnehmers oder der Prüfungsteilnehmerin die Wiederholungsprüfung nach dieser Verordnung durchführen; § 4 Absatz 1 Satz 5 findet in diesem Fall keine Anwendung. Im Übrigen kann bei der Anmeldung zur Prüfung bis zum Ablauf des 30. April 2010 die Anwendung der bisherigen Vorschriften beantragt werden.

§ 9 Inkrafttreten, Außerkrafttreten

Diese Verordnung tritt am 1. August 2009 in Kraft.

15.8 Eignung der Ausbildungsstätten

Sonstiges
Veröffentlicht am Montag, 25. Januar 2016
BAnz AT 25.01.2016 S2
Seite 1 von 3

Bundesinstitut für Berufsbildung

Empfehlung des Hauptausschusses des Bundesinstituts für Berufsbildung vom 16. Dezember 2015 zur Eignung der Ausbildungsstätten*

Einleitung

Mit dieser Empfehlung legt der Hauptausschuss Kriterien für die Eignung der Ausbildungsstätten und damit für die einheitliche Anwendung der §§ 27 und 32 des Berufsbildungsgesetzes (BBiG) sowie der §§ 21 und 23 der Handwerksordnung (HwO) vor.

1 Die gesetzlichen Bestimmungen

1.1 Eignung der Ausbildungsstätte

Eine Ausbildungsstätte muss nach Art und Einrichtung für die Berufsausbildung geeignet sein (vgl. § 27 Absatz 1 Nummer 1 BBiG, § 21 Absatz 1 Nummer 1 HwO).

Können die in der Ausbildungsordnung genannten erforderlichen Fertigkeiten, Kenntnisse und Fähigkeiten (berufliche Handlungsfähigkeit) nicht in vollem Umfang in der Ausbildungsstätte vermittelt werden, gilt sie als geeignet, wenn dieser Mangel durch Ausbildungsmaßnahmen außerhalb der Ausbildungsstätte behoben wird (vgl. § 27 Absatz 2 BBiG, § 21 Absatz 2 HwO). Diese Maßnahmen müssen im Berufsausbildungsvertrag ausdrücklich vereinbart sein (vgl. § 11 Absatz 1 Nummer 3 BBiG).

Eignungsvoraussetzung ist außerdem, dass die Zahl der Auszubildenden in einem angemessenen Verhältnis zur Zahl der Ausbildungsplätze oder zur Zahl der beschäftigten Fachkräfte steht. Eine Abweichung von dieser Bestimmung ist zulässig, wenn dadurch die Berufsausbildung nicht gefährdet wird (vgl. § 27 Absatz 1 Nummer 2 BBiG, § 21 Absatz 2 Nummer 3 HwO).

Für Berufe der Landwirtschaft und der Hauswirtschaft kann das jeweils zuständige Ressort im Einvernehmen mit Bundesministerium für Bildung und Forschung und nach Anhörung des Hauptausschusses des Bundesinstituts für Berufsbildung durch Rechtsverordnung Mindestanforderungen für die Größe, Einrichtung und den Bewirtschaftungszustand der Ausbildungsstätten festsetzen (vgl. § 27 Absatz 3 und 4 BBiG).

1.2 Eignungsfeststellung – Überwachung

Die zuständige Stelle hat darüber zu wachen, dass die Eignung der Ausbildungsstätte vorliegt (vgl. § 32 Absatz 1 BBiG, § 23 Absatz 1 HwO).

Der Hauptausschuss des Bundesinstituts für Berufsbildung geht davon aus, dass die Feststellung und Überwachung der Eignung von Ausbildungsstätten eine den zuständigen Stellen unmittelbar obliegende Aufgabe ist, die sie nicht übertragen können. Er hält insbesondere bei Ausbildungsstätten, in denen erstmalig oder nach längerer Unterbrechung ausgebildet werden soll, und bei Ausbildungsstätten, in denen der beantragte Ausbildungsberuf noch nicht ausgebildet wurde, eine vorherige Eignungsfeststellung in der Ausbildungsstätte oder andere geeignete Mittel für erforderlich.

Die Eignungsfeststellung soll überprüft werden, wenn Erkenntnisse z. B. aus Prüfungsergebnissen, Vertragslösungen, Schlichtungsverfahren oder der Ausbildungsberatung dies begründen.

Die Überwachung der Einhaltung der gesetzlichen Vorschriften im Sinne dieser Empfehlung erfolgt für Auszubildende als Arbeitnehmerinnen/Arbeitnehmer auch durch Betriebs- und Personalräte nach § 80 des Betriebsverfassungsgesetzes und § 68 des Betriebspersonalvertretungsgesetzes (BPersVG). Betriebs- und Personalräten stehen bei der Durchführung der Berufsbildung die Mitbestimmungsrechte gemäß § 98 des Betriebsverfassungsgesetzes bzw. § 75 BPersVG zu.

Ausbildende haben der zuständigen Stelle ohne Aufforderung jede Änderung der Eignung der Ausbildungsstätte mitzuteilen, die dazu führen kann, dass das Erreichen des Ausbildungsziels oder die Durchführung des Ausbildungsgangs beeinträchtigt wird. Werden bei der Überwachung Mängel der Eignung festgestellt, so hat die zuständige Stelle, falls der Mangel zu beheben und eine Gefährdung der/des Auszubildenden nicht zu erwarten ist, die/den Ausbildenden aufzufordern, innerhalb einer von ihr gesetzten Frist den Mangel zu beseitigen. Ist der Mangel der Eignung nicht zu beheben oder ist eine Gefährdung der/des Auszubildenden zu erwarten oder wird der Mangel nicht innerhalb der gesetzten Frist beseitigt, so hat die zuständige Stelle dies der nach Landesrecht zuständigen Behörde mitzuteilen (vgl. § 32 Absatz 2 BBiG, § 23 Absatz 2 HwO).

1.3 Löschen der Eintragung

* Diese Empfehlung ersetzt die Empfehlung Nummer 13 vom 28. März 1972 (BABl. 5/1972)

Sonstiges
Veröffentlicht am Montag, 25. Januar 2016
BAnz AT 25.01.2016 S2
Seite 2 von 3

Werden die bei der Überwachung festgestellten oder von der/dem Ausbildenden mitgeteilten Mängel nicht innerhalb einer gesetzten Frist beseitigt oder ist eine Gefährdung der/des Auszubildenden zu erwarten, so ist die Eintragung zu löschen (vgl. § 35 Absatz 2 BBiG, § 29 Absatz 2 HwO).

Um der/dem Auszubildenden den Abschluss der Ausbildung zu ermöglichen und um Nachteile zu vermeiden, sollte sich die zuständige Stelle in Zusammenarbeit mit der Berufsberatung der Bundesagentur für Arbeit bemühen, dass die begonnene Berufsausbildung in einer geeigneten Ausbildungsstätte fortgesetzt werden kann. Die Verantwortung der/des bisherigen Ausbildenden bleibt davon unberührt.

2 Kriterien für die Eignung der Ausbildungsstätten

2.1 Verfügbarkeit der Ausbildungsregelung

Für jeden Ausbildungsberuf, für den die Eintragung eines Ausbildungsverhältnisses beantragt wird, müssen der Ausbildungsstätte die einschlägigen gültigen Ausbildungsordnungen bzw. nach § 104 Absatz 1 BBiG anzuwendenden Berufsbilder, Berufsbildungspläne und Prüfungsanforderungen oder nach § 122 Absatz 2 und 4 HwO anzuwendenden Berufsbilder und fachlichen Vorschriften vorliegen.

2.2 Betrieblicher Ausbildungsplan

In der Ausbildungsstätte ist ein betrieblicher Ausbildungsplan zu führen, aus dem erkennbar ist, dass die Ausbildung systematisch unter Berücksichtigung der Arbeits- und Geschäftsprozesse, der betrieblichen Anforderungen und der individuellen Lernvoraussetzungen von Auszubildenden durchgeführt wird. Der betriebliche Ausbildungsplan sollte je nach der Struktur der Ausbildungsstätte und des Ausbildungsberufes mindestens Angaben enthalten über die konkreten Ausbildungsplätze, die Ausbildungsabschnitte, die zu vermittelnden Ausbildungsinhalte und die zugeordneten Ausbildungszeiten.

2.3 Passfähigkeit der betrieblichen Arbeits- und Geschäftsprozesse

Art und Umfang der Produktion, des Sortiments und der Dienstleistungen sowie die Produktions- bzw. Arbeitsverfahren müssen gewährleisten, dass die Fertigkeiten, Kenntnisse und Fähigkeiten (berufliche Handlungsfähigkeit) entsprechend der Ausbildungsordnung vermittelt werden können.

2.4 Materielle und technische Einrichtung und Ausstattung der Ausbildungsstätte

Die Ausbildungsstätte muss über eine ausreichende Einrichtung und Ausstattung verfügen, insbesondere müssen die für die Vermittlung der in der jeweiligen Ausbildungsordnung vorgesehenen Fertigkeiten, Kenntnisse und Fähigkeiten (berufliche Handlungsfähigkeit) erforderlichen Einrichtungen und notwendigen Ausbildungsmittel vorhanden sein und die angemessene Zeit für Ausbildungszwecke zur Verfügung stehen. Dazu gehören zum Beispiel die erforderlichen Kommunikations- und Informationssysteme, Grundausstattungen an Werkzeugen, Maschinen, Apparaten und Geräten, Pflege- und Wartungseinrichtungen, bürotechnische Einrichtungen und notwendige Lehr- und Lernmittel.

In der Regel müssen die Ausbildungsplätze in die regulären Arbeits- und Geschäftsprozesse integriert sein.

Zur Unterstützung des Erwerbs der in der Ausbildungsordnung vorgesehenen Fertigkeiten, Kenntnisse und Fähigkeiten (berufliche Handlungsfähigkeit) können ergänzend – unabhängig von den normalen Bedingungen des Arbeitsablaufs – intern oder extern Inhalte vermittelt werden, zum Beispiel auch in Ausbildungswerkstätten oder -ecken, Ausbildungslaboren, betriebs- oder bürotechnischen Unterweisungsräumen.

2.5 Personelle Anforderungen

2.5.1 Relation zwischen Fachkräften und Auszubildenden

Als Fachkraft gelten die/der Ausbildende, die Ausbilderin/der Ausbilder oder wer eine Ausbildung in einer dem Ausbildungsberuf entsprechenden Fachrichtung abgeschlossen hat oder mindestens das Anderthalbfache der Zeit, die als Ausbildungszeit vorgeschrieben ist, in dem Beruf tätig gewesen ist, in dem ausgebildet werden soll.

Als angemessenes Verhältnis der Zahl der Auszubildenden zur Zahl der Fachkräfte im Sinne von § 27 Absatz 1 Nummer 2 BBiG, § 21 Absatz 1 Nummer 2 HwO gilt in der Regel:

eine bis zwei Fachkräfte = eine Auszubildende/ein Auszubildender

drei bis fünf Fachkräfte = zwei Auszubildende

sechs bis acht Fachkräfte = drei Auszubildende

je weitere drei Fachkräfte = eine weitere Auszubildende/ein weiterer Auszubildender

Diese Relationen müssen kontinuierlich während des gesamten Ausbildungsgangs bestehen. Abweichungen von diesen Relationen sind in Einzelfällen zulässig. Sie müssen begründet werden und dürfen die Ausbildung nicht gefährden.

2.5.2 Relation zwischen Ausbildenden und Auszubildenden

2.5.2.1 Nebenberufliche Ausbilderin/nebenberuflicher Ausbilder

Ausbildende gemäß § 28 Absatz 1 BBiG, § 22 Absatz 1 HwO und Ausbilderinnen/Ausbilder im Sinne von § 28 Absatz 2 BBiG, § 22 Absatz 2 HwO, die neben der Aufgabe des Ausbildens noch weitere betriebliche Funktionen ausüben, sollen durchschnittlich nicht mehr als drei Auszubildende selbst ausbilden. Es muss sichergestellt sein, dass ein angemessener Teil der Arbeitszeit für die Tätigkeit als Ausbilderin/Ausbilder zur Verfügung steht.

2.5.2.2 Hauptberufliche Ausbilderin/hauptberuflicher Ausbilder

Herausgegeben vom Bundesministerium der Justiz und für Verbraucherschutz
www.bundesanzeiger.de

Sonstiges
Veröffentlicht am Montag, 25. Januar 2016
BAnz AT 25.01.2016 S2
Seite 3 von 3

Ausbilderinnen/Ausbilder im Sinne von § 28 Absatz 2 BBiG, § 22 Absatz 2 HwO, denen ausschließlich Ausbildungsaufgaben übertragen sind, sollen nicht mehr als 16 Auszubildende in einer Gruppe unmittelbar selbst ausbilden.

2.5.2.3 Ausbildende Fachkraft

Für die Relation zwischen Auszubildenden und ausbildenden Fachkräften im Sinne von § 28 Absatz 3 BBiG, § 22 Absatz 3 HwO, die unter der Verantwortung der Ausbilderin/des Ausbilders bei der Berufsausbildung mitwirken, gelten dieselben Anforderungen wie für die in Nummer 2.5.2.1 beschriebenen nebenberuflichen Ausbilderinnen/nebenberuflichen Ausbildern.

Bei gefahrenanfälligen Tätigkeiten, zum Beispiel an Werkzeugmaschinen, ist die Zahl der Auszubildenden entsprechend geringer anzusetzen.

Die Art des Ausbildungsberufes oder die Gestaltung der Ausbildung können eine höhere Zahl von Auszubildenden rechtfertigen. Eine Abweichung von dem angegebenen Zahlenverhältnis ist insbesondere dann zulässig, wenn und soweit besondere betriebliche oder überbetriebliche Maßnahmen zur Förderung der Ausbildung durchgeführt werden.

Die Ausbildende/der Ausbildende, in der Regel der Ausbildungsbetrieb, muss die entsprechende Anzahl von Ausbilderinnen/Ausbildern im Sinne von § 28 Absatz 2 BBiG, § 22 Absatz 2 HwO sowie an ausbildenden Fachkräften nach § 28 Absatz 3 BBiG, § 22 Absatz 3 HwO für die unmittelbare Ausbildung der Auszubildenden bereitstellen, um die in den Nummern 2.5.2.1, 2.5.2.2 und 2.5.2.3 genannten Relationen zu sichern. Die Ausbildende/der Ausbildende muss für die benannten Ausbilderinnen/Ausbildern und ausbildenden Fachkräfte die nötigen Voraussetzungen schaffen, damit diese ihre Ausbildungsaufgabe wahrnehmen können.

2.5.3 Qualifikation des Ausbildungspersonals

Das in der Ausbildungsstätte eingesetzte Ausbildungspersonal muss über die gesetzlich vorgeschriebene berufsfachliche und pädagogische Qualifikation verfügen; zur Vertiefung und Erweiterung dieser Qualifikationen kann ein vielfältiges Weiterbildungsangebot bedarfsgerecht genutzt werden:

Nebenberufliche Ausbilderin/nebenberuflicher Ausbilder

- gesetzliche Grundlage: § 30 BBiG, § 22b HwO
- obligatorisch: Nachweis der Eignung durch Prüfung nach der Ausbilder-Eignungsverordnung oder Teil IV der Meisterprüfung + berufsfachliche Eignung
- optional: z. B. geprüfte Aus- und Weiterbildungspädagogin/geprüfter Aus- und Weiterbildungspädagoge, zielgruppenspezifische Weiterbildungsangebote

Hauptberufliche Ausbilderin/hauptberuflicher Ausbilder

- gesetzliche Grundlage: § 30 BBiG, § 22b HwO
- obligatorisch: Nachweis der Eignung durch Prüfung nach der Ausbilder-Eignungsverordnung oder Teil IV der Meisterprüfung + berufsfachliche Eignung
- optional: z. B. geprüfte Aus- und Weiterbildungspädagogin/geprüfter Aus- und Weiterbildungspädagoge, geprüfte Berufspädagogin/geprüfter Berufspädagoge, zielgruppenspezifische Weiterbildungsangebote

Ausbildende Fachkräfte

- gesetzliche Grundlage: § 28 Absatz 3 BBiG, § 22 Absatz 3 HwO
- optional: z. B. Ausbilderlehrgang, Vorbereitungslehrgang für die Ausbilder-Eignungsverordnung-Prüfung, zielgruppenspezifische Weiterbildungsangebote

2.6 Schutz der Auszubildenden

Auszubildende müssen in der Ausbildungsstätte gegen die Gefährdung ihrer Gesundheit sowie gegen die Beeinträchtigung ihrer Würde geschützt werden.

2.7 Ausbildung in mehreren Ausbildungsstätten

Wird die Ausbildung in mehreren Ausbildungsstätten durchgeführt, so muss jede dieser Ausbildungsstätten für den jeweiligen Ausbildungsabschnitt den vorstehenden Kriterien entsprechen.

Kann eine Ausbildungsstätte die Anforderungen der jeweiligen Ausbildungsordnung nicht in vollem Umfange erfüllen, so muss eine notwendige Ausbildungsmaßnahme außerhalb der Ausbildungsstätte, z. B. in einer geeigneten anderen Ausbildungsstätte oder überbetrieblichen Einrichtung vorgesehen werden.

15.9 Grundsätze für die Beratung und Überwachung der Ausbildungsstätten durch die Ausbildungsberater

Empfehlung des Bundesausschusses für Berufsbildung vom 24. August 1973.

Gemäß § 45 Abs. 1 und § 47 Abs. 4 BBiG sowie § 41 a und § 42 a Abs. 4 HwO sind die zuständigen Stellen verpflichtet, die Durchführung der Berufsausbildung und der beruflichen Umschulung zu überwachen und sie durch Beratung der Ausbildenden und Auszubildenden bzw. Umschüler zu fördern.

Zu diesem Zweck hat die zuständige Stelle die erforderliche Anzahl Ausbildungsberater zu bestellen.

Im Interesse einer einheitlichen Handhabung sollen die zuständigen Stellen die folgenden Grundsätze für die Beratung und Überwachung der betrieblichen und überbetrieblichen Ausbildungsstätten durch Ausbildungsberater anwenden.

Die zuständigen Stellen werden aufgefordert, die nachfolgende Regelung durch den Berufsbildungsauschuss beschließen zu lassen und in Kraft zu setzen.

I. Status des Ausbildungsberaters

Die Ausbildungsberater sind in der Regel hauptberuflich (hauptamtlich) tätig. Daneben können nebenberufliche (nebenamtliche) und ehrenamtliche Ausbildungsberater, insbesondere für spezielle Ausbildungsberufe und Aufgaben, bestellt werden.

Die Ausbildungsberater sind der zuständigen Stelle für ihre Tätigkeit verantwortlich.

Die von der zuständigen Stelle bestellten hauptberuflichen, nebenberuflichen und ehrenamtlichen Ausbildungsberater sind unter Angabe ihres Zuständigkeitsbereiches allen interessierten Kreisen in geeigneter Weise bekanntzumachen.

II. Qualifikationsmerkmale des Ausbildungsberaters

Der Ausbildungsberater hat die Eignung als Ausbilder im Sinne des Berufsbildungsgesetzes bzw. der Handwerksordnung zu erfüllen und eine mehrjährige Berufserfahrung nachzuweisen.

III. Aufgaben des Ausbildungsberaters

1. Beratung der an der Berufsausbildung Beteiligten
2. Überwachung der Durchführung der Berufsausbildung
3. Mitwirkung bei der Zusammenarbeit der zuständigen Stelle mit betrieblichen und außerbetrieblichen Stellen

Zu 1: Beratung der an der Berufsausbildung Beteiligten

1.1 Beratung der Ausbildenden und Ausbilder

z. B.:

Ausbildungsmöglichkeiten (Ausbildungsberufe – Ausbildungsordnungen)

Ausbildungsvertrag, insbes. Ausbildungspflichten

Art und Einrichtung der Ausbildungsstätte

Angemessenes Verhältnis zwischen Ausbildenden / Ausbildern / Fachkräften / Ausbildungsplätzen und Auszubildenden

Persönliche und fachliche Eignung der Ausbildenden und Ausbilder

Bestellung von Ausbildern

Sachliche und zeitliche Gliederung der Ausbildung (betrieblicher Ausbildungsplan) und gegebenenfalls ergänzende Maßnahmen

Verkürzung der Ausbildungszeiten (Anrechnung, Abkürzung, vorzeitige Zulassung) und Verlängerung

Berufs- und arbeitspädagogische Fragen der Ausbildung

Berichtsheftführung bzw. Ausbildungsnachweis

Berufsschulbesuch und Teilnahme an Ausbildungsmaßnahmen außerhalb der Ausbildungsstätte

Zwischen- und Abschlussprüfungen (Anmeldung, Zulassung, Anforderungen und Ablauf)

Zusammenarbeit mit den an der Ausbildung Beteiligten, insbesondere den Erziehungsberechtigten und berufsbildenden Schulen

Einschlägige Gesetze, Vorschriften und Anforderungen.

1.2 Beratung der Auszubildenden

z. B.:

Rechte und Pflichten aus dem Ausbildungsverhältnis

Verkürzung der Ausbildungszeiten (Anrechnung, Abkürzung, vorzeitige Zulassung) und Verlängerung

Berufsschulbesuch und Teilnahme an Ausbildungsmaßnahmen außerhalb der Ausbildungsstätte

Zwischen- und Abschlussprüfungen (Anmeldung, Zulassung, Anforderungen und Ablauf)

Aufstiegs-. Fortbildungs- und Förderungsmöglichkeiten

Hinweise auf Beratungsmöglichkeiten bei Leistungs- und Entwicklungsstörungen.

Zu 2: Überwachung der Durchführung der Berufsausbildung

z. B.:

Art und Einrichtung der Ausbildungsstätte

Angemessenes Verhältnis zwischen Ausbildenden / Ausbildern / Fachkräften / Ausbildungsplätzen und Auszubildenden

Persönliche und fachliche Eignung der Ausbildenden und Ausbilder

Einhaltung der Ausbildungsordnung und des betrieblichen Ausbildungsplanes

Einhaltung des Verbots der Beschäftigung mit ausbildungsfremden Arbeiten

Freistellung zum Besuch der Berufsschule von Ausbildungsmaßnahmen außerhalb der Ausbildungsstätte

Kostenlose Bereitstellung der Ausbildungsmittel

Anwendung der einschlägigen Vorschriften (z. B. BBiG, JArbSchG, MuSchG und sonstige arbeits- und sozialrechtliche Vorschriften)

Erfüllung von Auflagen zur Behebung von Mängeln i. S. von § 22 Abs. 2 und § 23 Abs. 2 BBiG sowie § 23 a Abs. 2 HwO.

Zu 3. Mitwirkung bei der Zusammenarbeit der zuständigen Stellen mit betrieblichen und außerbetrieblichen Stellen

Der Ausbildungsberater hat im Rahmen seiner Tätigkeit bei der Zusammenarbeit der zuständigen Stelle mit der Betriebsleitung bzw. der Verwaltung und dem Betriebsrat bzw. dem Personalrat sowie mit der Berufsberatung, den beruflichen Schulen, der Gewerbeaufsicht und sonstigen Stellen mitzuwirken.

IV. Verfahren für die Beratung und Überwachung

Die Beratungs- und Überwachungsaufgaben soll der Ausbildungsberater erfüllen durch

- Besuche der Ausbildungsstätten
- regelmäßige Sprechstunden bzw. Sprechtage
- Einzel- oder Gruppenberatung
- Informationsveranstaltungen für Ausbildende, Ausbilder und Auszubildende

Dabei hat der Ausbildungsberater von einem Arbeitsplan bzw. Zeitplan auszugehen, der sicherstellt, dass die in seinem Bereich liegenden Ausbildungsstätten mindestens in jährlichem Turnus aufgesucht werden. Der Plan hat zu berücksichtigen, dass die Ausbildungsstätten bei gegebener Veranlassung (Beschwerden oder sonstige aktuelle Anlässe) mit Vorrang zu prüfen sind.

Zur Erfüllung seiner Aufgaben sind die Ausbildenden gemäß § 45 Abs. 1 BBiG und § 111 HwO verpflichtet, die für die Überwachung notwendigen Auskünfte zu erteilen und Unterlagen vorzulegen sowie die Besichtigung der Ausbildungsstätten zu gestatten.

Der Auskunftspflichtige kann die Auskunft auf solche Fragen verweigern, deren Beantwortung ihn selbst oder einen der in § 52 Abs. 1 Nr. 1 – 3 der Strafprozessordnung bezeichneten Angehörigen der Gefahr strafgerichtlicher Verfolgung oder eines Verfahrens nach dem Gesetz über Ordnungswidrigkeiten aussetzen würde.

Der Ausbildungsberater ist gemäß § 98 BBiG bzw. § 116 HwO zur Verschwiegenheit über fremde Geheimnisse, namentlich über Betriebs- und Geschäftsgeheimnisse, verpflichtet.

V. Zahl der Ausbildungsberater

Die Zahl der Ausbildungsberater ist so festzusetzen, dass jede Ausbildungsstätte mindestens einmal im Jahr aufgesucht und überprüft werden kann sowie Beratungs- und Überwachungsaufgaben nach Ziffer III und IV wahrgenommen werden können.

Die Anzahl der Ausbildungsberater ist von folgenden Faktoren abhängig:

Zahl der Ausbildungsstätten

geographische Verteilung der Ausbildungsstätten

Zahl der Auszubildenden jeweils in gewerblichen, kaufmännischen oder sonstigen Fachbereichen

Verteilung der Auszubildenden auf die Ausbildungsstätten.

Soweit möglich, sollen Ausbildungsberater fachspezifisch eingesetzt werden. Ihr Tätigkeitsbereich kann aber auch berufsfeld- oder fachbereichsbezogen sein.

VI. Berichterstattung über die Tätigkeit

Der Ausbildungsberater berichtet regelmäßig mindestens einmal jährlich dem Berufsbildungsausschuss der zuständigen Stelle über die Tätigkeit und die dabei gewonnenen Erfahrungen.

15.10 Das Führen von Ausbildungsnachweisen

Sonstiges
Veröffentlicht am Freitag, 2. Oktober 2020
BAnz AT 02.10.2020 S1
Seite 1 von 8

Bundesinstitut für Berufsbildung

Empfehlung des Hauptausschusses
des Bundesinstituts für Berufsbildung (BIBB)
vom 1. September 2020
für das Führen von Ausbildungsnachweisen*

Die vom Hauptausschuss verabschiedete Empfehlung für das Führen von Ausbildungsnachweisen wird den zuständigen Stellen mit der Bitte zur Verfügung gestellt, Beschlüsse herbeizuführen, die dieser Empfehlung Rechnung tragen.

Empfehlung für das Führen von Ausbildungsnachweisen

1. Auszubildende haben während ihrer Ausbildung einen Ausbildungsnachweises ordnungsgemäß zu führen. Hierzu kann eines der in den Anlagen 2 und 3 beiliegenden Muster genutzt werden.
2. Die Vorlage eines vom Ausbilder und Auszubildenden abgezeichneten Ausbildungsnachweises ist gemäß § 43 Absatz 1 Nummer 2 des Berufsbildungsgesetzes (BBiG)/§ 36 Absatz 1 Nummer 2 der Handwerksordnung (HwO) Zulassungsvoraussetzung zur Abschluss-/Gesellenprüfung.
3. Das Führen des Ausbildungsnachweises dient folgenden Zielen:
   - Auszubildende und Ausbildende sollen zur Reflexion über die Inhalte und den Verlauf der Ausbildung angehalten werden.
   - Der zeitliche und sachliche Ablauf der Ausbildung im Betrieb und in der Berufsschule soll für die an der Berufsausbildung Beteiligten sowie die zur Überwachung der Berufsausbildung zuständigen Stellen in einfacher Form nachvollziehbar und nachweisbar gemacht werden.
4. Für das Anfertigen der Ausbildungsnachweise gelten folgende Mindestanforderungen:
   - Die Ausbildungsnachweise sind täglich oder wöchentlich in möglichst einfacher Form (stichwortartige Angaben, gegebenenfalls Loseblattsystem) schriftlich oder elektronisch (§ 13 Nummer 7 BBiG) von Auszubildenden selbständig zu führen (Umfang: ca. eine DIN-A4-Seite für eine Woche).
   - Jede Tages-/Wochenübersicht des Ausbildungsnachweises ist mit dem Namen des/der Auszubildenden, dem Ausbildungsjahr und dem Berichtszeitraum zu versehen.
   - Die Ausbildungsnachweise müssen mindestens stichwortartig den Inhalt der betrieblichen Ausbildung wiedergeben. Dabei sind betriebliche Tätigkeiten einerseits sowie Unterweisungen bzw. überbetriebliche Unterweisungen (z. B. im Handwerk), betrieblicher Unterricht und sonstige Schulungen andererseits zu dokumentieren.
   - In die Ausbildungsnachweise müssen darüber hinaus die Themen des Berufsschulunterrichts aufgenommen werden.
   - Die zeitliche Dauer der Tätigkeiten sollte aus dem Ausbildungsnachweis hervorgehen.
5. Ausbildende sollen Auszubildende zum Führen von schriftlichen oder elektronischen Ausbildungsnachweisen anhalten und diese regelmäßig durchsehen (§ 14 Absatz 2 BBiG).
6. Auszubildenden ist Gelegenheit zu geben, die Ausbildungsnachweise während der Ausbildungszeit am Arbeitsplatz zu führen (§ 13 Nummer 7 in Verbindung mit § 14 Absatz 2 BBiG).

   Die erforderlichen Nachweishefte, Formblätter, IT-Programme oder Ähnliches werden den Auszubildenden kostenlos von den Ausbildenden zur Verfügung gestellt (§ 14 Absatz 1 Nummer 3 BBiG).
7. Ausbildende oder Ausbilderin/Ausbilder prüfen die Eintragungen in den Ausbildungsnachweisen mindestens monatlich (§ 14 Absatz 2 BBiG).

   Bei schriftlichen Ausbildungsnachweisen bestätigen sie die Richtigkeit und Vollständigkeit der Eintragungen mit Datum und Unterschrift.

   Bei elektronisch erstellten Ausbildungsnachweisen kann die Bestätigung auch auf andere Weise elektronisch (z. B. durch Austausch von bestätigenden E-Mails mit einfacher elektronischer Signatur oder durch elektronische Freigaben) dokumentiert werden.
8. Im Rahmen der Lernortkooperation kann die Berufsschule vom Ausbildungsnachweis Kenntnis nehmen.
9. Bei minderjährigen Auszubildenden soll eine gesetzliche Vertreterin/ein gesetzlicher Vertreter in angemessenen Zeitabständen von den Ausbildungsnachweisen Kenntnis erhalten und diese unterschriftlich oder in sonstiger geeigneter Weise bestätigen.

* Diese Empfehlung ersetzt die Empfehlung des Hauptausschusses des Bundesinstituts für Berufsbildung (BIBB) vom 8. Oktober 2018 für das Führen von Ausbildungsnachweisen (BAnz AT 05.11.2018 S3).

Bundesanzeiger
Herausgegeben vom
Bundesministerium der Justiz
und für Verbraucherschutz
www.bundesanzeiger.de

Sonstiges
Veröffentlicht am Freitag, 2. Oktober 2020
BAnz AT 02.10.2020 S1
Seite 2 von 8

10. Arbeitnehmervertretungen können durch Einsichtnahme in den Ausbildungsnachweis Kenntnis vom Ablauf der Ausbildung zum Zweck ihrer Aufgabenerfüllung (§ 80 Absatz 1 des Betriebsverfassungsgesetzes (BetrVG) nehmen.
11. Sofern die Ausbildungsordnung oder eine Regelung der zuständigen Stelle vorsieht, dass der Ausbildungsnachweis zur mündlichen Prüfung mitgebracht werden muss, ist er dem Prüfungsausschuss vorzulegen. Der Ausbildungsnachweis wird im Rahmen der Zwischen- und Abschlussprüfungen nicht bewertet.
12. Diese Regelungen können mit Ausnahme der Nummer 2 für Umschülerinnen/Umschüler entsprechend angewendet werden, soweit die Führung des Ausbildungsnachweises vertraglich vereinbart wird.

Der Hauptausschuss ist der Auffassung, dass eine hohe Ausbildungsqualität das Ergebnis eines im Ausbildungsbetrieb verankerten Ausbildungsprozesses ist. Dieser Prozess ist auf die Ausbildungsinhalte, die Bedarfe der Auszubildenden sowie auf betriebliche Gegebenheiten zugeschnitten. Zum Erreichen eines erfolgreichen Ausbildungsabschlusses ist Kommunikation ein wichtiger Erfolgsfaktor. Eine Stellschraube zur Intensivierung der Kommunikation zwischen Ausbildenden und Auszubildenden können erweiterte Modelle des gesetzlich vorgeschriebenen Ausbildungsnachweises sein. Es gibt bereits einige Instrumente zur Qualitätsentwicklung in der betrieblichen Berufsausbildung mit dem Schwerpunkt Ausbildungsdokumentation und -reflexion. Im BIBB-Hauptausschuss wurde exemplarisch der „Ganzheitliche Ausbildungsnachweis“ vorgestellt, der aus einem BIBB-Modellversuch entstand. Der Abgleich zwischen aktuellem Ausbildungsstand und betrieblichem Ausbildungsplan kann dabei als kommunikative Basis eines Feedbackprozesses dienen, der im jeweiligen betrieblichen Kontext Verankerung benötigt.

Die Umsetzung des (ganzheitlichen) Ausbildungsnachweises durch online-basierte Softwareangebote ermöglichen die zeit- und ortsunabhängige Führung und Kontrolle des Ausbildungsnachweises sowie die zeit- und ortsunabhängige Kommunikation zwischen Auszubildenden, Ausbildungsbeauftragten und Ausbilderinnen/Ausbildern. Zudem entspricht die elektronische Bearbeitung zunehmend den Medien- und Arbeitsgewohnheiten von Auszubildenden und Ausbilderinnen/Ausbildern.

Beispiellinks:

BIBB-Modellversuch zum Ganzheitlichen Ausbildungsnachweis:
www.bibb.de/de/8455.php

Ausbildungsnachweis im Forum für Ausbilderinnen/Ausbilder:
www.foraus.de/de/foraus_105970.php

Ausbildungsnachweis der IHK Bodensee-Oberschwaben:
www.weingarten.ihk.de/aus-und-weiterbildung/waehrend-der-ausbildung/ausbildungsnachweis-1940668

Service-Portal-Bildung der IHKs:
https://ausbildung-weiterdenken.ihk.de/

Online-Ausbildungsnachweis Blok:
https://www.online-ausbildungsnachweis.de

Für Bäckerinnen/Bäcker und Bäckereifachverkäuferinnen/Bäckereifachverkäufer:
https://app.bddz.de/

Für Dachdeckerinnen/Dachdecker:
www.berichtsheft-dachdecker.de

Für Friseurinnen und Friseure:
https://friseur-berichtsheft-app.de/

Für den Garten- und Landschaftsbau:
https://www.berichtsheft-galabau.de/

Für KFZ-Mechatronikerinnen/KFZ-Mechatroniker:
www.autofachmann.de

Für das Metallhandwerk:
www.berichtsheft.metallausbildung.info

Anlagen

Anlage 1: Muster Deckblatt
Anlage 2a: Muster Ausbildungsnachweis (täglich)
Anlage 2b: Muster Ausbildungsnachweis (wöchentlich)
Anlage 3a: Muster Ausbildungsnachweis mit Bezug zum Ausbildungsrahmenplan (täglich)
Anlage 3b: Muster Ausbildungsnachweis mit Bezug zum Ausbildungsrahmenplan (wöchentlich)
Anlage 4: Muster Sichtvermerk

Sonstiges
Veröffentlicht am Freitag, 2. Oktober 2020
BAnz AT 02.10.2020 S1
Seite 3 von 8

Anlage 1
Deckblatt

Ausbildungsnachweis

Heft-Nummer:	
Name, Vorname:	
Adresse:	
Ausbildungsberuf:	
Fachrichtung/Schwerpunkt:	
Ausbildungsbetrieb:	
Verantwortliche/r Ausbilder/in:	
Beginn der Ausbildung:	
Ende der Ausbildung:	

Ausbildungsverlauf[1]

Ausbildungsbereich	Zeitraum von – bis	Ausbildungsnachweis von – bis

[1] Optionales Feld (Nur auszufüllen, wenn die Ausbildung in verschiedenen Bereichen stattfindet.)

Bundesanzeiger
Herausgegeben vom
Bundesministerium der Justiz
und für Verbraucherschutz
www.bundesanzeiger.de

Sonstiges
Veröffentlicht am Freitag, 2. Oktober 2020
BAnz AT 02.10.2020 S1
Seite 4 von 8

Anlage 2a

Ausbildungsnachweis
(täglich)

Name der/des Auszubildenden:			
Ausbildungsjahr:		Gegebenenfalls ausbildende Abteilung:	
Ausbildungswoche vom:		bis:	

	Betriebliche Tätigkeiten, Unterweisungen bzw. überbetriebliche Unterweisungen (z. B. im Handwerk), betrieblicher Unterricht, sonstige Schulungen, Themen des Berufsschulunterrichts	Stunden
Montag		
Dienstag		
Mittwoch		
Donnerstag		
Freitag		
Samstag		

Durch die nachfolgende Unterschrift wird die Richtigkeit und Vollständigkeit der obigen Angaben bestätigt.

Datum, Unterschrift Auszubildende/r

Datum, Unterschrift
Ausbildender oder Ausbilderin/Ausbilder

Sonstiges

Veröffentlicht am Freitag, 2. Oktober 2020
BAnz AT 02.10.2020 S1
Seite 5 von 8

Anlage 2b

Ausbildungsnachweis
(wöchentlich)

Name der/des Auszubildenden:			
Ausbildungsjahr:		Gegebenenfalls ausbildende Abteilung:	
Ausbildungswoche vom:		bis:	

Betriebliche Tätigkeiten	Stunden
Unterweisungen bzw. überbetriebliche Unterweisungen (z. B. im Handwerk), betrieblicher Unterricht, sonstige Schulungen	Stunden
Themen des Berufsschulunterrichts	Stunden

Durch die nachfolgende Unterschrift wird die Richtigkeit und Vollständigkeit der obigen Angaben bestätigt.

Datum, Unterschrift Auszubildende/r

Datum, Unterschrift
Ausbildender oder Ausbilderin/Ausbilder

Sonstiges
Veröffentlicht am Freitag, 2. Oktober 2020
BAnz AT 02.10.2020 S1
Seite 6 von 8

Anlage 3a

Ausbildungsnachweis mit Bezug zum Ausbildungsrahmenplan
(täglich)

Name der/des Auszubildenden:			
Ausbildungsjahr:		Gegebenenfalls ausbildende Abteilung:	
Ausbildungswoche vom:		bis:	

	Betriebliche Tätigkeiten, Unterweisungen bzw. überbetriebliche Unterweisungen (z. B. im Handwerk), betrieblicher Unterricht, sonstige Schulungen, Themen des Berufsschulunterrichts	Laufende Nummer: Bezug zum Ausbildungsrahmenplan	Stunden
Montag			
Dienstag			
Mittwoch			
Donnerstag			
Freitag			
Samstag			

Durch die nachfolgende Unterschrift wird die Richtigkeit und Vollständigkeit der obigen Angaben bestätigt.

Datum, Unterschrift Auszubildende/r

Datum, Unterschrift
Ausbildender oder Ausbilderin/Ausbilder

Sonstiges
Veröffentlicht am Freitag, 2. Oktober 2020
BAnz AT 02.10.2020 S1
Seite 7 von 8

Anlage 3b

Ausbildungsnachweis mit Bezug zum Ausbildungsrahmenplan (wöchentlich)

Name der/des Auszubildenden:			
Ausbildungsjahr:		Gegebenenfalls ausbildende Abteilung:	
Ausbildungswoche vom:		bis:	

Betriebliche Tätigkeiten	Laufende Nummer: Bezug zum Ausbildungsrahmenplan	Stunden
Unterweisungen bzw. überbetriebliche Unterweisungen (z. B. im Handwerk), betrieblicher Unterricht, sonstige Schulungen		Stunden
Themen des Berufsschulunterrichts		Stunden

Durch die nachfolgende Unterschrift wird die Richtigkeit und Vollständigkeit der obigen Angaben bestätigt.

Datum, Unterschrift Auszubildende/r

Datum, Unterschrift
Ausbildender oder Ausbilderin/Ausbilder

Sonstiges
Veröffentlicht am Freitag, 2. Oktober 2020
BAnz AT 02.10.2020 S1
Seite 8 von 8

Anlage 4

Sichtvermerke

In angemessenen Zeitabständen sollten die gesetzlichen Vertreter, die Berufsschule sowie Betriebs- bzw. Personalrat von den Ausbildungsnachweisen Kenntnis nehmen und diese unterschriftlich bestätigen.

Name der/des Auszubildenden:			
Ausbildungsjahr:		Ausbildende Abteilung:	

Durch die nachfolgende Unterschrift wird die Kenntnisnahme des Ablaufs der Berufsausbildung bestätigt.

	Zeitraum von – bis	Datum	Unterschrift
I. Berufsschule			
II. Gesetzliche(r) Vertreter			
III. Betriebsrat/Personalrat			

Quellenverzeichnis

Allgemeines Gleichbehandlungsgesetz vom 14. August 2006 (BGBl. I S. 1897), das zuletzt durch Artikel 8 des Gesetzes vom 3. April 2013 (BGBl. I S. 610) geändert worden ist.

Berufsbildungsgesetz vom 23.03.2005 (BGBl. I S. 931), das zuletzt durch Artikel 1 des Gesetzes vom 12. Dezember 2019 (BGBl. I S. 2522) geändert worden ist.

Betriebsverfassungsgesetz in der Fassung der Bekanntmachung vom 25. September 2001 (BGBl. I S. 2518), das zuletzt durch Artikel 6 des Gesetzes vom 20. Mai 2020 (BGBl. I S. 1044) geändert worden ist.

Bürgerliches Gesetzbuch in der Fassung der Bekanntmachung vom 2. Januar 2002 (BGBl. I S. 42, 2909; 2003 I S. 738), das zuletzt durch Artikel 1 des Gesetzes vom 12. Juni 2020 (BGBl. I S. 1245) geändert worden ist.

Dohmen, Günther: Medienwahl und Medienforschung im didaktischen Problemzusammenhang. In: Unterrichtswissenschaft 1973, Heft 2–3, S. 2–26.

Garrelts, Anna; Sanudo, Jessica Villarrasa: Betriebliche Beurteilungen in der dualen Berufsausbildung aus Sicht von Auszubildenden: Eine empirische Untersuchung an der Berufsschule der Berufsbildenden Schulen Osterholz-Scharmbeck. Unveröffentlichte Masterarbeit 2017.

Jugendarbeitsschutzgesetz vom 12. April 1976 (BGBl. I S. 965), das zuletzt durch Artikel 3 des Gesetzes vom 12. Dezember 2019 (BGBl. I S. 2522) geändert worden ist.

Kaiser, Artur: Erfolgreich lehren in Aus- und Fortbildung. Eine Anleitung für Ausbilder, Trainer, Dozenten und Lehrer. Stuttgart: Taylorix Fachverlag 1976.

KMK Handreichungen für die Erarbeitung von Rahmenlehrplänen der KMK für den berufsbezogenen Unterricht in der Berufsschule und ihre Abstimmung mit Ausbildungsordnungen des Bundes für anerkannte Ausbildungsberufe. Sekretariat der Ständigen Konferenz der Kultusminister der Länder in der Bundesrepublik Deutschland. Bonn 1996.

Lienert, Gustav A.; Raatz, Ulrich: Testaufbau und Testanalyse. Weinheim: Beltz, Psychologie-Verlags-Union 1998

Mertens, Dieter: Schlüsselqualifikationen - Thesen zur Schulung für eine moderne Gesellschaft. In: Mitteilungen aus der Arbeitsmarkt- und Berufsforschung 1974, Heft 1 S. 36–43.

Neuntes Buch Sozialgesetzbuch vom 23. Dezember 2016 (BGBl. I S. 3234), das zuletzt durch Artikel 8 des Gesetzes vom 14. Dezember 2019 (BGBl. I S. 2789) geändert worden ist.

Rosenthal, Robert, Jacobson, Lenore F.: Pygmalion in the classroom. New York: Holt, Rinehart and Winston 1968.

Roth, Heinrich: Pädagogische Anthropologie. Band 2. Entwicklung und Erziehung. Grundlagen einer Entwicklungspädagogik. Berlin, Darmstadt, Dortmund: Hermann Schroedel Verlag Hannover 1971.

Wilhelm, Werner: Die betriebliche Beurteilung der Auszubildenden (Ergebnisse einer empirischen Untersuchung). Unveröffentlichte Hausarbeit 1985.

Wilhelm, Werner: Die betriebliche Beurteilung von Auszubildenden. Eine empirische Untersuchung an den Berufsbildenden Schulen Landau, landstuhl, Germersheim und Südliche Weinstraße im Regierungsbezirk Rheinhessen-Pfalz. Hamburg: Feldhaus Verlag 1998.

Wilhelm, Werner: ADA03B. Ausbildung durchführen Teil 2. Studienheft der Studiengemeinschaft Darmstadt o. J.

Wilhelm, Werner: ADA04A. Ausbildung am Arbeitsplatz 1. 4. Handlungsfeld. Studienheft der Studiengemeinschaft Darmstadt o. J.

Wilhelm, Werner: Das Ausbilder-Lexikon. Betriebspädagogik, Psychologie und Soziologie von A–Z. 4. Auflage. Hamburg: Feldhaus Verlag 2018.

Wilhelm, Werner: Der Ausbilder vor Ort. Ein Kompendium für den Praktiker. 3., überarbeitete und erweiterte Auflage. Hamburg: Feldhaus Verlag 2015.

Über den Autor

Foto: privat

Diplom-Pädagoge Werner Wilhelm wurde 1951 in Schweighofen (Rheinland-Pfalz) geboren. Er hat Ausbildungen zum Elektromechaniker, Staatlich Geprüften Elektrotechniker und Technischen Beamten absolviert und ist seit 50 Jahren in der betrieblichen Aus- und Weiterbildung tätig, davon über 20 Jahre als Leiter verschiedener gewerblich-technischer Ausbildungswerkstätten. Neben seiner beruflichen Tätigkeit war er Dozent in Lehrgängen für die »Ausbildung der Ausbilder« an Volkshochschulen und einer Hochschule. Ebenfalls berufsbegleitend studierte er Betriebspädagogik an der Erziehungswissenschaftlichen Hochschule Rheinland-Pfalz und an der Pädagogischen Hochschule Erfurt/Mühlhausen.

Heute ist er als Berater, Fernlehrer und Online-Tutor für ein Fernlehrinstitut tätig. Seine Schwerpunkte liegen dabei in der pädagogischen Qualifizierung von Industriemeistern und Staatlich geprüften Technikern – und natürlich von Ausbilderinnen und Ausbildern. Zudem ist er von einer Industrie- und Handelskammer in mehrere Prüfungsausschüsse »Ausbildung der Ausbilder« berufen worden.

Als Autor hat er eine Vielzahl betriebspädagogischer Aufsätze, Studienhefte und Bücher veröffentlicht.